Margrit und Jürgen Wiegand

QUERUNGEN

Dreimal zu Fuß durch die Schweiz

NATUR
PUNKT

Ein Wanderführer im Rotpunktverlag

Margrit und Jürgen Wiegand

QUERUNGEN

Dreimal zu Fuß durch die Schweiz

Ein Wanderführer im Rotpunktverlag

NATUR
PUNKT

Bildnachweis:
Internationale Rheinregulierung (Buch: Der Alpenrhein und seine Regulierung, Buchs 1998): 67; Leica Heerbrugg AG: 69; Verena Mäder/Carlo Wiegand: 2/3, 47, 51, 55, 138, 139, 142, 149; Reiner Müller: 101, 171, 177; Stiftung Pro St. Gotthard (Buch: Nationales Gotthard-Museum, Airolo 1989): 129; Georg Westermann Verlag (Buch: Westermanns Atlas zur Weltgeschichte, Braunschweig 1963: 234; Remo Wiegand: 183; Marianne Widmer: 17; Kanton Freiburg, Baudirektion (Broschüre Kantonales Leitbild): 223; alle übrigen Bilder stammen von den Autoren

Die Deutsche Bibliothek – CIP-Einheitsaufnahme

Wiegand, Margrit:
Querungen : dreimal zu Fuß durch die Schweiz /
Margrit Wiegand ; Jürgen Wiegand. –
Zürich : Rotpunktverl., 2000
(Naturpunkt)
ISBN 3-85869-203-4

Routenskizzen: Atelier Guido Köhler, Basel
Druck und Bindung: Offizin Andersen Nexö, Leipzig

ISBN 3-85869-203-4

1. Auflage

VORWORT

Wer einmal damit beginnt, wird bald süchtig: zu Fuß Schritt um Schritt quer durch die Schweiz zu wandern. Uns zumindest ist es so ergangen. Und daher folgte unserem ersten Versuch Basel–Genf über die Jurahöhen bald der »Klassiker« über den Gotthard: Basel–Como. Nach dem äußersten Westen des Landes wollten wir auch den äußersten Osten kennen lernen: den Weg bis zum Münstertal.

Das brachte uns erst recht auf den Geschmack, und es folgten weitere Schweiz-Durchquerungen. Schließlich blieben wir nicht mehr nahe der Schweizer Grenze stehen und zogen weiter bis nach Turin und Venedig.

Gesamthaft wanderten wir bisher neunmal durch die Schweiz und weiter zu unseren Zielorten in Italien und Frankreich. Da wir manche Strecken wiederholten, nahmen wir gut 4000 Kilometer unter die Füße.

Dieses Buch soll Lust machen, das Faszinierende einer Schweiz-Durchquerung kennen zu lernen. Für diesen Band suchten wir drei Wanderungen aus, die fächerförmig durch die Schweiz führen.

Besondere Themen sind jeweils mit den ausgewählten Wanderrouten verbunden:

- das Wasser und die Werke der Menschen mit dem Wasser (Route über den Bodensee nach Finstermünz/Engadin und weiter nach Venedig)
- die Burgen, befestigte Stadtanlagen, Festungen und andere Verteidigungsbauten mit Einfluss auf das Siedlungs- und Landschaftsbild (Route über Luzern, den Gotthard, Bellinzona bis nach Como)
- der Verlauf der Sprach- und Kulturgrenze deutsch/französisch in der Landschaft und kulturelle Besonderheiten der welschen Schweiz (Route über Biel zum Genfersee, ins Val d'Illiez und weiter nach Annecy).

Allen, die uns bei diesem Buch geholfen haben, sagen wir ein herzliches Dankeschön. Das gilt ganz besonders für Reiner Müller, Hans Widmer und Remo Wiegand sowie Christian Felix, Andi Gähwiler, Thomas Heilmann, Markus Kaufmann und Andreas Simmen vom Rotpunktverlag.

Wir wünschen Ihnen mit den Querungen der Schweiz und den Themen viele eindrückliche Erlebnisse und spannende Erkenntnisse.

Margrit und Jürgen Wiegand

INHALT

EINLEITUNG

Warum quer und Schritt für Schritt 8
Die Routen 11
Nützliche Hinweise 13

QUERUNG I

WASSERWERKE 18
Basel–Schaffhausen 22
Schaffhausen–Feldkirch 44

QUERUNG II

SCHUTZ UND TRUTZ 76
Basel–Luzern 80
Luzern–Airolo 106
Airolo–Como 134

QUERUNG III

KULTUR-GRENZSCHLÄNGELN 178
Basel–Biel 182
Biel–Bulle 202
Bulle–Val d'Illiez/Samoëns 224

EINLEITUNG

1. WARUM QUER UND SCHRITT FÜR SCHRITT?

Kennen Sie die Schweiz, ihre Landschaft, Natur, Kultur und Geschichte? Sie werden staunen, wie stark eine Wanderung quer durch das Land Ihr Bild der Schweiz verändert. Denn wir haben nur immer die gleichen bekannten Landschaften, Siedlungen und Kulturgebiete im Kopf. Meist erleben wir die Schweiz auf den Haupt-Reiserouten, kennen sie selektiv aus dem Geschichts- und Geografieunterricht oder besuchen die immer wieder gleichen bekannten Orte auf Ausflügen. Vieles bleibt so im »blinden Fleck«. Wenn wir dagegen auf einer Linie **quer durch die Schweiz** wandern, sehen und erleben wir auf einmal ganz anderes. Dazu gehören:

- außerordentlich abwechslungsreiche Rheinlandschaften

- der Umfang menschlicher Eingriffe in den Lauf des Rheines
- die unglaublichen Anstrengungen zur militärischen Sicherung der Gotthardroute
- die großen kulturellen Unterschiede innerhalb der französischsprachigen Schweiz
- weniger bekannte Täler wie das Val d'Illiez

Vor allem aber sehen und spüren wir körperlich, dass die Schweiz über weite Strecken dünn besiedelt, ja fast menschenleer ist. Stundenlang wandern wir, ohne einer Menschenseele zu begegnen. Auch ungeahnte Weiten erschließen sich uns, etwa in der Rheinebene, auf den Bergrücken des Rigi oder im Freiburger Land.

Muss die Querung für solche Erlebnisse konsequent, **Schritt für Schritt**, geschehen? Muss sie nicht. Doch steigert die Konsequenz das Erlebnis.

Spür- und sichtbar werden dadurch *gleitende Übergänge* von nördlicher in südliche Vegetation in der Leventina, von der hügeligen Saanelandschaft in die Berggebiete des Greyerzer Landes oder vom ursprünglichen Rheinbett bei Koblenz zum neu gestalteten Flusslauf bis Reckingen. Wir verstehen auch, warum in bestimmten Abständen Städte aufeinander folgen.

Schritt für Schritt wandernd begegnen wir zudem sehr *schroffen Wechseln*. Das eine Dorf im Jura ist deutschsprachig geprägt, das nächste französisch. Mal fließt der Rhein träge dahin, dann wieder sprudelt und gurgelt er an Stromschnellen vorbei. Breite Täler münden plötzlich in Schluchten, liebliche Täler enden vor schroffen Felswänden.

Schritt für Schritt heißt auch, neben außerordentlich vielen Schönheiten *die anderen Seiten der Schweiz* wahrzunehmen: die

▶ Rheindurchbruch bei Rüdlingen (Route 1)

▼ Spontanes Gespräch mit Kastaniensammlerinnen in der Leventina (Route 2)

Monotonie der durch Menschenhand korrigierten Landschaften etwa in der Ebene des Alpenrheins, schmerzhaft zersiedelte Landschaften bei Bulle, das bedrohlich wirkende Kernkraftwerk Leibstadt, die Autobahn-Hässlichkeiten im Reusstal, der Lärm durch Autobahn und Bahn in der Leventina oder die Dörfer verschandelnden Futtersilos im Mittelland. Wir begegnen zudem *Menschen* in sehr verschiedenen Situationen und Lebensverhältnissen: feudale Villen, kärgliche Unterkünfte, hilfsbereite oder zum Schwatz aufgelegte Menschen oder Abweisende. Auch das vermittelt starke Eindrücke.

KURZ-CHARAKTERISIERUNG DER DREI QUERUNGEN DIESES BANDES

	Zielorte		
Kriterien	**1 *Altstätten/ Feldkirch (Österreich)***	**2 *Como (Italien)***	**3 *Val d'Illiez/ Samoëns (Frankreich)***
Etappierbarkeit/ öffentliche Verkehrsmittel	*Sehr gut*	*Sehr gut*	*Sehr gut*
Längere, starke Steigungen (Anforderungen)	*Wenig* (Ausnahme Anstieg nach St. Anton)	*Häufiger* (Jura, Rigi, Gotthard, Leventina)	*Einige Male* (Jura, Col de Jaman, Val d'Illiez, Col du Cou)
Abkürzungen von starken Steigungen	Mit dem Bus nach St. Anton	Seilbahnen zum Rigi, Busse über Gotthard und zu hoch gelegenen Orten in der Leventina	Verschiedene Buslinien, Bahn bis auf halbe Passhöhe des Col de Jaman
Vertiefungsthemen	Wasserstädte, Wassernutzung, Flussregulierungen	Burgen, befestigte Stadtanlagen, Verteidigungsanlagen aus dem Ersten und Zweiten Weltkrieg	Kulturelle Unterschiede, Essen und Trinken
Andere Besonderheiten	Teile der Route auf dem Schiff möglich (Österreich)	Bergwelten, frühmittelalterliche Kulturdenkmäler (Tessin, Italien)	Schluchten Seen, alte Städte (Frankreich)
Beschriebene Fortsetzungsmöglichkeit	Venedig	–	Annecy

2. DIE ROUTEN

Insgesamt durchquerten wir die Schweiz auf 9 Routen, wie die Übersichtskarte zeigt. Daraus wählten wir für diesen Band **drei Routen** aus:

1. Basel–Schaffhausen–Altstätten/Feldkirch (13 Etappen) Fortsetzung Venedig
2. Basel–Luzern–Airolo–Como (27 Etappen)
3. Basel–Biel–Fribourg–Montreux–Val d'Illiez/Samoëns (15 Etappen), Fortsetzung Annecy

Alle Routen enden im Ausland, was die Durchquerung der Schweiz vollständig macht. Zudem erleben die Wandernden beim Grenzübergang die Gemeinsamkeiten, aber auch deutliche Unterschiede.

Für uns war der **Start in Basel** gegeben: Wir wohnen dort in einer Vorortsgemeinde. Für Sie könnte Basel aber auch einen guten Startort bilden, denn:

- er ist mit öffentlichen Verkehrsmitteln bestens erreichbar
- eine Wanderung von Norden nach Osten, Süden oder Westen erscheint besonders reizvoll
- man kommt auf guten Wegen rasch heraus aus der Stadt Basel

Natürlich können Sie sich, wo immer Sie wollen, in die Routen einklinken.

Die Routen verlaufen **fächerförmig** in östlicher (Feldkirch), südlicher (Como) und westlicher (Val d'Illiez/Samoëns) Richtung. Sie bieten damit vielfältige Querschnitte durch die Schweiz. Eine Fülle von Landschaften, Orten und Kulturen erschließt sich auf diese Weise.

▼ Einkehrmöglichkeit Schönmatt auf dem Gempenplateau (Route 2)

Bereitet Ihnen dieser Fächer an Möglichkeiten die Qual der Wahl? Dann hilft vielleicht die Tabelle mit ihrer kurzen Charakterisierung weiter.

Alle Routen planten wir so, dass **kleinere und größere Etappen** möglich sind. Je nach Lust, körperlicher Verfassung, Begleitung durch Kinder oder sportlichem Ehrgeiz lassen sich meist 3- bis 9-stündige Tageswanderungen gestalten. Diese Einteilung ergab sich bereits dadurch, dass wir uns nicht selten nach einer Weile des Zusammenwanderns trennten: Der Autor musste sich körperlich austoben, die Autorin wollte Zeit für Besichtigungen der Zielorte, für einen Marktbesuch oder schlicht für die Erkundung von guten Hotels und Restaurants gewinnen.
Jede der hier beschriebenen Etappen umfasst in der Regel 3 bis 7 Stunden. Häufiger kann man, sofern man ein sportliches Tempo und eine große Tagesleistung anstrebt, zwei Etappen aneinander ketten. Bei allen Etappen wurden zudem geeignete Unteretappen angegeben.
Das Konzept besteht dementsprechend in der Bevorzugung von Talwegen, oft auf römischen und mittelalterlichen Trassen. Doch führen die Routen, wenn für das Fernziel notwendig, auch über etliche Pässe (z. B. Gotthard, Jaman).

Das Etappieren wird dadurch erleichtert, dass meist ein gut ausgebautes **öffentliches Verkehrsnetz** genutzt werden kann. Die Etappenorte sind sämtlich mit dem Zug oder Bus erreichbar. Von den Endpunkten der Routen gelangt man entweder mit dem Zug oder dem Bus zurück.

Die meisten Etappenziele bieten **Übernachtungsmöglichkeiten**. In etlichen Fällen geben wir empfehlenswerte Adressen an. In den übrigen Etappenorten mit Hotels bzw. Restaurants finden Sie die Angabe von zuständigen Tourismusbüros. Wo es keine

Unterkunfts- und Verpflegungsmöglichkeiten gibt, weisen wir auf öffentliche Verkehrsmittel zu Übernachtungsorten hin.

Das öffentliche Verkehrsnetz erlaubt es bei manchen Etappen, zentrale Übernachtungsquartiere zu beziehen. Wir blieben teilweise bis zu drei Nächten an einem Ort (z. B. Steckborn, Airolo, Montreux). Das erlaubte es uns in diesen Fällen, ohne größeren Rucksack zu wandern. Der Nachteil bestand darin, dass wir einzelne Etappenorte weniger gut kennen lernten, weil wir dort nicht den Abend und die Nacht verbrachten.

◄ Auf dem Felsenweg bei Rigi-First (Route 2)

3. NÜTZLICHE HINWEISE

In der Schweiz folgen die Routen meist **markierten Wanderwegen**. Die Wanderzeichen und Wegweiser entsprechen in der Regel den einheitlichen »Richtlinien für die Markierung der Wanderwege« des Bundes. Der Stand der Markierungen ist in der Schweiz überwiegend hervorragend.

Wo gut markierte Wanderwege bestehen, können wir uns in der Routenbeschreibung meist kurz fassen. Für Strecken, auf denen diese fehlen, erfolgt eine detaillierte Beschreibung des Weges. Sie benötigen also keine weiteren Wanderbücher.

Eine wichtige Orientierungshilfe bilden die **Wanderkarten**. Auch hier besteht in der Schweiz ein sehr gutes Angebot.

Wir basieren in unseren Angaben, wenn immer möglich, auf der Landeskarte der Schweiz M 1:50 000, der offiziellen Wanderkarte der SAW (Schweizer Arbeitsgemeinschaft für Wanderwege, heute Schweizer Wanderwege). Wo diese Kartengrundlage mit eingezeichneten Wanderwegen (noch) nicht besteht, nutzen wir die einfache

▼ Hervorragend beschilderte Wanderwege in der Schweiz

SCHWIERIGKEITSGRADE DER WEGE

Anforderungen	*Einstufungskriterien* (jeweils anzutreffendes Maximum)
leicht	– Weitgehend gut ausgebaute, bequeme Wege (Typ Spazierwege) – Steigung am Stück nicht mehr als 100 m Höhendifferenz – Gesamtsteigung nicht mehr als 300 m – Gut begehbar auch bei Regen
mäßig	– Überwiegend gut ausgebaute, mäßig steile Wege – Steigung am Stück nicht mehr als 500 m Höhendifferenz – Gesamtsteigung nicht mehr als 700 m Höhendifferenz – Bei Regen evtl. rutschig und matschig
höher	– Steilere Wege und Pfade möglich – Steigung am Stück mehr als 500 m Höhendifferenz – Maximale Gesamtsteigung nicht mehr als 1000 m Höhendifferenz – Bei Regen evtl. rutschig und matschig

Landeskarte der Schweiz M. 1:50 000. Man kann auch auf die noch detaillierteren Blätter der Schweizerischen Landeskarte im Maßstab M 1:25 000 zurückgreifen. Der Kartenverbrauch und das Kartengewicht sind dann jedoch erheblich. Auch muss man auf eingezeichnete Wanderwege verzichten. Dafür ist der Informationsgehalt im Detail wesentlich besser.
Im Ausland muss man sich mit einem weniger guten Standard begnügen. Hinweise auf Wanderkarten erfolgen bei den Routenbeschreibungen.

Auf der Basis der Merkmale Wegqualität und Höhendifferenz qualifizierten wir die Etappen in den Anforderungen (vgl. Abbildung auf Seite 14). Die Stufen »blau« und »rot« entlehnten wir den Wanderbüchern des Bergverlages Rother, München. »Gelb« fügten wir als Kategorie »Spazierwege« an.
Teilstrecken weichen häufiger von dieser **Qualifizierung der Wanderwege** ab. Ein »rot« eingestufter Weg kann also zum Beispiel durchaus längere »gelbe Teile« umfassen.

Die Angaben der **Wanderzeiten** gründen auf eigenen Erfahrungen, verschiedenen Quellen und theoretischen Berechnungen. Als Richtschnur gelten eine Stundenleistung von

- 4 km auf ebener, bequemer Strecke
- einer Steigleistung von
  300 bis 550 Höhenmetern im Aufstieg
- einer Abstiegsleistung von
  500 bis 600 Höhenmetern

Allerdings erhöhten wir gegenüber diesen Richtzeiten die Angaben um etwa 10–15 %, um eine Reserve für kurze Naturbetrach-

◄ Naturschutzgebiet im Reussdelta (Route 2)

tungen am Wegrand oder für den Genuss der Aussicht einzubauen.

Die Planung Ihrer Wanderung sollte auf die **Jahreszeiten** und das mögliche **Wetter** Rücksicht nehmen. Selbst an Pfingsten sind wir auf 1700 m bei strahlendem Wetter im Schnee stecken geblieben. Eine Gotthardwanderung brachte bereits Anfang Oktober schneenasse Füße.

Erhebliche Temperaturunterschiede je nach Höhe sowie rasche Wetterwechsel müssen in der Schweiz immer eingerechnet werden.

Als Hinweise für die **Ausrüstung** lassen sich folgende spezielle Punkte anführen:

- Nur das Unabdingbare im Rucksack mitnehmen, damit das Gewicht nicht zu groß wird. Übrigens: Statt vieler Wäsche lassen sich auch Waschpulver und eine Wäscheleine mitnehmen.
- Da sämtliche Wanderwege eine gute Qualität aufweisen und keine Kletterpartien vorkommen: moderne, leichte Walking- oder Dauerläuferschuhe wählen und dabei auf eine sehr gute Federung der Sohle achten, denn leider sind heute viele Wanderwege in der Schweiz asphaltiert oder betoniert (was bei Regen natürlich ein Vorteil ist)
- Besser sich mit einem guten Schirm vor Regen schützen als mit einer Plastikhülle, denn mit einer solchen wird man zwar nicht von außen, aber noch unangenehmer von innen nass. Der Schirm dient auch als vorzüglicher Sonnenschutz. Allerdings sollte er recht windfest sein.
- Ein Handy mitnehmen – nicht für Geschäftskontakte, sondern für die Kontakte zum verirrten Partner oder zum Vorbestellen von Hotelzimmern.

◄ Wald-Uferweg der Riviera zwischen Biasca und Bellinzona (Route 2)

▼ Ein nützlicher Begleiter auch bei starker Sonne: der Regenschirm

WASSERWERKE

BASEL–SCHAFFHAUSEN–FELDKIRCH/VENEDIG

Der Mensch nutzt Wasser in vielfältigster Weise. Im Zusammenhang mit diesem Element wurden nicht nur Städte am Wasser gebaut, sondern auch ganze Landschaften für die Energienutzung sowie die Bändigung des Wassers verändert. Ob natürliche oder künstliche Wasserlandschaften – die Eindrücke auf dieser Route sind stark und keinesfalls verwässert.

1

Basel–Schaffhausen (6 Etappen)	37 Std.	125 km
Schaffhausen–Feldkirch (7 Etappen)	40 Std.	134 km
Total Basel–Feldkirch (13 Etappen)	*77 Std.*	*259 km*
Fortsetzung bis Venedig	ca. 140 Std.	ca. 480 km
Total Basel–Venedig	*ca. 210 Std.*	*ca. 740 km*

SERVICEANGABEN

Museen/Sehenswürdigkeiten

Kaiseraugst (Augusta Raurica)
Römerstadt, Giebenacherstr. 17,
4302 Augst, Tel. 061 816 22 22

Rheinau
Klosterkirche, 8462 Rheinau, Tel. 052 319 31 00

Schaffhausen
Museum zu Allerheiligen, Münsterplatz,
8200 Schaffhausen, Tel. 052 633 07 77

Kastell Munot, 8200 Schaffhausen,
Tel. 052 625 51 42 SH Tourismus

Auskunft Schifffahrt Rhein und Untersee,
8200 Schaffhausen, Tel. 052 625 80 56

Stein am Rhein
Kloster St. Georgen, 8260 Stein am Rhein,
Tel. 052 741 21 42

Mannenbach-Salenstein
Schloss Arenenberg, 8268 Mannenbach,
Tel. 071 664 18 66

Konstanz (Kreuzlingen)
Sealife Konstanz, Hafenstr. 9, D-78462-Konstanz,
Tel. 0049 75311 28 270

Arbon
Historisches Musum, Schloss Arbon,
9320 Arbon, Tel. 071 446 60 10

Romanshorn
Auskunft Schifffahrt Bodensee, 8590 Romanshorn,
Tel. 071 463 34 35

Rorschach
Museum im Kornhaus, 9400 Rorschach,
Tel. 071 841 40 62

Kloster Mariaberg, Seminarstr. 27,
9400 Rorschach, Tel. 071 844 18 18

Heiden
Henri-Dunant-Museum, Asylstr. 2, 9410 Heiden,
Tel. 071 891 44 04

Lustenau (ca. 10 km nördlich von Altstätten)
Museum Rhein-Schauen (und Besichtigungsfahrten
mit der Dienstbahn), Höchster Str. 4,
A-6893 Lustenau, Tel. 0043 5577 82 395-8

Hotels

Rheinfelden
Hotel Schützen, Bahnhofstr. 19,
4310 Rheinfelden, Tel. 061 836 25 25

Schaffhausen
Hotel zum Sittich, Vordergasse 43,
8200 Schaffhausen, Tel. 052 625 13 72

Steckborn
Park Hotel Feldbach, 8266 Steckborn,
Tel. 052 762 21 21

Arbon (kein Etappenort)
Hotel Metropol, 9320 Arbon,
Tel. 071 447 82 82

Restaurants

Rheinfelden
Hotel Schützen, Bahnhofstr. 19,
4310 Rheinfelden, Tel. 061 836 25 25

Schaffhausen
Restaurant Schiff, Freier Platz 6,
8200 Schaffhausen, Tel. 052 625 26 81

Steckborn
Park Hotel Feldbach, 8266 Steckborn,
Tel. 052 762 21 21

Kreuzlingen
Restaurant Brunnegg Schloss,
8280 Kreuzlingen, Tel. 071 672 36 36

Arbon (kein Etappenort)
Hotel Metropol, 9320 Arbon, Tel. 071 447 82 82

Gasthof Brauerei Frohsinn,
Romanshornerstr. 15, 9320 Arbon,
Tel. 071 447 84 84

Rorschacherberg
Hotel Schloss Wartegg, Von Blarer-Weg,
9404 Rorschacherberg, Tel. 071 858 62 62

Jugendherbergen

Basel
St. Alban-Kirchrain 10, 4052 Basel,
Tel. 061 272 05 72

Schaffhausen
»Belair«, Randenstr. 65,
8200 Schaffhausen, Tel. 052 625 88 00

Stein am Rhein
Hemishoferstr. 87, 8260 Stein am Rhein,
Tel. 052 741 12 55

Kreuzlingen
»Villa Hörnliberg«
Promenadenstr. 7, 8280 Kreuzlingen,
Tel. 071 688 26 63

Rorschach
Churerstr. 4, 9400 Rorschach,
Tel. 071 844 97 12

Campingplätze

Zurzach
Camping und Caravaning Club
Zeltplatz Oberfeld, 5330 Zurzach,
Tel. 056 249 25 75

Stein am Rhein
Camping und Caravaning Club
Camping Orich, Oehningerstr. 69,
8260 Stein am Rhein, Tel. 052 741 32 71

Charakter: Abwechslungsreiche Wanderung dem Rhein entlang
Anforderungen: Kaum Steigungen, in der Regel gute Wege
Beste Jahreszeit: Frühjahr und Herbst, jedoch ganzjährig begehbar

leicht	Basel–Kaiseraugst (3¼ Std.)–Rheinfelden (2 Std.)	5¼ Std.	17,9 km
leicht	Rheinfelden–Riburg (1¾ Std.)–Wallbach (2½ Std.)	4¼ Std.	15,2 km
leicht	Wallbach–Sisseln (2½ Std.)–Laufenburg (1½ Std.)	4 Std.	14,0 km
leicht	Laufenburg–Schwaderloch (2½ Std.)–Koblenz (3 Std.)	5½ Std.	19,0 km
leicht	Koblenz–Zurzach (2½ Std.)–Kaiserstuhl (3¾ Std.)	6¼ Std.	21,0 km
leicht	Kaiserstuhl–Eglisau (2¾ Std.)–Rüdlingen (1¾ Std.)	4½ Std.	15,0 km
leicht	Rüdlingen–Rheinau (3 Std.)–Schaffhausen (3¾ Std.)	6¾ Std.	23,0 km

Basel–Schaffhausen *36½ Std. 125,1 km*

BASEL–SCHAFFHAUSEN

(1) »WASSER IST ZUM WASCHEN DA, falleri und fallera, auch zum Zähneputzen, kann man es benutzen, Wasser braucht das liebe Vieh, fallera und falleri…«. Wasser braucht auch die Chemie – doch davon später.

Zunächst gehen wir am Zentralbahnplatz nördlich durch die Unterführung zur Elisabethenanlage. Dort führt unser Weg halb links weiter zur Elisabethenstraße und dann zum St. Albangraben. Wir befinden uns in der City von Basel. Nach dem rechts stehenden, berühmten Kunstmuseum biegen wir in die »St. Alban-Vorstadt« ein. Dieser Teil der Altstadt von Basel wird noch durch Häuser aus früheren Jahrhunderten geprägt und strahlt eine ganz besondere Atmosphäre aus. *Wir kommen zu einer großen Brunnenanlage, einem früheren Waschplatz.* Dort wurde auch »Schwartplunder« gewaschen, wie noch vor hundert Jahren in Basel die Unterwäsche hieß. Mit dem Waschen geraten wir bereits voll in unser Thema Wasser und das Werken mit Wasser. *Das halb links abzweigende Sträßchen »Mühleberg« führt uns, vorbei am* ***St. Alban Kloster*** *(255 m) und am Museum für Gegenwartskunst, hinab zum Rhein.* In diesem Quartier, das dank einem Wasserkanal bereits im Mittelalter Standort von Gewerbebetrieben war (z. B. Papierfabrikation, Seidenbandwebereien), gelang eine hochinteressante Mischung von moderner Architektur und historischen Bauten.

Wir wandern am Rheinufer in östlicher Richtung weiter, passieren Reste der alten Stadtmauer, unterqueren die Autobahn und Eisenbahn und überqueren die Birs auf einer Fußgängerbrücke. Hier sehen wir das erste

▼ Die Bürger von Calais von Rodin im Hof des berühmten Kunstmuseums in Basel

von insgesamt elf Rheinkraftwerken bis Schaffhausen. Uns gefällt diese Anlage aus den 50er-Jahren architektonisch sehr gut (siehe Spezialthema »Ökologie contra Naturschutz?«). *Nun im basellandschaftlichen* ***Birsfelden*** *(251 m) gehen wir auf Fußgängerwegen und einem Straßenstück zur rechts abbiegenden Rheinstraße. Nach wenigen Schritten auf dieser Straße zweigt unser Weg links in den Stierackerweg, biegt nochmals links in das Gebiet von Grün-, Sport- und Schulanlagen und folgt dem Fußweg, die Kirchstraße überquerend, bis zur Hauptstraße mit der Tramstation »Schulstraße«.* Wir befinden uns hier im Zentrum von Birsfelden, einer großen Basler Vorortsgemeinde.

Dort nehmen wir links die Hardstraße und gelangen kurz nach der modernen Kirche rechts zu einer Treppe. Diese steigen wir zum »Lindenweg« hinauf und wandern geradeaus die Hangkante entlang. Beim Hinweisschild »Hotel-Restaurant Waldhaus« überqueren wir auf einer Brücke eine Schnellstraße sowie Bahngeleise. Weiter geht es auf markiertem Weg zum »Waldhaus« in der Hard. In diesem großen Waldgebiet befinden sich die Pumpen für die Trinkwassergewinnung, die große Teile der Region Basel versorgen. Auf dem Weiterweg kommen wir zu einer Römerwarte. Diese wurde 371 bis 374 n. Chr. unter Kaiser Valentinian I. erbaut. Der Wachtturm gehörte zu einer Kette von römischen Verteidigungsanlagen dem Rhein entlang. Wir werden etlichen davon noch begegnen. Bereits im Jahre 401 durchbrachen die Alemannen diesen Festungsgürtel. *Nun steigen wir zu den Tankanlagen des* ***Auhafens*** *(263 m) hinunter.* Hier befindet sich einer der drei größeren Rheinhäfen auf Schweizer Boden. So umfangreich in Birsfelden und in Basel die Anlagen auch sind – die Bedeutung der Rheinschifffahrt nahm für die Schweiz deutlich ab. Dennoch begrub man erst Anfang der Neunzigerjahre die alte Idee, den Rhein bis zur Aare und weiter zum Bielersee, Neuenburgersee sowie bis zum Bodensee für die Großschifffahrt befahrbar zu machen.

Nach dem Überqueren eines Holzsteges erreichen wir wieder das Rheinufer und das Gebiet ***Schweizerhalle*** *(270 m).* Hier liegen geballt zahlreiche Anlagen von Basler Chemieunternehmen. Sie bilden Quelle des Wohlstandes, aber auch vieler Ängste in der Basler Region (und darüber hinaus). Der Sandoz-Unfall Schweizerhalle von 1986 ist unvergessen. Das Sirenengeheul klingt immer noch in den Ohren nach. Viel Gift floss damals in den Rhein.

Die Chemie ist ein großer Wasserverbraucher. Heute gewinnt sie das Wasser aus dem vom Rhein gespeisten Grundwasser überwiegend selbst. Nach Gebrauch wird es entweder abermals in den Produktionskreislauf geschickt oder in den Rhein geführt. Wir kommen an etlichen industriellen Wassereinleitungen vorbei. *Doch nur gut 4 km nach dem Start in Basel wandern wir bereits durch ein ländlich wirkendes Gebiet. Bei Augst passieren wir das Kraftwerk Augst-Wyhlen, das 1912 in Betrieb genommen wurde.* Wie der Doppelname anzeigt, handelt es sich hier und bei den folgenden Kraftwerken um grenzüberschreitende Anlagen. (Die Landesgrenze liegt in Rheinmitte.) Die Staustufe ist hier neun Meter hoch. Dahinter ist der einst wilde Rhein ein breites, fast stehendes Gewässer. *Wir überqueren die Ergolzbrücke und damit die Grenze zum Aargau. Auf schönem Spazierweg erreichen wir* ***Kaiseraugst*** *(269 m).*

Zweimal Kaiseraugst

Kaiseraugst hat für viele einen doppelten Klang. Hier lassen sich einerseits die Ruinen der stolzen Römerstadt Augusta Raurica bewundern. Die großen Anlagen liegen etwas landeinwärts. Am Ufer befand sich zunächst nur der Brückenkopf, von dem ein Pendant noch auf der deutschen Uferseite zu sehen ist. Nach den andauernden Einfällen der Alemannen, die grausam unter der Bevölkerung wüteten, wurde die zuvor lebendige und wohlhabende Stadt Augusta Raurica allmählich aufgegeben. Es blieb das stark befestigte Castrum Rauracense, das die Römer ab 300 n. Ch. ausbauten, am Ufer des Rheines. Direkt vom Uferweg sehen wir ein Zeugnis des im 4. Jahrhundert erstarkenden Christentums: die Reste eines Baptisteriums an der ehemaligen Kastellmauer.

Andererseits verbinden viele den Namen Kaiseraugst mit einem jahrelangen und am Schluss erfolgreichen Kampf gegen den Bau eines Atomkraftwerkes, das etwa 1 km landeinwärts aufgetürmt werden sollte. Die Elektrizitätswirtschaft müsste den protestierenden Bürgerbewegungen von damals eigentlich ein Dankeschön-Denkmal errichten. Denn durch den erzwungenen Verzicht auf das Kernkraftwerk Kaiseraugst blieb sie vor einem weiteren Finanzdebakel à la Leibstadt bewahrt.

▼ Rheinhafen bei Birsfelden

Weiter geht es den markierten Rheinuferweg entlang. Vor dem Strandbad führt uns der Weg hinauf zur Hauptstraße. Dort sehen wir

die markanten Gebäude der Brauerei Feldschlösschen (unter Denkmalschutz) – ein großer Wasserverbraucher und Bierproduzent. Wir wenden uns sogleich wieder dem Rheinufer zu und gelangen so nach ***RHEINFELDEN*** *(289 m).* Es ist die Erste in einer Reihe von Rheinbrückenstädten. Diese Werke am Wasser entstanden in der Regel an Stellen, wo sich der Fluss durch felsige Engpässe zwängte, welche den Brückenbau erleichterten. Ein weiterer Grund für die Entstehung einer Stadt lag hier und andernorts darin, dass Stromschnellen die Schiffe an der Weiterfahrt behinderten. Man musste also die Ware ausladen und nach den Stromschnellen wieder einladen. So ergaben sich zwei lukrative Verdienstquellen: der Brückenzoll und der Warentransport. Gerne setzten sich an diesen Orten auch Herrscherhäuser fest, sie bauten Burgen und befestigten die Stadt. In Rheinfelden waren das zuerst die Zähringer und dann die Habsburger. Vom mittelalterlichen Rheinfelden besonders besichtigenswert sind die Stiftkirche St. Martin, das Rathaus, die Marktgasse mit stattlichen Bürgerhäusern und die Türme der Stadtbefestigung. Im Mai 1999 brachte ein Hochwasser Rheinfelden in die Schlagzeilen.

(2) ZWEIERLEI PRÄGT DIESE ETAPPE: WASSER-KRAFTWERKE UND AUSGEDEHNTE WÄLDER. Die Kraftwerke führen zu sehr unterschiedlichen Erscheinungsformen des Rheines. Die Wälder tauchen teilweise fast ins Wasser und bieten sehr reizvolle Uferpartien.

Durch das Obertor von Rheinfelden gelangen wir vor dem Park des Kurzentrums zu einer Kreuzung. Hier begegnen wir einem weiteren Wasserthema: heilendes Wasser. In jüngst erweiterten Badeanlagen kann man das »Zipperlein« kurieren oder sich schlicht vergnügen. *Unser Weg führt von der Kreuzung halb links zum Rhein hinab, unterquert die Terrasse des alten Salinehotels und verläuft weiter dem Ufer entlang. Wir sehen einen ersten Anlageteil des* **Kraftwerkes Rheinfelden** *(288 m): die mächtigen Turbinenbauten am deutschen Ufer. Es folgt das Stauwerk. Davor ist der Rhein flach und schäumt über etliche Stromschnellen. Weiter geht es das Rheinufer entlang in einem abwechslungsreichen Auf und Ab mit reizvollen Blicken auf die deutsche Seite (z. B. Schloss Beuggen).* Dabei umgeht man das rechterhand liegende große Salinengebiet. Es dient auch noch heute der Salzgewinnung. Zu diesem Zweck pumpt man Wasser in die Salzstöcke hinunter. Das Wasser spült dann das Salz aus. Die hölzern verkleideten Pumpwerke bilden markante Blickpunkte in der Landschaft.

Immer entlang des Rheinufers begegnet uns bereits das nächste **Kraftwerk: Riburg-Schwörstadt** *(283 m).* Es wurde jüngst modernisiert. *Wir umgehen die Bucht des Möhlin-Bachs und steigen zu den Resten eines römischen Kastells in Bürkli leicht an.* Es stammt auch aus der gleichen Zeitperiode wie die römischen Warten (374 n. Chr.). Auch im frühen Mittelalter wurde die Anlage als Wehrbau benutzt. Sichtbar sind noch der mächtige Erdwall, Teile des Grabens und Mauerreste der Toranlage.

Flussaufwärts gelangen wir zu einem acht Hektaren großen Naturreservat. Der Rhein bildet durch die Stauung von Riburg fast einen See. Zahlreiche Wasservögel wie Stockenten, Blässhühner und wilde Schwäne lassen sich beobachten. Auf der deutschen Seite erblickt man das

◄ Die Hauptgasse in der Zähringerstadt Rheinfelden

▼ Stromschnellen beim Kraftwerk Rheinfelden

Schloss Schwörstadt – eine einstige Wasserburg. Der breite und träge dahin fließende Rhein, das Ufer von alten Dörfern gesäumt, die waldigen Höhen des Schwarzwaldes und die näher rückenden Doppeltürme der Kirche von Säckingen vermitteln schöne Stimmungsbilder. *Weiter geht es das Rheinufer entlang vorbei an einer ARA. Im gepflegten Dorf* ***WALLBACH*** *(283 m), kurz vor Stein-Säckingen, endet diese zweite Etappe.*

(3) WO DAS RHEIN- UND DAS FRICKTAL AUFEINANDER STOSSEN, entstanden nicht nur größere Ortschaften wie Stein-Säckingen, sondern auch ausgedehnte Industrieanlagen. Dennoch bietet auch diese Wanderung reizvolle Eindrücke.

Der markierte Weiterweg geht zunächst nach Mumpf, das eingeklemmt zwischen Rhein und Autobahn liegt. Es folgt ***Stein-Säckingen*** *(311 m).* Hier lohnt sich ein Abstecher auf die neue Betonbrücke, bietet sie doch interessante Blicke zurück nach Mumpf und Wallbach und schräg gegenüber auf Säckingen. Auch die renovierte alte Holzbrücke über den Rhein – die mit 200 m längste Holzbrücke Europas – wird von hier aus sichtbar. Vom selben Brückentyp sind nur noch zwei weitere erhalten. Wir werden sie noch kennen lernen.

Unser schmaler, aber guter Uferweg geht an der Mündung der Holzbrücke vorbei. Rechterhand, auf dem Sisselerfeld, liegen wieder große Anlagen der chemischen Industrie. Beispielsweise werden dort enorme Mengen von Vitamin A und E produziert. *Kurz danach passieren wir das Kraftwerk* ***Säckingen*** *(ca. 290 m) und gelangen dann, an Sisseln vorbei, in den Hardwald. Es folgt das modernisierte* ***Kraftwerk Laufenburg*** *(300 m).* Diese Anlage erfüllt noch eine Zusatzfunktion: Sie bildet eine wichtige Elektrizitätsaustauschstation zwischen der Schweiz und Deutschland. Die wenig erfreuliche optische Folge besteht in vielen Leitungsmasten und einem Drahtgewirr über uns. Diese Austauschstation dürfte angesichts der Strommarktliberalisierung in Europa noch an Bedeutung gewinnen – hoffentlich ohne weitere Beeinträchtigung des Landschaftsbilds.

Unser Weg wendet sich nach dem Umgehen des Kraftwerkes wieder direkt dem Rhein zu. Dem Ufer entlang erreichen wir ***LAUFENBURG*** *(318 m).* In diesem zweiten Rheinbrücken- und Stromschnellenort gab es einmal einen kleinen Bruder des Rheinfalls von Schaffhausen. 1910 sprengte man jedoch im Zuge des Kraftwerkbaus die Stromschnellen weg. Dafür bietet Laufenburg heute eine andere Attraktion: ein wunderschön renoviertes Städtchen, das 1985 mit dem Wakkerpreis ausgezeichnet wurde. Den gut erhaltenen mittelalterlichen Stadtkern verdanken wir eigentlich einer unglücklichen Geschichte: 1803 wurde von Napoleon als Landesgrenze der Rhein bestimmt. Der Brückenort Laufenburg wurde durch diese Maßnahme (genauso wie Rheinfelden) geteilt und wirtschaftlich ziemlich ruiniert. Für Neubauten im Stadtkern fehlte in der Folgezeit das Geld. So blieb die alte Bausubstanz erhalten.

Lachsfang mit Tricks

Bei der Rheinbrücke in Laufenburg lohnt ein Blick auf die letzte schmiedeeiserne Käfigreuse. Sie ist an einem Galgen aufgehängt.

Mit solchen Reusen fing man im 18. und 19. Jahrhundert Salme, wie man flussaufwärts schwimmende Lachse nannte. Stromschnellen waren dafür besonders geeignet, weil die Fische schwer gegen die Wasserströmung anschwimmen mussten. Mit quer ins Wasser gebauten Dämmen verschaffte man ihnen Verschnaufmöglichkeiten. Dort wurde die Reuse ins Wasser getaucht. Hatten sich Erholung suchende Fische angesammelt, wurde der Käfig blitzschnell hochgezogen.

(4) FERNSICHT UND DIE AAREMÜNDUNG bilden die Höhepunkte dieser Wanderung. Doch auch das Kernkraftwerk Leibstadt ist nicht zu übersehen.

Wir folgen von Laufenburg aus dem schön angelegten Uferweg, später durch ein Naturschutzgebiet, nach Rheinsulz (307 m). Dort unterqueren wir die Straßenanlagen (nahebei die St. Margarethen-Kapelle, 11. Jahrhundert). Nun verlassen wir als willkommene Abwechslung erstmals über eine längere Strecke das Rheinufer und wandern auf dem markierten Weg oberhalb der Straße und Bahnlinie meist im Wald. Dann steigen wir hinauf zum alten Dorfkern von ***Etzgen*** *(330 m).*

Von dort geht es einen flachen Hang zum Aussichtspunkt Büel hinauf. Man genießt einen weit reichenden Blick in das Rheintal, auf Laufenburg und hinüber zum Schwarzwald. Es folgt ein sehr schönes Waldstück, in dem wir auf 395 m leicht ansteigen, um dann wieder nach ***Schwaderloch*** *(314 m) hinabzuwandern.*

Unser markierter Weg geht nun in nördlicher Richtung zum Steg nach Albbruck. Eigentlich sind es zwei Stege, denn neben dem Rhein besteht auf deutscher Seite ein breiter Kanal,

▼ Stadttor im Wakkerpreisgekrönten Laufenburg

der die Turbinen des Kraftwerkes Albbruck-Dogern mit Wasser speist. Wir folgen weiter dem Uferweg.

Mühlstein Kernkraftwerk Leibstadt

Schon in Schwaderloch »grüßte« uns die enorme Masse des Kernkraftwerks Leibstadt. Das Landschaftsbild beherrscht v.a. der gewaltige Kühlturm, aus dem eine große Dampffahne aufsteigt.

Dieses Kraftwerk gab und gibt nicht nur Atomkraftgegnern zu reden. Es geriet seinerzeit so teuer, dass es nun der Elektrizitätswirtschaft als finanzieller Mühlstein am Halse hängt. Durch die Liberalisierung der Strompreise dürften die Erträge nicht mehr reichen, die Zinsen der Investition zu decken.

Bevor wir hautnah das Ungetüm passieren, wandern wir an den ausgedehnten Stauwehren des Kraftwerkes Albbruck-Dogern vorbei. Nach dem Kernkraftwerk folgen wir dem Halbkreisbogen des Rheins, werfen Blicke hinüber nach Waldshut (von hier eine eher enttäuschende Silhouette) und gelangen zur Aarebrücke beim Zusammenfluss von Rhein und Aare. Diese entwässert mehr als die Hälfte der Schweizer Landesfläche und leitet ihre Wassermassen hier in den Rhein. Im Fluss entsteht dadurch ein großes Gequirle, wobei die Aare ihr oft kalkgrünes Wasser in den eher dunkleren Rhein mischt. *Unser Weg führt gleich nach der Brücke rechts hinab und durch ein kleines Tümpelgebiet hin zur Bahnstation von* **KOBLENZ** *(321 m). Der Wanderweg in den Ortskern hinein schwenkt von der Hauptstraße hinüber zum Rand des Fichtelwalds auf der anderen Seite der Bahnlinie. Dann leitet einen der markierte Weg ins Zentrum von Koblenz.* Speziell attraktiv erscheint der Ort nicht, wird er doch von der Bahn und stark befahrenen Straßen zerschnitten. Erheblich und lärmig ist auch der Lastwagenverkehr über die Brücke nach und von Deutschland. Wenn die Etappe dennoch in Koblenz endet, dann, um für neue Naturerlebnisse auf der fünften Etappe Kräfte zu tanken.

(5) EIN LÄNGERES STÜCK FREISTRÖMENDER RHEIN beeindruckt uns auf der folgenden Etappe. Besonders interessant sind auch die Städtchen Zurzach und Kaiserstuhl.
Die Naturerlebnisse beginnen, sobald wir auf markiertem Weg wieder das Rheinufer erreicht haben. Wir folgen dem schönen Ufer. Der Fluss bildet hier ein freiströmendes Gewässer. Er gurgelt und schäumt an Inseln und kleinen Hindernissen vorbei. Das Wasser erscheint in vielfältigen Farben. Der Fluss wird breit und dann wieder schmal. So umkreist er den Laubberg. Von der badischen Seite mündet die Wutach ein. Wegen der vielen Stromschnellen war es früher sehr schwierig, die Kähne durch die »Koblenzer Laufen« zu steuern. Dennoch passierten im 18. Jahrhundert noch bis zu 5000 Kähne jährlich diesen Flussabschnitt. *Wir überqueren einen ehemaligen schmalen Nebenarm des Rheins und folgen dem Weg durch früher sumpfiges Gelände. Vor Urzeiten wurde der Rhein hier durch eine natürliche Barriere zwischen Laubberg und Homburg gestaut, wodurch für lange Zeit ein See bestand, das heutige* ***Rietfeld*** *(320 m).*
Wir umkreisen dieses Gebiet dem Rhein folgend und kommen nach ***Zurzach*** *(331 m).* Über Jahrhunderte profitierte der Ort von einer römischen Marketenderin namens Verena, die eine Legion aus Theben (Oberägypten) begleitete. Durch ihre Wohltätigkeit und Heilung von Kranken

◄ Die bedrohlich wirkende Silhouette des AKW Leibstadt

▼ Aare und Rhein fließen bei Koblenz quirlig ineinander

wurde sie zu einer frühchristlichen Heiligen – Anlass für einen blühenden Wallfahrtskult. Dieser schuf die Grundlage für die Zurzacher Messe. Als Handelsort profitierte Zurzach zudem vom nahen Zusammenfluss von Rhein und Aare – ein Knotenpunkt der damals schnellsten und bestmöglichen Transportwege. Der Eisenbahnbau raubte Zurzach diesen Standortvorteil, und die Stadt verarmte. Erst die Entdeckung der Solequellen und die Entwicklung zum Kurort brachten wieder einen Aufschwung.

Wir folgen der Rheinpromenade, unterqueren die Brücke nach Rheinheim, passieren die Sodafabrik und gelangen nach Rekingen. Dort ragen gewaltige Anlagen einer Zementfabrik als Industrieruine in den Himmel. Auf gleicher Höhe liegt das ***Kraftwerk Rekingen*** *(333 m), an dem der Wanderweg sehr direkt vorbeiführt.*

Es folgen auf teils verschlungenen Pfaden (bei Regen rutschig) die Orte Mellikon, Rümikon und schließlich ***KAISERSTUHL*** *(339 m).* Hier handelt es sich abermals um den Urtyp einer Brückenstadt. An dieser Stelle war der Rhein schmal und daher gut mit einer Brücke zu überwinden. Da der anschließende Weg recht steil hinaufging, brauchten die Fuhrleute Unterstützung und hatten Lust zum Rasten. Die Kaiserstuhler standen den Handelsreisenden gerne zu Diensten, was ihnen zeitweilig erheblichen Wohlstand brachte. Das bezeugen noch heute die großen, gut erhaltenen alten Gebäude wie z. B. das Haus zur Linde.

(6) NÄHE UND WEITE bietet der Weg bis Rüdlingen. Das (zu) nahe Wasser prägt Eglisau. Blicke in die Weite öffnen sich auf dem Höhenzug zwischen Honegg und Hürbig.

Von Kaiserstuhl aus geht es zunächst hinauf zur Bahnlinie und weiter zur Bahnstation

Weiach-Kaiserstuhl. Von dort steigen wir nach einer Straßenpartie wieder hinab zum Rhein. Nun folgen wir einem Weg der Hangkante entlang bis zum ***Kraftwerk Eglisau*** *(356 m).* Es entstand 1925 und wurde 1996 sehr ansprechend renoviert. Das Kraftwerk Eglisau gilt heute als Industriedenkmal. *Auf einem Uferpfad wandern wir weiter und genießen eine verträumt wirkende Landschaft.*

Nach einem Rheinbogen nähern wir uns der Eisenbahnbrücke der Linie Winterthur–Schaffhausen. Sie wurde in den Jahren 1895/97 erbaut, hat eine Länge von fast einem halben km und überspannt in der Mitte eine Weite von 90 m. Ihre Gestalt gefällt uns. Die Brücke bereichert das Landschaftserlebnis. *Unter der Eisenbahnbrücke hindurch kommen wir zu einer Straße, die zum Bahnhof von Eglisau hinaufführt. Dort hält die S-Bahn Zürich–Schaffhausen. Der Straße abwärts folgend gelangen wir zur Brücke über den Rhein und genießen eine beeindruckende Sicht auf* ***Eglisau*** *(355 m).*

Zu nahes Wasser in Eglisau

Eglisau entstand wie Laufen, Kaiserstuhl und Rheinfelden an einer Verengung des Rheines. Am Anfang gab es eine Brücke und eine Burg der Herren von Tengen. Diese »Kassierstelle« wurde 1249 erstmals urkundlich erwähnt. Der Ertrag stieg hier um 1400 so kräftig an, dass die hohen Herren die Bürger von Eglisau für 10 Jahre von verschiedenen Steuern befreiten. Ab 1496 herrschte Zürich über das Landstädtchen.

Mit dem Kraftwerksbau veränderte sich die Sicht auf Eglisau radikal, stieg doch der Wasserstand des Rheins um acht Meter. Auf diese Weise kam das Wasser dem Städt-

◄ Die Stromschnellen beim »Koblenzer Laufen«

▼ Bewaldeter Uferweg im Herbst

chen zu nahe. Im Osten von Eglisau erfolgten Abrisse, wodurch ein großes Salzhaus und die mehrteilige Schiffsmühle verloren gingen. Abgebrochen wurde zudem die alte Holzbrücke, die bei der Kirche vom Städtchen über den Rhein führte.
Übrig blieb der Kern der Altstadt mit sehr schönen, wappengeschmückten Häusern, z.B. das Haus »Waldkirch«, das »Blaue Haus«, das Hotel »Krone«, die »Alte Helferei« oder das Gasthaus »Zum Hirschen«.

Wir folgen den Markierungen und Wegweisern in Richtung Honegg/Buchberg. Meist auf Asphaltsträßchen geht es durch ein Gebiet mit Weinbergen nach Wiler hinauf und dann weiter zum Punkt Eggberg. Ein Feldweg führt uns an einem Einzelgehöft vorbei hinauf zur Höhe Honegg. Wir folgen nun dem Weg am Waldrand in östlicher Richtung. Unvermittelt können wir eine weitreichende Aussicht genießen. Der Blick schweift von der Gegend von Schaffhausen über die Thurebene bis hin zum markanten Rücken des Irchel. Bei diesem Genuss dürfen wir uns von den vielen Flugzeugen im Landeanflug auf Zürich-Kloten nicht stören lassen. *Auf dem bewaldeten Kegel des Hurbig erreichen wir den höchsten Punkt (546 m), steigen steil an der Kirche von Buchberg vorbei hinab und gelangen zuletzt über einen Treppenweg ins Ortszentrum von* ***RÜDLINGEN*** *(360 m).* Von diesem beliebten Ausflugsort mit zahlreichen Riegelbauten und Gasthäusern aus genießen wir einen Nahblick auf den Rhein und seinen dramatischen Durchbruch zwischen dem Hurbig und Ebersberg. Übernachtungsmöglichkeiten bietet Rüdlingen jedoch nicht. Dafür müssen wir mit dem Bus ins nahe Flaach oder nach Rafz (Kursbuch Nr. 750.70) fahren.

(7) EINE FÜLLE AN ATTRAKTIONEN bringt die folgende Etappe: die Wasserparadiese am Altrhein, das Kloster Rheinau, der Rheinfall und Schaffhausen.
Unser markierter Weg verlässt das Dorf Rüdlingen in nördlicher Richtung. Auf abwärts haltenden Sträßchen gelangen wir unter einer Schnellstraße hindurch und am Schluss über einen Pfad zum Ufer des Altrheins. Dieser umschließt infolge Rheinkorrekturen zwei Inseln, von denen die eine unter Naturschutz steht. Auf ihr gibt es eine Fischreiherkolonie sowie seltene Arten der Wasser- und Uferflora. Uns beeindruckten ganz besonders die majestätisch wirkenden Formationsflüge der Schwäne, die mit einem sirrenden Geräusch durch die Luft ziehen. Seit einiger Zeit lassen sich hier auch die »Werke« der fleißigen Biber betrachten: von ihnen gefällte Bäume. *Zwischen der unteren und der oberen Insel führt uns ein schmaler Dammweg zum Rhein. Ihm folgen wir stromaufwärts durch Auenwald, vorbei an Tümpeln und Sümpfen. Am gegenüberliegenden Ufer sehen wir die Mündung der Thur. Kurz darauf erreichen wir die Fähre nach Ellikon an der* ***deutsch-schweizerischen Grenze*** *(347 m).* So klein der Ort heute ist – er war früher ein wichtiger Umschlagplatz vom Land- auf den Wasserweg. Um den teuren Zoll in Schaffhausen zu umgehen, luden Zürcher Händler ihre Waren wie z.B. Salz in Stein am Rhein auf Karren und in Ellikon wieder auf Schiffe.
Ohne Zollformalitäten passieren wir die Grenze, genießen weiterhin herrliche Auenwälder und später Obstplantagen. Am Aus-

gang des deutschen Dörfchens Balm wandern wir scharf rechts (markiert) und dann hinab zum Rhein. Dort folgen wir dem schönen (nach Regen jedoch recht matschigen) Uferweg bis zur alten Holzbrücke von Rheinau. Auf dieser überschreiten wir erneut die deutsch-schweizerische Grenze. Zwei Gasthäuser begrüßen uns. Das Gasthaus »Salmen« erinnert mit seinem Namen daran, dass man hier bis zum Bau der Rheinkraftwerke Lachs fischte. *Weiter geht es über den besiedelten Höhenrücken zum **Kloster Rheinau** (358 m).*

Klosteranlage Rheinau – ein früherer Protest- und ein neuer Begegnungsort

Das Kloster Rheinau liegt auf einer Rheininsel und wurde bereits zur Zeit Karls des Großen (etwa 790) gegründet. Die Habsburger gliederten dem Kloster eine Vogtei an. 1445 stellte sich das Kloster unter den Schutz der Eidgenossenschaft. Als es 1862 aufgehoben wurde, richtete man in den Konventsgebäuden eine Heil- und Pflegeanstalt ein.

Die Klosteranlage besteht aus Bauten verschiedener Epochen. Zu sehen ist z.B. das bedeutende romanische Westportal der Kirche. Die Hauptteile der Kirche stammen aus der Barockzeit. Damals erfolgte eine Umgestaltung im »Vorarlberger Stil«. Daher wurde auch dem bestehenden alten Turm ein zweiter neuer zugesellt und beiden Türmen eine Zwiebel aufgesetzt. Die Deckenfresken der Kirche malte der Tessiner Francesco Antonio Giorgioli aus Meride – einem Ort, den wir auf der Route nach Como durchwandern.[1)]

Sehenswert in Rheinau ist zudem die Bergkirche St. Nikolaus aus dem 12. Jahrhundert. Heute steht die Klosteranlage Rheinau vor erheblichen Veränderungen in der Nutzung.

[1)] Weitere Informationen in Knoll, G.M.: Zürich und die Ostschweiz, Dumont Kunst-Reiseführer, Köln 1998, S. 118 ff.

▼ Schöner Riegelbau bei Rüdlingen

Die Bettenzahl der Klinik soll drastisch reduziert werden. Als Ersatz plant man v.a. eine moderne grenzüberschreitende Begegnungsstätte.

*Vom Kloster Rheinau aus überqueren wir die Brücke und wandern auf markiertem Weg gleich links am Rheinufer entlang. Nochmals wird die Schönheit der Klosteranlage sichtbar. Nach kurzer Wegstrecke gelangen wir zur Wehrbrücke vor dem **Kraftwerk Rheinau** (370 m), das zehnte auf unserem bisherigen Wanderweg.* Um dieses Kraftwerk wurde in den 50er-Jahren ein harter Kampf zwischen Naturschützern und der elektrizitätshungrigen Industrie bzw. einer bauwütigen Elektrizitätswirtschaft geführt. Zehntausende machten Protestmärsche. Erreicht werden konnte jedoch nur, dass man sich darum bemühte, die Anlagen möglichst natürlich in die Landschaft einzufügen.

*Weiter geht es auf der Schweizer Seite entlang schönen Ufer- und Hangwegen, teilweise durch Wald. (Möglich wäre es auch, den etwas kürzeren Weg entlang der grünen Grenze auf der anderen Seite zu wählen.) Wir umrunden die bewaldete Halbinsel Schwaben. Es folgen die Kläranlage und das Freibad von Dachsen. Bei einem Fußgängersteg angelangt, überqueren wir den Rhein und gelangen zur Uferpartie von **Nohl** (378 m).* Dieses ehemalige Fischerdorf liegt eingeklemmt zwischen Rhein und deutscher Grenze.
*Auf schmalem Uferweg nähern wir uns in nördlicher Richtung dem Schloss Wörth und dann dem **Rheinfall** (359 m).*

Der Rheinfall macht Industriegeschichte

Leider sind die hässlichen Bebauungen von Neuhausen unübersehbar. Einst war Neuhausen ein mittelalterliches Städtchen, dessen Bevölkerung vom Be- und Entladen der Schiffe lebte. Der Rheinfall musste auf dem

Landweg umgangen werden. Das Schlösschen Wörth diente früher als Zollhaus und Umschlagplatz.

Neuhausen veränderte sich, als man die Wasserkraft stärker zu nutzen begann. Zuerst siedelten hier Müller (bereits im 12. Jahrhundert) und Schmiede. Die Mühlen lagen an einer als Kanal ausgebauten Erosionsrinne, dem heute noch bestehenden Mühlekanal mit dem unterschlächtigen Wasserrad als Denkmal. Die Schmiede ließen sich am Talgrund entlang des Rheinfallbeckens nieder. Daraus entwickelte sich ab etwa 1810 die Schaffhauser Metallindustrie. Bald wurde es eng unmittelbar am Rheinfall, und man baute weitere Anlagen auf der Kalksteinterrasse über dem Fall. Der Kraftübertragung dorthin diente eine für damalige Verhältnisse originelle technische Lösung: eine schief den Hang hinauf geführte Welle, in der Art einer Kardanwelle bei heutigen Lastwagen. Diese industrielle Energienutzung bildete die Basis für die heute noch bestehende Schweizerische Industriegesellschaft (SIG). Es folgte die Nutzung der Wasserkraft für die Elektrizität. Da man die Fernleitung von Elektrizität noch nicht für möglich hielt bzw. beherrschte, die neu aufkommende Aluminium-Industrie aber viel Strom benötigte, siedelte 1888 die »Aluminium-Industrie-Aktien-Gesellschaft« (AIAG) ebenfalls direkt am Rheinfall.

Zuvor gab es den Plan, oberhalb des Rheinfalls einen 260 m langen Fangdamm und unterhalb ein 110 m langes Turbinenhaus zu bauen. Hier rührte sich aber in der ganzen Schweiz massiver Protest. Man anerkannte den Rheinfall als großes nationales Naturmonument, das es zu erhalten gelte – eine der ersten großen Naturschutzaktionen in Europa.

◄ Die barock gestalteten Doppeltürme der Klosterkirche Rheinau im Vorarlberger Stil

▼ Dieser Kanal beim Rheinfall trieb im Mittelalter eine ganze Reihe von unterschlächtigen Wasserrädern an

Solche Aktionen änderten leider nichts daran, dass um 1890 die rechte Rheinfallseite fast völlig mit klotzigen Industrieanlagen überbaut wurde. Immerhin entfernte man 1954 die unansehnlichen Fabrikanlagen am Rheinfallbecken und legte dort Grünanlagen an. So kann man, die verbliebenen störenden Bebauungen oberhalb des Falls einfach ignorierend, das Toben des Rheinfalles beim Sturz von 21 Metern wieder recht genießen.

◄ Der Munot, das Wahrzeichen von Schaffhausen

Vom Rheinfallbecken aus steigen wir den Treppenweg hinauf. Dann wandern wir unter der 1856/57 erbauten Rheinfallbrücken, hindurch und weiter auf schöner Uferpromenade zur markanten, geschwungenen Hängebrücke der Autobahn und zum Kraftwerk Schaffhausen – unser elftes Kraftwerk seit Basel. Auf markierten Wegen gelangen wir zum Bahnhof von ***SCHAFFHAUSEN*** *(404 m).* Diese Stadt bildet einen unserer Höhepunkte auf dieser Wasser-Route. Schaffhausen hat eine lebendige Altstadt, die zahlreiche Sehenswürdigkeiten bietet. Sie hier zu beschreiben, würde den Rahmen sprengen. Als Ersatz sei die reiche bestehende Literatur zu Schaffhausen empfohlen.[1)]

1) Z. B. Knoll, G. M.: Zürich und die Ostschweiz, Dumont Kunst-Reiseführer, Köln 1998, S. 126 ff.

ÖKOLOGIE CONTRA NATURSCHUTZ?

»Ohne Lachstreppe keine Ausbaggerung. Naturschützer verlangen mehr Öko-Maßnahmen beim Ausbau des Kraftwerkes Birsfelden«, so stand es 1998 in den Zeitungen. Damit wurde nur einer von vielen Punkten im jahrzehntelangen **Streit** zwischen Kraftwerken und Naturschutz angesprochen.

Die Route von Basel nach Schaffhausen führt an elf Wasserkraftwerken vorbei. Vermutlich wecken sie auch bei den Wandernden sehr unterschiedliche Gefühle, Eindrücke und Meinungen. Betrachten wir zunächst die **technischen Fakten**. Bei den elf Kraftwerken handelt es sich um die folgenden Anlagen (in Klammern das Jahr der Inbetriebnahme):

- Birsfelden (1955)
- Augst-Wyhlen (1912)
- Rheinfelden (1898)
- Ryburg-Schwörstadt (1931)
- Säckingen (1966)
- Laufenburg (1914)
- Albbruck-Dogern (1933)
- Reckingen (1941)
- Eglisau (1920)
- Rheinau (1957)
- Schaffhausen (1964)

Mit ihnen wird ein Rheingefälle von rund 150 m genutzt. Die Stromproduktion betrug im Durchschnitt der letzten zehn Jahre 4,2 Mrd. kWh. Das sind etwa 15 % der schweizerischen Energieproduktion durch Wasserkraftwerke und 8 % der schweizerischen Stromproduktion total.
Das erste dieser Wasserkraftwerke ging 1898 in Rheinfelden in Betrieb, das letzte 1964 in Schaffhausen. Der Ausbau der Wasserkraftnutzung erfolgte also in einer Periode von fast 70 Jahren. Dabei baute man je nach Situation und technischer Entwicklung verschiedene Typen von Wasserkraftwerken: Flusskraftwerke (direkt im oder am Fließgewässer wie z. B. Birsfelden), Ausleitkraftwerke (Wasserzuführung über einen eigenen Werkkanal wie z. B. Albbruck-Dogern) und Umleitkraftwerke (Wasserzuführung über Rohre und Stollen wie z. B. Rheinau).
Inzwischen ist ein Programm der Leistungssteigerung der Kraftwerke in der Umsetzung. Man verbessert die Turbinen, die Steuerung der Turbinen und erhöht das Gefälle durch Ausbaggern.

Der Kraftwerkbau war ein **massiver Eingriff in Natur und Landschaft.** Er veränderte das natürliche **Flussbett des Rheins** mit seinen Sandbänken, Felskliffen, Inselchen etc. bis auf wenige Abschnitte (z. B. Koblenz) total. Vor allem entstanden kilometerlange stehende Gewässer. Die Wasserqualität wan-

delte sich dementsprechend. Es kam zur Sedimentation von organischen Stoffen in Form von Schlammablagerungen mit der Folge von Sauerstoffdefiziten. Die Vielfalt von Flora und Fauna nahm ab oder glich sich jener von stehenden Gewässern an. Zudem verunmöglichten es die Kraftwerksbarrieren, dass die Lachse/Salme den Fluss aufwärts zu ihren Laichplätzen schwimmen konnten. Dieser für den Rhein so typische Fisch – zahlreiche Gasthäuser erinnern noch an ihn – verschwand in der Folge gänzlich.
Zum veränderten Erscheinungsbild gehören auch die umfangreichen Kraftwerksbauten, oft räumlich verschoben und zweigeteilt in Stauwehr- und Turbinenbauten. Dazwischen baute man bei den Ausleitkraftwerken Kanäle. Bei Laufenburg wurden zudem die natürlichen Wasserfälle weggesprengt.
Die Beziehung von einigen Siedlungen wie Dörfern, Klöstern und Städten zum Rhein veränderte sich. Am eklatantesten sieht man das in Eglisau, wo der Wasserspiegel heute um acht Meter höher liegt als vor dem Kraftwerksbau und ein Teil der Altstadt verschwinden musste.
Hinzu kommen zahlreiche Stromleitungsmasten und -leitungen (z. B. bei Laufenburg). Insgesamt wurde eine alte Kulturlandschaft, bei der die Beziehung zum Fluss eine entscheidende Rolle spielte, teilweise der Elektrizitätsgewinnung geopfert.

Auf der anderen Seite der Bilanz steht der beachtliche **Gewinn von erneuerbarer Energie**. Zudem werden etliche Kraftwerksbauten heute auch als architektonische Bereicherung empfunden (z. B. Birsfelden) oder gar als erhaltenswertes Denkmal von nationaler Bedeutung angesehen (Eglisau).

▼ Geballte Ansammlung von Strommasten bei Laufenburg, einer internationalen Elektrizitäts-Austauschstation

Die neu entstandenen **Landschaftsbilder** entfalten ebenfalls ihren Reiz. Der Wanderer erlebt insbesondere einen spannenden Wechsel von teils sehr breiten stehenden Gewässern, über die Kraftwerksstufen tosendes Wasser und dann wieder kleinere Abschnitte des noch natürlichen Rheins mit Stromschnellen (z. B. oberhalb von Koblenz). Viele **Wassersportler** genießen die fast seenartigen Aufstauungen des Flusses. Segeln wurde möglich und Rudern einfacher.

Wie ist die **Bilanz** einzuschätzen? Aus der **Sicht des Naturschutzes** wurde mit den Kraftwerksbauten voll gegen seine Wertvorstellungen verstoßen, wenn man darunter die »Gesamtheit aller menschlichen Maßnahmen zur Erhaltung von lebenden Tieren und Pflanzen« versteht. Auch der Landschaftsschutz und die Denkmalpflege zogen den Kürzeren. Eine einmalige Flusslandschaft mit einer reichen Flora und Fauna und vielen Kulturdenkmälern wurde beeinträchtigt oder gar zerstört.
Unter dem Gesichtspunkt der **Ökologie** kann man aber durchaus auch zu einem positiven Saldo kommen. Auf der Habenseite wiegt bei entsprechenden Wertvorstellungen die Gewinnung erneuerbarer Energie recht schwer. Das gilt umso mehr, als die früher brutalen Eingriffe doch weitgehend vernarbt sind. Auch sieht ein Teil der ökologisch Orientierten die Chance, durch Leistungssteigerungen der bestehenden Kraftwerke den Anteil erneuerbarer Energie zu erhöhen. Das erscheint angesichts der Liberalisierung des Strommarktes besonders wichtig.
Solche Maßnahmen sind aber umgekehrt durch den Konkurrenzdruck billigen Stromes aus dem Ausland auch gefährdet. Um hier Gegensteuer bzw. neue Anreize zu geben, soll den Wasserkraftwerken eine Öko-Zertifizierung angeboten werden.

Betrachtet man den heutigen Zustand, kommt man zum Schluss, dass bei den Rheinkraftwerken die Frage »Naturschutz contra Ökologie« kein Thema mehr ist. Doch gilt es nun, **Verbesserungen** in den bestehenden Stromerzeugungsanlagen, in der Vermarktung des ökologisch gut erzeugten Stromes und im Naturschutz zu erreichen.
Daher lautet auch beim Kraftwerk Birsfelden der Schluss: ohne Lachstreppe keine Bewilligung zur Ausbaggerung. Leider ging jedoch bei diesem konkreten Fall der Schuss nach hinten hinaus: Das Kraftwerk verzichtete 1999 auf die Ausbaggerung.

◀ Rheinlandschaft bei Säckingen

▼ Kraftwerk bei Laufenburg in monumentaler Industriearchitektur

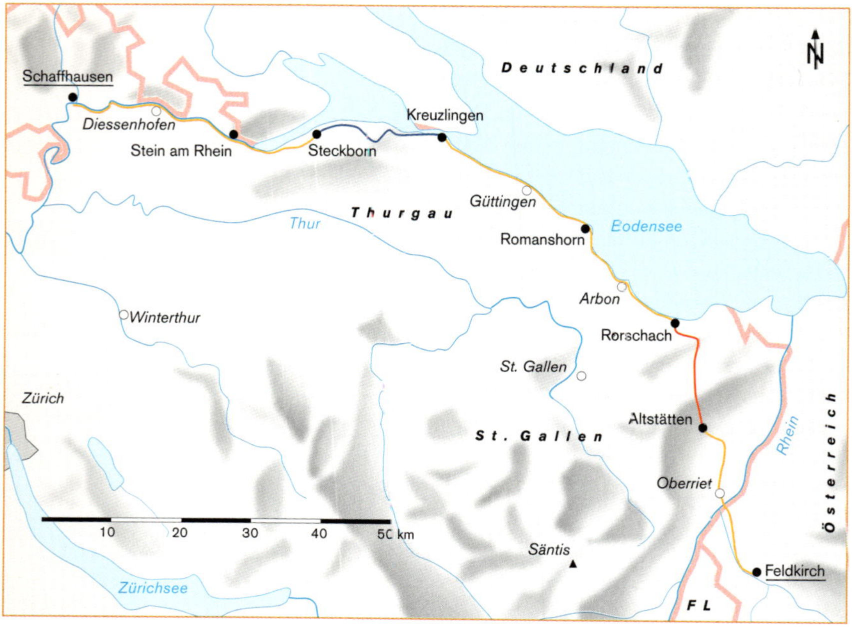

Charakter: Wanderung durch drei unterschiedliche Wasser-Landschaftstypen

Anforderungen: Bis Rorschach kaum Steigungen, im Appenzell Anstieg und teils steiler Abstieg, danach eben bis Feldkirch

Beste Jahreszeit: Bis Rorschach sowie zwischen Altstätten und Feldkirch ganzjährig, im Appenzell April bis Oktober

leicht	Schaffhausen–Diessenhofen (3 Std. 🚆🚌)–Stein am Rhein (3 Std. 🚆🚌)	6 Std.	21,0 km
leicht	Stein am Rhein–Mammern (1¾ Std. 🚆🚌)–Steckborn (2¼ Std. 🚆🚌)	4 Std.	13,6 km
mittel	Steckborn–vor Ermatingen (3½ Std. 🚆🚌)–Kreuzlingen (3¼ Std. 🚆🚌)	6¾ Std.	23,3 km
leicht	Kreuzlingen–Güttingen (3 Std. 🚆🚌)–Romanshorn (2¼ Std. 🚆🚌)	5¼ Std.	19,0 km
leicht	Romanshorn–Arbon (2½ Std. 🚆🚌)–Rorschach (2½ Std. 🚆🚌)	5 Std.	18,0 km
schwer	Rorschach–Heiden (3 Std. 🚆🚌)–Altstätten (3¾ Std. 🚆🚌)	6¾ Std.	18,0 km
leicht	Altstätten–Oberriet (2¼ Std. 🚌)–Feldkirch (3½ Std. 🚆🚌)	5¾ Std.	21,3 km
	Schaffhausen–Feldkirch	*39½ Std.*	*134,2 km*

ROUTE SCHAFFHAUSEN–FELDKIRCH

(8) GROẞARTIGE FLUSSLANDSCHAFTEN UND MEHRERE KLÖSTER beeindrucken uns auf dieser Etappe.

Zunächst wandern wir durch die Unterstadt von Schaffhausen zur Schifflände. Dort folgen wir dem Wegweiser kurz rechts und dann links über die Rheinbrücke. Ein Blick zurück zeigt Schaffhausen nochmals von seiner schönsten Seite. Gleich nach der Brücke leiten uns Markierungen zur Bahnstation im zürcherischen Feuerthalen. Von dort geht unser Weg parallel zur Bahn, bis er in die lärmige Hauptstraße 13 nach Kreuzlingen mündet. Bei nächster Gelegenheit steigen wir zu einem Pfad am Flussufer hinab (nicht markiert) und folgen diesem, vorbei an diversen Bootsanlegestegen. Vor einer Bootswerft müssen wir wieder hoch zur Hauptstraße, können aber nach wenigen Metern links ein Nebensträßchen zu einem Campingplatz und dann zu einer Badeanstalt nutzen. Über breitere Wege, Pfade und Sträßchen erreichen wir wieder den Rhein und gelangen dem Uferweg folgend zum ***ehemaligen Kloster Paradies*** *(400 m).* Im Jahre 1253 für Klarissinnen gegründet, brannte es im späteren Mittelalter ab und wurde in einer Mischung von Gotik und Renaissance wieder aufgebaut. Nach der Aufhebung des Klosters im Jahr 1837 entstand an diesem Ort eine Art Gewerbezentrum für Betriebsgründer. Auch Georg Fischer versuchte hier sein Glück und richtete am Schwarzbach, der durch den Klostergarten fließt, eine Hammerschmiede ein. Sie ist noch heute zu besichtigen. Daraus entwickelte sich ein Weltunternehmen, dem heute auch das Kloster gehört. Bevor wir in die Klosteranlage einbogen, sahen wir ein ehrwürdi-

▼ Die frühere Hammerschmiede im Garten des ehemaligen Klosters Paradies – die Wiege der Georg Fischer AG

ges Riegelhaus – das wieder eröffnete Gasthaus Paradies, wunderschön am Rhein gelegen.

Beim Gasthaus geht es wieder hinab zum Rhein und hinein in das Schutzgebiet Petri (Wasservögel). Es folgt die Scharenwis, ein Ried- und Sumpfgebiet. Hier in diesem Waldgebiet vor Diessenhofen lief ein Stück europäischer Geschichte ab. Nach dem Niedergang der alten Eidgenossenschaft stießen in der Nordostschweiz Österreicher, Russen und Franzosen aufeinander. Die Österreicher unter Erzherzog Karl bauten 1799 in diesem Gebiet einen ausgedehnten Brückenkopf. Die Schanzen und Wälle hatten eine respektable Länge von 1,4 km. Der Verlauf lässt sich im Wald auch heute noch gut erkennen. Interessierte können einen beschilderten Pfad mit Erläuterungstafeln nutzen. Dieser trifft später wieder auf den Wanderweg (zusätzlicher Zeitbedarf ca. 20 Min.). *Weiter teilweise auf parkartigen Waldwegen führt unser Weg zum* ***Kloster St. Katharinental*** *(394 m).* Das Kloster wurde 1230 für Dominikanerinnen gegründet. Im 14. Jahrhundert lebten hier bis zu 140 Nonnen. Berühmtheit erlangten sie wegen ihrer Buchmalereien. Anfang des 18. Jahrhunderts erfolgte eine weitgehende Umgestaltung der Klosteranlagen im Vorarlberger Stil (ähnlich wie beim Kloster Rheinau). Heute dient die Klosteranlage als Rehabilitationsklinik sowie als Alters- und Pflegeheim des Kantons Thurgau.

Den Uferweg entlang, Franzosenweg genannt, kommen wir nach ***Diessenhofen*** *(397 m).* Berühmt ist hier die noch bestehende alte Holzbrücke – die dritte auf unserem Weg. Immer wieder wurde sie zerstört und immer wieder aufgebaut. Den Ort Diessenhofen nennt eine Urkunde bereits 757. Zu besichtigen lohnt sich:

der lang gestreckte Marktplatz mit dem Zeitglocken- oder Siegelturm, die Kirche St. Dionysius, das Vordere Amtshaus, das Klosterhaus, das Rathaus und der so genannte »Tröckni-« oder »Henkiturm«, der an die frühere Tuchfärberei erinnert – ebenfalls ein typisches Flussgewerbe. Uns beeindruckte besonders die massige Anlage des Unterhofs – eine immer wieder umgebaute und erweiterte Burganlage. Heute befindet sich darin ein Ausbildungszentrum der »Winterthur-Versicherung«. Zu diesem Zweck erfolgten architektonisch sehr gelungene Umgestaltungen.

Direkt am befestigten Rheinufer wandern wir weiter. Die Landschaft gilt hier als geologisch besonders bemerkenswert und wird dementsprechend geschützt. Von der anderen Rheinseite grüßt eine malerische Gebäudegruppe mit einer Mühle und der Kapelle St. Niklaus. Wir passieren das schmucke Fachwerkgebäude Schupfi und kommen zum reizvollen Dorf **Rheinklingen** *(408 m). Gegenüber lassen sich die Mündung der Biber und das prächtige Hofgut Bibermüli, ein ehemaliger Vogteisitz, erkennen.*

Von dort gehen wir zunächst einen Feldweg durch Wiesen nahe dem Rhein. Vor einem Waldstück führt unser Weg auf den bewaldeten Hügel hinauf. Oben genießen wir einen Blick auf Hemishofen und den an dieser Stelle besonders schmalen und daher schnell fließenden Rhein. *Nach dem Abstieg kommen wir zu einer Straße und Eisenbahnlinie, unterqueren beide bei der Siedlung Sepling und gelangen später wieder zum Rheinufer. Alsbald ist die* ***Probstei Wagenhausen*** *(400 m) erreicht.* Dieses ehemalige Benediktinerkloster, das dritte auf un-

◄ Ehemaliges Kloster St. Katharinental – heute als Rehabilitationsklinik sowie als Alters- und Pflegeheim genutzt

▼ Bootssteg bei Diessenhofen

serer Etappe, wurde bereits 1083 gestiftet. Die Kirche bestand in einer dreischiffigen Basilika. Doch ging später durch Umbauten bzw. Abbruch ein Seitenschiff verloren. Eindrucksvoll wirken aber immer noch das romanische Gepräge und in Resten erhaltene Wandmalereien. Im Dachreiter findet sich mit der Jahreszahl 1291 die älteste Kirchenglocke der Schweiz. Von der erhöht liegenden Kirche aus sieht man bereits Stein am Rhein.

Unser Weg schlängelt sich durch eine parkartige Landschaft weiter am Ufer des Rheins entlang. So erreichen wir ***STEIN AM RHEIN*** *(413 m), unseren Etappenort.*

Kassierstelle St. Georgen in Stein a. Rh.

Halb rechts sehen wir den Burghügel mit Kirche. Hier stand einst ein römisches Kastell, das unter Kaiser Diokletian 292 errichtet wurde. Es sollte die römische Brücke über den Rhein schützen. Vom Burghügel aus bietet sich ein guter Überblick über die Stadt.

Wenn wir den Fluss auf der heutigen Brücke überqueren, sehen wir rechts eine weitere, sehr große Klosteranlage: St. Georgen. Die Brücke bildete seine Haupteinnahmequelle. Um das Kassieren gut beobachten zu können, ließ ein Abt vor sein Arbeitszimmer einen Erker bauen, um ständig einen kontrollierenden Blick auf die Brücke werfen zu können.

Das Kloster stifteten im Jahre 1005 Kaiser Heinrich II. und seine Frau Kunigunde. Das bescherte dem Brückenkopf eine starke Entwicklungsdynamik. 1267 erfolgte die Erhebung zur Stadt, 1457 sogar zur freien Reichsstadt. Ab 1484 geriet Stein am Rhein unter die Fittiche von Zürich. Schließlich kam die Stadt in der napoleonischen Zeit zum Kanton Schaffhausen.

Besichtigenswert sind neben dem Kloster St. Georgen mit seiner großartigen Innenausstattung die romanische Stadtkirche St. Georg, das Rathaus, der Hexenturm, der Rathausplatz mit Eichbrunnen, die Hauptgasse mit den berühmten bemalten Gast- und Bürgerhäusern sowie das Untertor.[1] Letzteres sowie die »Understadt« wurden 1945 durch amerikanische Bomber zerstört, jedoch originalgetreu wieder aufgebaut.

◄ Kloster St. Georgen in Stein am Rhein

(9) DER LIEBLICHE UNTERSEE, PRÄCHTIGE SCHLÖSSER UND EIN NATURNAHER WALD erfreuen den Wanderer zwischen Stein am Rhein und Steckborn. *Zu unserem Schau- und Genussweg starten wir am südlichen Brückenende in Stein am Rhein. Vorbei am Burghügel folgen wir einer Straße zwischen Obstplantagen und schilfigem Uferrand. So nähern wir uns der Insel Werd im sich weitenden Untersee.* Zu dieser Klosterinsel führt eine Pfahlbrücke. Werd war schon um 3000 v. Chr. Siedlungsort (Pfahlbauten), wie Ausgrabungen zeigten. 500 Jahre hausten Römer auf der Insel. Um 760 n. Chr. starb hier der heilige Othmar, der bis heute verehrt wird. Derzeit leben auf der Insel Franziskaner, die sich der Natur besonders verbunden fühlen. *Auf dem Weiterweg erkennen wir rechts an den Hängen das Schloss Freudenfels, eine ehemalige Statthalterei von Einsiedeln. Dann gelangen wir in Stad zu den Ausläufern von* ***Eschenz*** *(402 m).*

Etwa einen Kilometer weiter biegt unser Weg zur Hauptstraße ab und überquert sowohl diese als auch die Bahnlinie. Weiter in östlicher Richtung steigen wir leicht zum Hof Halden hinauf (444 m), um einen prächtigen Rundblick auf Stein am Rhein, den Untersee und unser nächstes Ziel ***Mammern*** *(412 m, Schloss von 1621) zu werfen.*

[1] Weiterführende Literatur z. B. Knoll, G.M.: Zürich und die Ostschweiz, Dumont Kunst-Reiseführer, Köln 1998, S. 123 ff.

An der Station Mammern wählen wir nicht den direkten Weg nach Glarisegg, sondern folgen dem Hinweisschild zur Ruine Neuburg. Diese erreichen wir nach einem Aufstieg auf einem schönen (aber bei Regen rutschigen) Hangweg. Nach dem übrig gebliebenen wuchtigen Burgturm folgt der eigentliche Grund unseres Umweges: Der Rollirain.

Bäume fällen für Naturnähe

Es handelt sich beim Rollirainwald um den ersten Schweizer Wald mit einem Zertifikat für naturnahe Bewirtschaftung.[1)] Dieser Wald wurde also nicht sich selbst überlassen, sondern bewusst in Richtung nachhaltige Entwicklung gestaltet. Dazu gehörte, dass die dominierenden Buchen minderer Qualität gefällt wurden, um anderen Pflanzen Platz und Licht zu verschaffen. Heute stellt sich der Rollirainwald als »wärmegetönter Edellaubmischwald« dar. Zur vielfältigen Pflanzenwelt gehören wilde Kirschbäume, Eichen, Buchen und Eiben sowie Mehl- und Eisbeersträucher.

Unser Weg geht nun hinab zum Idtobel und weiter nach ***Glarisegg*** *(412 m, Schloss aus dem 19. Jahrhundert). Für die Fortsetzung müssen wir 350 m auf der Seestraße gehen. Dann zweigt bei der Bahnüberführung ein Pfad ab, der uns am Berghang südlich der Geleise bis zur großen Fabrikanlage der Berninawerke führt. Hier unterqueren wir links die Bahngeleise (verlassen also den markierten Weg), um dann knapp 300 m auf der Hauptstraße zu bleiben. Nach einer Bachbrücke zweigt unser Weg links zum See ab. Durch eine schöne Parkanlage gelangen wir zur reizvollen Gebäudeanlage Feldbach, die sich um ein ehemaliges Klostergebäude gruppiert. Vorbei an Hafenanlagen und Werften geht es hinein nach* ***STECKBORN*** *(404 m).* Besonders interessant an dem Städtchen ist einerseits die noch heute erkennbare Dreiecksform mit einer Breitseite am See und dem wehrhaften Kirchturm als Spitze auf der Landseite. Sehenswert sind andererseits die eindrücklichen Fachwerkhäuser und der um 1320 erbaute Turmhof mit Heimatmuseum.

(10) WEITERE SCHLÖSSER UND GRANDIOSE FERNSICHTEN erwarten uns auf der Etappe bis Kreuzlingen.

Vom Bahnhof Steckborn aus in östlicher Richtung gelangen wir auf markierten Wegen zunächst durch ein Siedlungsgebiet und dann durch Wald zum Hof Jochental. Durch Rebberge steigen wir hinauf zum Burgstock und zum weißen Felsen (480 m). Hier stand einst eine Wehranlage. Interessanter sind aber noch die Verwitterungsformen im Knauersandstein. Härtere Gesteine schauen wie übergroße Warzen aus dem weicheren, ausgewaschenen Sandstein. *Durch den Wald führt der Weg dann nach* ***Berlingen*** *(403 m) hinunter – einem ehemaligen Bauern- und Fischerdorf.*

Wir überschreiten die Bahngeleise nicht, sondern folgen ihnen auf einem Weg in Richtung Mannenbach. Nach etwa einem Kilometer folgt ein Wegweiser. Wer bequemer oder rascher nach Kreuzlingen gelangen will, bleibt auf der ufernahen Route. Wer jedoch großartige Fernsichten und Abwechslung in der Wanderroute sucht, steigt zunächst auf einem Asphaltsträßchen und dann über gut ausgebaute Pfade hinauf zum ehemaligen Schloss ***Sandegg*** *(511 m), heute ein Gutshof.*

Unterwegs genießen wir die weite Fernsicht über den Untersee und den Blick auf die nahe Insel Reichenau mit ihren vielen glänzenden Plastikfolienfeldern.

Weiter geht es auf der Hochebene Ebni zunächst immer am Waldrand entlang. Rechts oben thront das Schloss Eugensberg aus dem Jahre 1821. *Dort, wo der Wald endet, setzt sich der Weg geradeaus fort, kreuzt einen Feldweg und führt dann hinab zum tief eingeschnittenen Rütelitobel. Nach dem Überqueren des Baches folgen wir der Markierung hinauf und treffen am Rande des Ortes* ***Obersalenstein*** *(510 m) auf eine Straße.* Von dort lassen sich links hinab das auf einer Molassezunge liegende Schloss Salenstein und weiter abwärts das Schloss Arenenberg erreichen (Abstecher ca. 40 Minuten). Letzteres war Exilwohnsitz von Hortense, Gemahlin des Königs Louis von Holland, eines Bruders von Napoleon Bonaparte. Hortense schätzte die Lage des Schlosses sehr. Hier wuchs auch ihr Sohn auf, der spätere französische Kaiser Napoleon III. Heute kann das Schloss mit seinen Möbeln, Gemälden und Kunstgegenständen besichtigt werden – ein beliebtes Ausflugsziel.

Wir wandern weiter rechts in südlicher Richtung die asphaltierte Nebenstraße in Richtung Oberfruthwilen bergan. Den sodann gerade hinaufführenden Wanderweg meiden wir, weil er einen Umweg bringt. Linker Hand passieren wir einen Bauernhof, der Produkte aus kontrolliertem biologischem Anbau verkauft (z.B. Obst und Brot). Bei einer ersten Straßengabel führt unsere Route halb links durch das Gebiet Waleste mit einzelnen Höfen und Häusern. Sobald wir bei Obstkulturen vor den sichtbaren Häusern von Fruth-

[1] Mehr dazu steht in Doetzkies, M./Fierz, G. und Rüesch, G.: Morgenluft. Der Reiseführer zur nachhaltigen Schweiz, Bern 1998, S. 141 ff.

▼ Uferpromenade in Steckborn am Untersee

wilen zu einer T-förmigen Straßenkreuzung kommen, biegen wir rechts in das Sträßchen hinauf. Nach ca. 250 m mündet das Sträßchen wieder in den von uns verschmähten markierten Wanderweg und führt links nach ***Oberfruthwilen*** *(553 m) hinein. Bei der Hauptstraße des Dorfes biegen wir links und dann gerade wieder in das Nebensträßchen rechts ein (gelbe Hinweisschilder). So kommen wir nach Hueb mit dem Schlösschen Fruthwilen und seinen markanten Treppengiebeln.* Hier lebte eine Weile der v. a. in Deutschland bekannte Dichter Hans Leip (Textverfasser des weltberühmten Liedes »Lilli Marleen«).

Bei einer zu diesem Lied passenden Laterne und Wegweisern geht es links hinab zu einem Bachtobel. Der gut ausgebaute Pfad führt anschließend durch ein reizvolles Waldstück mit einem Eldorado natürlicher Bachläufe. Bei der Ecke einer Lichtung angekommen, folgen wir dem Waldrand in östlicher Richtung, tauchen dann in den Wald, queren einen Waldweg und nehmen einen getreppten Pfad hinab in das Sangen-Tobel. Nach einem Aufstieg liegt vor uns die weiträumige Anlage ***Wolfsberg*** *(514 m), heute ein Ausbildungszentrum des Bankkonzerns UBS.* Im Kern besteht die Anlage aus einem Schloss, das auf das Mittelalter zurückgeht. Ein Spaziergang im dazugehörigen Park lohnt sich angesichts berühmter Skulpturen (z. B. von Henry Moore) und der großartigen Ausblicke auf das Bodenseegebiet, speziell auf die zu Füßen liegende Insel Reichenau.

Von Wolfsberg geht es die Straße hinab in Richtung Ermatingen. Zwischendurch verlässt unser markierter Weg die Straße, kehrt aber dorthin wieder zurück und senkt sich in das Tal des Anderbaches bis zu einem Wegweiser vor ***Ermatingen*** *(ca. 420 m).* Wer will, kann hier nach Ermatingen hineingehen und den schmucken Ort besichtigen.

Uns zieht es jedoch wieder auf die Höhen über dem Bodensee. Wir folgen daher dem gelben Wegweiser in Richtung Tägerwilen und nehmen nach dem Überqueren des Anderbaches die Neuguetstraße talaufwärts. Auf Feldwegen mit Wegweisern steigen wir anschließend auf den Höhenzug von Waldstetten (etwa 480 m) und passieren den Zelglihof. Wunderbare Blicke auf das gesamte Gebiet des Untersees entschädigen uns für den kleinen Umweg und Wiederaufstieg. In der Ferne erkennt man bereits Konstanz und Kreuzlingen. Der Nahblick schweift über Weinberge, Wiesen und Obstbäume. *Wir kreuzen eine Asphaltstraße und kommen nach rund 400 m erneut zu einem querenden Asphaltsträßchen. Hier verlassen wir den markierten Weg nach Tägerwilen, der aufwärts führt, und wählen das Sträßchen hinab in Richtung* ***Triboltingen*** *(416 m).*

Kurz vor der Hauptstraße treffen wir wieder auf Wanderzeichen und Hinweisschilder und folgen ihnen links an schönen Riegelhäusern vorbei zur Hauptstraße. Diese überschreiten wir und nehmen in nördlicher Richtung ein Sträßchen zur Bahnstation. Dort weist uns ein Schild in Richtung Gottlieben. Uns beeindrucken hier die ausgedehnten Schilfgürtel, die in Ocker- und Orangetönen herüberleuchten. Berühmt ist das gegenüber liegende Wollmatinger Ried. Es bildet mit etwa 430 ha eines der größten Feuchtgebiete Mitteleuropas. Dort finden sich ausgedehnte Schilfröhrichte und artenreiche Riedwiesen. Auch brüten in diesem Gebiet die seltenen bunten Kolbenenten sowie die Schwarzhalstaucher. Mittendurch zieht sich eine Pappelallee auf einem Damm, der zur Insel Reichenau

◄ Blick vom Wolfsberg – eine ehemalige Schlossanlage – auf den Untersee

▼ Natürliche Bachläufe bei Oberfruthwilen

führt. *Unser Weiterweg mündet nach zwei Links-rechts-Schwenkungen bei Fabrikanlagen und führt dann nahe beim Wasser nach* ***Gottlieben*** *(397 m, schöne Fachwerkhäuser, Schloss) hinein.* Bei Gottlieben endet der Untersee und wird wieder zum Rhein.

Am Schloss vorbei folgen wir am Rande dem Uferweg in östlicher Richtung zum Tägermoos – ein Relikt aus den Eisvorstössen aus den Alpen. In diesem heute großen Gemüseanbaugebiet entbrannte ein Kampf zwischen Naturschutz und Straßenbauern. Diese planten nicht nur die Autobahn A7, sondern eine riesengroße Zollstation mit umfangreichen asphaltierten Abstellflächen für Lastwagen. Beides konnte nicht verhindert, wohl aber deutlich redimensioniert werden. Zudem kam die Auflage, nur provisorische, leicht demontierbare Bauten zu errichten. Im Jahr 1999 war hier alles durch die Bauarbeiten verändert bzw. nicht passierbar. Wie dort später der Weg verläuft, müssen die Wanderer vorübergehend selber herausfinden. *Irgendwie erreicht man* ***KREUZLINGEN*** *(403 m).* Kreuzlingen ist aus verschiedenen Siedlungen zum Schweizer Vorort von Konstanz zusammengewachsen. Die berühmte Stadt auf der deutschen Seite sollte man sich nicht entgehen lassen.

(11) BODENSEEWEITEN UND -STIMMUNGEN machen den besonderen Reiz der folgenden Etappe aus.

Vom Bahnhof Kreuzlingen aus gehen wir südlich der Bahnlinie die Straße in östlicher Richtung und überqueren eine Hauptstraße. Weiter entlang der Bahn kommen wir zu einer links abzweigenden Straße mit Bahnübergang, die zum Hafen führt. Wir schwenken jedoch vor dem Hafen nach rechts in den Seepark hinein, eine abwechslungsreich gestaltete Grünanlage. An der Seeburg und dem Seegarten vorbei kommen wir zum Campingplatz ***Fischerhus*** *(400 m).*

Wasserspeicher Bodensee

Wir stehen am Ufer des Obersees, des größten Bodenseebeckens, und damit im Zentrum einer uralten Kulturlandschaft. Rund um diesen drittgrößten Binnensee Mitteleuropas (ca. 540 Quadratkilometer) leben heute rund zwei Millionen Menschen.

Infolge der starken Siedlungs- und Industrieentwicklung litt die Wasserqualität sehr. Sie konnte jedoch mit Hilfe international koordinierter Maßnahmen wieder verbessert werden. Das war nicht nur für die Fauna und das Badevergnügen wichtig, sondern auch für die Wasserversorgung. Die Region Stuttgart zapft vor allem den See an und entnimmt ihm große Mengen Trinkwasser – aus der Tiefe, in die das frische, kältere Wasser aus dem Oberrhein sinkt.

Dieser Wasserzufluss aus den Bergen bringt im Sommer die größten Mengen, weil dann die Sonne den Schnee bzw. die Gletscher schmelzen lässt. Damit steigt, anders als bei vielen anderen Binnenseen, im Sommer der Wasserspiegel, während er im Winter sinkt. Diese Besonderheit hoher Wasserstände im Sommer und tiefer Ende Winter führte zu einer ganz besonderen Pflanzengesellschaft. Um einige Beispiele zu nennen: Die Purpurgrasnelke, das Strandvergissmeinnicht, der Uferhahnenfuss etc. Der Fischreichtum des Bodensees liefert bis heute vielfältige Gaumenfreuden: Bodenseefelchen, Bodenseeforellen, Egli (Barsch), Saibling.

Zu den Freuden der Wandernden gehört auch der Anblick des Bodensees mit seinen sich stark wandelnden Stimmungen, je nach Tageszeit und Wetter.

Einem markierten Strandweg folgend kommen wir zur unteren Mühle Bottighofen, durchqueren die sehr große Anlage der psychiatrischen Klinik Münsterlingen, passieren Landschlacht/Seedorf, Altnau/Ruederbomm und erreichen ***Güttingen*** *(398 m) – etwa auf halbem Wege nach Romanshorn.* Der Hinweis auf dem halben Weg hat hier insofern einen besonderen Klang, als immer parallel zu unserem Weg die lustig gestrichenen modernen Züge der Mittelthurgaubahn fahren. Die mthb übernahm diese Strecke von den SBB und investierte kräftig. Wir hoffen, sie haben mit ihrem Engagement Erfolg.

Weiter dem Ufer entlang kommen wir über Moosburg nach ***Kesswil*** *(404 m), dem Geburtsort des berühmten Schweizer Psychologen C.G. Jung.* Der Bodensee gewinnt hier an Breite. Das gegenüber liegende Ufer lässt sich nur noch bei klarer Sicht genauer erkennen. Ist es, wie wir es mehrmals erlebt haben, eher dunstig, so wirkt der See wie ein weites Meer. *Weiter auf dem Uferweg kommen wir nach Uttwil. Etwa 300 m nach der Schifflände schwenkt der Weg zur Bahnlinie und folgt dieser ostwärts. Den See sieht man nur noch gelegentlich, weil das Ufer durch Privathäuser versperrt wird. Beim Strandbad schwenken wir links in den Park und erreichen, wieder dem Seeufer entlang, die Hafenanlage von* ***ROMANSHORN*** *(398 m) – die größte des Seegebiets.* Laufend fahren hier Fähren hinüber nach Friedrichshafen. In Romanshorn lief 1855

▼ Romantische Stimmung am Bodensee bei Romanshorn

das erste schweizerische Dampfschiff vom Stapel, und in der gleichen Zeit erfolgte der Bahnanschluss.

(12) AUSGEDEHNTE UFERPROMENADEN UND NATURSCHUTZGEBIETE prägen die Wanderung bis Rorschach.

Vom Bahnhof Romanshorn aus umrunden wir das Hafenbecken bis zum offenen See und passieren eine Werft der SBB. Dort beginnt ein zwischen See und Weg liegendes neues Naturschutzgebiet. Darin gedeihen nicht nur seltene Pflanzen, sondern es nisten auch zahlreiche Graureiher in den hohen Bäumen. *Nach dem Überqueren des Flüsschens Aach folgen wir der Bahnlinie bis zum querenden Wilerbach nach* ***Egnach*** *(401 m).* Unser Versuch, von dem etwas langweiligen Weg wieder zum Seeufer zu gelangen, endete im Schilf und Sumpf der Luxburger Bucht.

Auch weiterhin müssen wir entlang der Bahnlinie wandern. Doch bald rückt das Seeufer wieder nahe. Ein wunderschöner Weg mit großartigen Blicken auf die Seeszenerie führt uns am Naturschutzgebiet Seemoosriet vorbei über das Strandbad nach ***Arbon*** *(398 m).* »Glücklicher Baum« (arbor felix) nannten die Römer ihre Siedlung dort, woraus der heutige Name entstand. Lange wurde Arbon von Konstanz beherrscht, dessen Dienstleute die noch gut erhaltene Burg, heute ein Schloss, bevölkerten. Interessant ist auch das Rathaus, weil es in einen Eckturm der Stadtmauer eingebaut wurde. Im 19. Jahrhundert entwickelte sich Arbon zur Industriestadt. Nach der Textilindustrie, der das Wasser des Bodensees willkommen war, blühte auch die mechanische Industrie (z. B. Saurerwerke) auf.

Dem Ufer entlang kommen wir ins st. gallische Steinach. Von dort führt ein 1993 auf einer Seeaufschüttung neu angelegter Weg nach **Horn** *(398 m). Hier schwenkt der Weg weg vom See. Wir überqueren das Flüsschen Goldach und gelangen wieder zum Seeufer. Auf einer breiten und gepflegten Quaipromenade erreichen wir den Hafen von* ***RORSCHACH*** *(398 m).* Dort lässt sich das große Kornhaus aus der Barockzeit bewundern – einer der schönsten Getreidespeicher der Schweiz, heute ein Museum. Rorschach blickt auf eine tausendjährige Markttradition zurück. Lastkähne brachten Getreide und Textilien aus Süddeutschland. Von hier aus wurden die Waren weiter verkauft und transportiert.

◄ Typisches Badehaus am Bodensee

(13) EIN AUSFLUG INS APPENZELL sorgt für Abwechslung und rechte körperliche Herausforderungen. Zudem genießen wir die Aussicht auf den östlichen Bodensee und die Alpen.

Südlich vom Bahnhofsgebäude am Hafen gehen wir die Mariabergstraße aufwärts zum ehemaligen Benediktinerkloster ***Mariaberg*** *(445 m).* Dieses gilt als eine der bedeutendsten Klosteranlagen der Schweiz und als großartiges Zeugnis spätgotischer Steinmetzkunst. 1525 wurde die Klosteranlage fertiggestellt, aber nicht, wie ursprünglich vorgesehen, als klösterliche Konkurrenz zu St. Gallen genutzt. Man versuchte es daher alternativ mit einer Universitätsgründung. Seit Mitte des 19. Jahrhunderts beherbergt die Anlage ein Lehrerseminar, das inzwischen zu einer pädagogischen Hochschule aufgewertet wurde.

Vor dem Kloster (445 m) wenden wir uns nach links, folgen den Hinweisschildern mit den Angaben Hof/Heiden und erreichen auf ansteigendem Weg eine parallel zum Hang verlaufende Hauptstraße. Dieser folgen wir in

▼ Abendstimmung in Arbon

östlicher Richtung bis zu einer Straßenkreuzung. Dort nehmen wir halb rechts die ansteigende Straße bis kurz vor die Überführung über die Autobahn (A1). Für Fußgänger zweigt links ein Weg ab, führt uns unter der A1 hindurch und dann in Kehren hinauf zum Weiler ***Hof*** *(568 m).*

Hier verlassen wir den markierten Weg und nehmen links die Straße, die etwa auf gleicher Höhe am Hang des Rorschacherbergs ostwärts zum **Schloss Wartensee** *(560 m) führt.* Unterwegs genießen wir eine fantastische Aussicht auf das Bodenseegebiet, insbesondere auf die östlichen Teile mit den Städten Bregenz und Lindau. Im Schloss Wartensee hausten im 13. Jahrhundert Dienstmannen der Abtei St. Gallen. Aus dieser Zeit stammt der Wohnturm. Zahlreiche Besitzerwechsel folgten, bis das Schloss im 19. Jahrhundert vom englischen Komponisten Pearsal of Wilbridge im neugotischen Stil umgebaut und erweitert wurde. Heute besteht hier ein Tagungs- und Begegnungszentrum. 1998 wurde eine Sanierung der gesamten Anlage abgeschlossen. Kernidee war dabei, dem Historischen und Bestehenden etwas Neues entgegenzusetzen – eine architektonische Haltung, der wir auch im Castelgrande in Bellinzona begegnen. Leichte neue Bauteile in Glas und Stahl stehen daher im Kontrast zum massiven Mauerwerk der Altbauten.

Noch vor der Schlossanlage zweigt unser Weg bei einem Richtungsanzeiger rechts ab, führt den Hang hinauf und dann wieder in ein enges Tal hinab. Von dort folgen wir einem Weg hinauf nach ***Landegg*** *(734 m).*

Der Wegweiser nach Heiden leitet uns wieder in ein Waldstück und in eine kleine Talfalte hinein. Steil steigen wir dann hinauf zu einer Straße, überqueren diese und gehen hinab zu den Häusergruppen Unterau und Christhus. Dabei eröffnet sich ein schöner Blick in Rich-

tung Bregenz und Vorarlberger Alpen. Nach dem wilden Tobel des Mattenbaches führt unser Weg durch den Waldpark hinauf zum Kurort **Heiden** *(805 m).* Der Ort stellt heute eine bedeutende, geschlossene städtebauliche Anlage aus dem 19. Jahrhundert dar. Der Neubau war erforderlich, nachdem Heiden 1838 zu weiten Teilen abbrannte.

Wir verlassen Heiden in südlicher Richtung am Schwimmbad vorbei und nehmen den markierten Weg in Richtung Bischofsberg. Weiter wandern wir über Risi nach Rütegg und genießen dabei Blicke auf die Höhen des Appenzeller Lands. Es folgen auf bequem ansteigenden Wegen und Fahrsträßchen Büelen, Grauenstein und dann **St. Anton** *(1107 m).* Dieser Ort bietet uns eine einmalige Rundsicht bis zu den Ausläufern des Alpsteins, auf die Rheinebene hinab sowie auf die Berge Vorarlbergs, Liechtensteins und des Bündnerlands.

Für den teils steilen Abstieg verlassen wir St. Anton bei der Kapelle in südlicher Richtung (Wegweiser und Markierungen). Dabei verläuft der Weg in einem leichten Bogen nach links, durchquert kurz einen Waldzipfel und taucht nach einer Lichtung voll in den Rundenwald hinein. (Achtung, man kann sich hier leicht verlaufen.) Weiter geht es mal auf breiten Waldwegen, mal auf schmalen Pfaden nach Buschel (903 m) und dann nach Oberstall (724 m) hinab. Von dort führt uns ein Pfad in den Mültobel. Dort gurgelt der Tobelbach durch eine enge Felsschlucht. Auf später gut ausgebauten Wegen geht es hinab zur Hauptstraße. Hier kann man gemäß Wegweiser direkt weiter zum Bahnhof gelangen. Rechts führt uns die Straße in den Ortskern von **ALTSTÄTTEN** *(430 m).* Dort

◀ Blick vom Rorschacherberg beim Weiler Hof

▼ Abstieg von St. Anton nach Altstätten

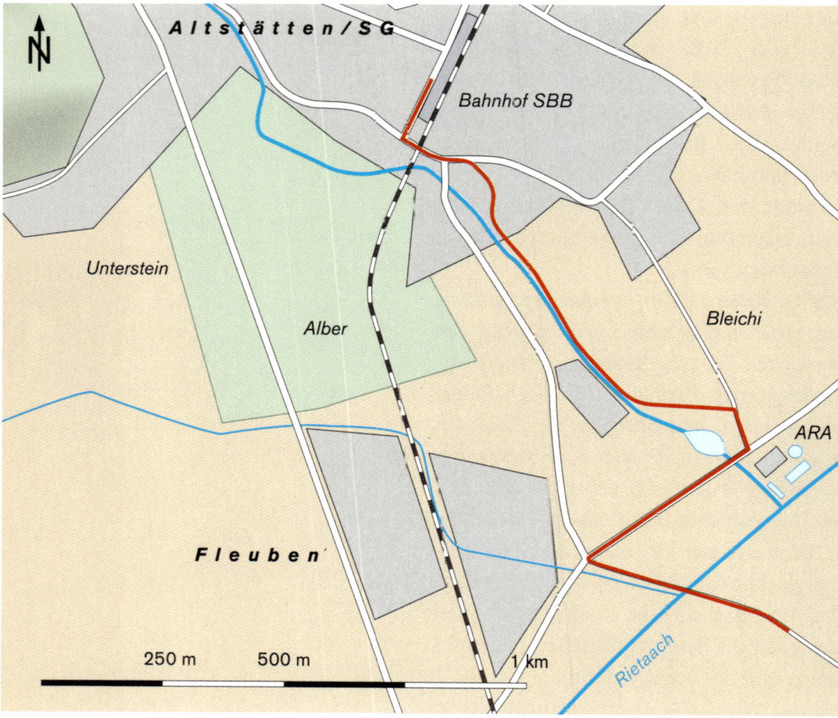

empfängt den Wanderer der Charme eines gut erhaltenen und gepflegten Stadtbildes. Lustig anzusehen sind die vielen geschweiften Giebel und lauschig die durchgehenden Laubengänge besonders an der nördlichen Marktgasse. Der Ort liegt, wie fast alle Siedlungen im Rheintal, auf einer Anhöhe am Talrand. Dazu veranlassten die vielen Überschwemmungen durch den Alpenrhein (siehe Spezialthema »Versuch einer Wasserzähmung«). Altstätten macht seinem Namen insofern Ehre, als der Ort bereits 853 erstmals erwähnt wurde.

(14) VIELE WASSERKANÄLE, NATURSCHUTZGEBIETE UND EIN ABSTECHER NACH ÖSTERREICH runden unsere östliche Schweiz-Durchquerung ab.

*Vom Bahnhof von Altstätten aus wandern wir in südöstlicher Richtung. Auf dem in der Kartenskizze eingetragenen, nicht markierten Weg erreichen wir das **Banriet** (415 m).*

Reste einer großen Moorlandschaft

Wir betreten mit dem Banriet ein geschütztes Flachmoor von nationaler Bedeutung. Es handelt sich um den letzten größeren Rest einer einst riesigen Moorlandschaft, die durch Verlandung eines Rheintalsees entstanden war.

Ein zehnjähriger Kampf, geführt von Pro Riet, war notwendig, bis dieses Gebiet im Jahre 1995 endgültig unter Schutz gestellt werden konnte. Widerstand leistete eine Torffirma, die nicht auf ihre Abbaurechte verzichten wollte.[1] Bei einer Wanderung im Jahre 1991 sahen wir noch den umfangreichen Torfabbau. Heute sticht man zwar immer noch gelegentlich Torf. Doch das geschieht nun von Hand und voll im Sinne des Naturschutzes.

Die kleinen Torfstichweiher bilden ideale Lebensräume für Libellen, besonders solche, die zu den gefährdeten Tierarten gehören (z. B. die Sumpf-Heide-Libelle).

1) Als weiterführende Literatur sei das Buch empfohlen von Barkhausen, A. und Geiser, F.: Wanderführer durch 132 Naturschutzgebiete der Schweiz. Publikation in Zusammenarbeit mit pro natura, Basel 1997, S. 233 ff.

Nach rund 2 km durch das Banriet und bei einer rechts stehenden Hütte mit Garten überqueren wir einen etwas breiteren Kanal und schwenken danach rechts in einen Feldweg. Bei einem relativ neuen Schuppen angelangt biegen wir nach links ins Spitzmäder. In diesem Flachmoor mit Feuchtwiesen werden Weißstörche sowie seltene Vögel wie Baumpieper, Kiebitz (einst Charaktervögel der Rheinebene), Grauammer und Schwarzkehlchen beobachtet. *Nach etwa 300 m im Spitzmäder knickt unser Weg leicht in westlicher Richtung, und nach abermals 300 m kommen wir zu einem Kanal, dem wir links folgen. So erreichen wir wieder den Hauptweg, der uns rechts nach Süden führt. Rund 700 m später überqueren wir eine Straße sowie den kanalisierten Dürrenbach. Nach etwa weiteren 700 m erreichen wir vor dem Bahndamm das Naturschutzgebiet Hilpert, ebenfalls von nationaler Bedeutung.* In dieser ehemaligen Lehmgrube bestehen zwei Weiher – der Lebensraum vieler Amphibien (Wasserfrösche, Laubfrösche,

▼ Barock geschweifte Giebel in Altstätten

Gelbbauchunken, Kamm-, Teich- und Bergmolche etc.). Darunter sind sehr selten gewordene Tiere. *Der Weiterweg führt südlich dem Bahndamm entlang. Immer geradeaus, dabei mehrere Sträßchen querend, gelangen wir hinein nach* ***Oberriet*** *(420 m).* Wir befinden uns in einem sehr alten Siedlungsgebiet in der st. gallischen Rheinebene, wie Funde am Montlinger Berg aus der Hallstattzeit zeigen. Mehrere Burgen (z. B. Hohlenburg, Wichenstein, Blatten) lassen erahnen, dass es hier nicht immer friedlich zuging.

In gleicher Richtung wie zuvor auf einem Sträßchen kommen wir in einem Linksbogen zu einer kleinen Kapelle. Etwa 200 m weiter erreichen wir den Rheintaler Binnenkanal, der das Wasser der Bäche und Flüsschen aus dem Appenzell aufnimmt (vgl. Spezialthema »Versuch einer Wasserzähmung«). Diesem folgen wir nun in südlicher Richtung an großen Industrieanlagen und einem Schwimmbad vorbei. Allmählich rückt die Rheintal-Autobahn näher. Später unterquert unser markierter Weg diese und nähert sich einem Kleinkraftwerk, das die Höhendifferenz im Rheintaler Binnenkanal nutzt. Auf einer Straße passieren wir diese Anlage und biegen danach rechts auf die Rampe, die uns zur Brücke über die Rheintal-Autobahn führt. Auf dem Kreuzungspunkt oben biegen wir rechts in die Straße zum Schweizer Zoll und weiter über den Rhein und damit zur ***Grenze*** *(430 m).* Von hier genießt man eine schöne Fernsicht das Rheintal hinauf und hinunter.

Der abgewiesene Kantons-Kandidat

Sobald wir die Mitte des Rheins überschritten haben, befinden wir uns in Österreich, genauer im Vorarlberg. Das alemannische Vorarlberg ist seit jeher dem Westen und nicht Wien zugewandt. 1920, nach dem Ersten Weltkrieg, entschied sich das Land in einer Volksabstimmung für den Beitritt zur Eidgenossenschaft. Doch zeigte die Schweiz diesem Ansinnen die kalte Schulter. Sie war zu sehr um ihr inneres Gleichgewicht besorgt und wollte sich nicht mit den internationalen Komplikationen einer weiteren Amputation Österreichs belasten.

◀ Rheintaler Binnenkanal bei Oberriet

Noch vor dem österreichischen Zoll biegen wir rechts in den Dammweg. Nach etwa 600 m – wir passierten vorher ein weißes Häuschen für technische Installationen sowie Rampen hinab zum kanalisierten Fluss – folgen wir einem links abzweigenden Feldweg in den Wald der Oberen Au. Wir überqueren das meist trockene Bett des Giessenbachs, das später parallel zum Weg verläuft, und kommen zu einer Kreuzung von Waldwegen. Hier schwenkt unsere Route rechts auf eine Kreuzesdarstellung zu und dann gleich wieder nach links. Nun geht es etwa 4 km in südlicher Richtung immer geradeaus durch die ***Rote Au*** *(440 m).* In diesem Gebiet lassen sich alte und sehr hohe Bäume bewundern. Vereinzelt machen Hinweistafeln darauf aufmerksam.

Bei der Badeanstalt angelangt gehen wir bei erster Gelegenheit rechts hinauf zum Damm, der die kanalisierte Ill flankiert. Wir überqueren eine Straße und folgen weiter dem Dammweg, bis wir vor einer Fabrikanlage gezwungen werden, links zu einer Ausfallstraße hinüberzuschwenken. Dieser folgen wir rechts, an den Fabrikanlagen vorbei bis zur dramatischen Enge des Illdurchbruchs zwischen Ardetzenberg und Blasenberg. Die alte Straße bietet uns nun einen angenehmen und aussichtsreichen Weg bis vor die Tore der Stadt ***FELDKIRCH*** *(455 m).* Über dieser Stadt thront die trutzige Schallenburg (im

▼ Brücke über den kanalisierten Alpenrhein – Grenze zu Österreich

Kern aus dem 12. Jahrhundert). Der Aufstieg Feldkirch erfolgte unter den Grafen von Montfort. Die noch heute mittelalterlich wirkende Stadt bietet viele Sehenswürdigkeiten. Dazu gehören das Rathaus (1493) mit einem schönen Saal, der Dom St. Nikolaus (1478) und andere mittelalterliche Kirchen sowie die alten Wehranlagen mit ihren gut erhaltenen Wehrtürmen.

In der Altstadt von Feldkirch

VERSUCH EINER WASSERZÄHMUNG

Zwischen Altstätten und dem Gebiet der Illmündung in den Rhein erkennt man vom Wanderweg aus eine eigenartige Mischung von radikal umgestalteter Landschaft und Urnatur:

- ein großes Netz von kleinen Kanälen
- Weideflächen
- Torfabbau
- Riedwiesen
- Weiher in ehemaligen Lehmgruben
- von Ferne den angenagten Montlinger Berg
- einen Rheinseitenkanal
- den kanalisierten Rhein

Vor 150 Jahren sah diese Landschaft noch ganz anders aus: Der Fluss mäanderte durch den breiten Talboden. Seen, Sümpfe und Moore wechselten mit Auwald- und Riedflächen. Auf Schwemmlandflächen etwa bei Oberriet wurde intensive Landwirtschaft betrieben. Und der Montlinger Berg besaß noch sein volles Profil sowie seine prähistorischen Geheimnisse.

Was führte zu den Veränderungen und Neugestaltungen – auch im Naturschutz?

Im Tal des Alpenrheins gab es seit jeher mehr oder weniger starke Überschwemmungen. Lange Zeit wurde das so entstehende Schwemmland als fruchtbarer Ackerboden geschätzt. Drei Faktoren führten dann aber zum stärker werdenden **Ruf nach Rheinregulierungen:**[1)]

- die Ausdehnung der Besiedlung und Bewirtschaftung
- die Häufung von Überschwemmungen
- politische, soziale und religiöse Umorientierungen

Im 18. und 19. Jahrhundert kam es im Tal des Alpenrheines zu einem kräftigen Bevölkerungswachstum. Nun wurden zusätzliche landwirtschaftliche Flächen benötigt. Man rodete daher Auenwälder und versuchte, die großen Riede urbar zu machen – beides potenzielle Überschwemmungsgebiete.

Gleichzeitig häuften sich im 19. Jahrhundert die Überschwemmungen. Große Hochwasserereignisse etwa 1817, 1834 und 1868 setzten weite Bereiche der Talsohle unter Wasser. Durch die Ausweitungen der Siedlungs- und Landwirtschaftsflächen nahmen die zerstörerischen Auswirkungen immer größere Ausmaße an.

Neu trat hinzu, dass man solche Naturkatastrophen nicht mehr hinnehmen wollte. Früher akzeptierte die Bevölkerung Naturereignisse wie Überschwemmungen als Schicksalsprüfungen Gottes. Man reagierte darauf mit religiösen Handlungen wie Prozessionen, Wallfahrten, Bau von Kapellen etc. Seit der Französischen Revolution wollte man das Schicksal verstärkt selbst in die Hand nehmen. Die negativen Folgen von Naturgewalten sollten nun durch die Kunst von Naturwissenschaftlern und Ingenieuren verhindert werden. Hinzu kam, dass in der Schweiz für solche Begehren ein neuer Adressat entstanden war: die seit 1848 bestehende Schweizer Bundesregierung.

In der großen technischen Linie wurde folgende Maßnahme für eine Rheinregulierung ins Auge gefasst: Der Rhein sollte begradigt und damit im Abfluss beschleunigt werden. Damit erhoffte man sich auch einen raschen Abtransport des Geschiebes (Kies, Sand), das für die Überschwemmungen verantwortlich gemacht wurde, in den Bodensee hinein.

Bereits 1826 machte Österreich mit einem Entwurf für die Regulierung der Rheinufer von der liechtensteinischen Grenze bis zum Bodensee von sich reden. Um 1850 verstärken sich solche Forderungen auch auf Schweizer Seite.

Nun folgte im **geschichtlichen Zeitablauf** eine Periode großer politischer, naturwissenschaftlicher und technischer Auseinandersetzungen. Es wurden die verschiedensten Berechnungen und technischen Lösungen herumgereicht. Mit Österreich geriet die Schweizer Seite in Konflikt über die Frage, wo welche Maßnahmen zuerst zu ergreifen seien und wer was bezahlen sollte.

Dieser jahrzehntelange Streit wurde ziemlich rasch beendet, als sich dicht hintereinander 1888 und 1890 wieder verheerende Überschwemmungen ereigneten. Daher kam es 1892 zu einem Staatsvertrag zwischen der Schweiz und Österreich, um gemeinsam die Rheinregulierung an die Hand zu nehmen.

[1] Vgl. als vertiefende Literatur: Internationale Rheinregulierung (Hrsg.): Der Alpenrhein und seine Regulierung. Buchs 1993

Kultarbild.

Spaziergänger: ‹So, so, do isch also s'letzscht Johr die gross Ueberschwemmig gsi? Wie höch isch s'Wasser denn öppe gstande?›
Frau: (hebt den Rock, sodass man die Schlammringe an den Waden sieht): ‹Do kast luege, wie tüüf mer hend müesse wata.›

Der Staatsvertrag enthielt auch das **Konzept der Rheinregulierung**, wie es später umgesetzt wurde:

- Bau des Fußacher und des Diepoldsauer Durchstichs
- Korrektur des Rheinbettes auf der oberen Strecke bis zur Illmündung
- Ergänzung der Binnenwasserkorrektion
- Verbauung der Wildbäche und anderer Zuflüsse

Der Fußacher und der Diepoldsauer Durchstich sollten Rheinschlaufen begradigen, den Rhein um 10 km verkürzen und damit den Abtransport des Geschiebes beschleunigen.

Bei der Korrektur des Rheinbettes bis zur Illmündung ging es darum, den Durchflussquerschnitt des Rheins zu erweitern und gleichmäßig zu formen. Man gestaltete und schützte die Ufer so, dass ein schneller fließender Rhein selbst die Sohle vertiefte.

Da sich die Sohle des Rheins v. a. im 18. und 19. Jahrhundert durch Geschiebe auffüllte, hob sich der Rhein über das Niveau der Rheinebene, wobei Wuhren und Dämme ihn im Bett hielten. Überschwemmungen konnten nicht mehr richtig abfließen, und die von links und rechts zuströmenden Bäche lagen tiefer als der Rhein. Dadurch versumpften größere Landstücke, und es bildeten sich Restseen und Moorgebiete. Dagegen baute man bereits vor der Rheinregulierung Kanäle und Entwässerungsgräben, die das Wasser sammelten und rheinabwärts in den Fluss führten. Dieses Kanalnetz sollte nun ausgebaut und verbessert werden. Zu den Vereinbarungen gehörte die Ausführung des Rheintaler Binnenkanals auf Schweizer Seite.

Die Wildbachverbauungen sollten Erosionsschäden verhindern helfen und dafür sorgen, dass dem Rheinbett nicht übermäßig viel Geschiebe zugeführt wurde.

Die **Umsetzungen der Pläne** benötigten viel mehr Zeit, als 1892 angenommen wurde. Als wesentliche Meilensteine ergaben sich:

- Fußacher Durchstich 1900 (8 Jahre nach Vertragsabschluss)
- Fertigstellung des Rheintaler Binnenkanals 1906
- Diepoldsauer Durchstich 1923 (31 Jahre nach Vertragsabschluss)
- Vorläufiger Abschluss Kanalisierung des Rheins bis zur Illmündung 1934

Die Gründe für zeitliche Verzögerungen lagen neben den Folgen des Ersten Weltkrieges in langwierigen Diskussionen über richtige Maßnahmen sowie in technischen Schwierigkeiten.

Zu letzteren gehörten z. B. die Flussbett- und Dammbauten in Moorgebieten. Immer wieder brachen die Bauten ein.

Die langwierigen Diskussionen betrafen die Art und Ausgestaltung von Maßnahmen. So machte die Schweiz nach den ersten Erfahrungen mit den Wirkungen des Fußacher Durchstichs den Vorschlag, auf den Diepoldsauer Durchstich zu verzichten und sich auf Korrekturen des bestehenden Flussbettes zu beschränken. Die Österreicher setzten aber die einmal beschlossenen Maßnahmen durch.

Hintergrund dieses Streites bildete, dass man die **Wirkungen der baulichen Maßnahmen schwer in den Griff** bekam. Die größten Probleme entstanden durch die Kiesablagerungen und Sohlenvertiefungen sowie die Verlandungen an der Rheinmündung.

Der Fluss lässt sich mit einem Förderband für Kies und Sand (Geschiebe) vergleichen. Das »Band« nimmt je nach Fließgeschwindigkeit, Pegelstand und Geschiebezusam-

◄ Luftbild vom Gebiet Diepoldsauer Durchstich

mensetzung unterschiedliche Mengen von Geschiebe mit. Gleichzeitig fallen Kies und Sand vom »Förderband« und bilden lokale Haufen. Mal nahm der Rhein mehr mit, als man dachte, und vertiefte die Sohle, mal lagerte er mehr im Flussbett ab als berechnet. Die Folgen waren z. B. Brückeneinstürze durch übermäßige Sohlenvertiefungen oder Gefährdungen von Dämmen durch eine zu hohe Sohle infolge von Sand- und Kiesablagerungen.

Im Mündungsgebiet des Rheins kam es zu sehr starken Verlandungen. Davor war zwar gewarnt worden. Das offizielle Projekt ging jedoch von eher optimistischen Annahmen aus.

In der Folge mussten bereits relativ früh **Korrekturmaßnahmen** ins Auge gefasst und ab 1924 weitere Staatsverträge ausgehandelt werden.

Die Rinne zwischen Illmündung und Bodensee sollte nun schmäler und tiefer werden, damit der Fluss schneller durchfloss und weniger Geschiebe ablagerte. Diese Maßnahme wurde Anfang der 70er-Jahre vollendet. Dagegen mussten die Dämme, die das Geschiebe in die tieferen Zonen des Bodensees leiten, immer weiter verlängert werden. Das derzeit im Bau befindliche Projekt dürfte erst im Jahre 2005 fertiggestellt werden.

Weitere Korrekturmaßnahmen sind bereits in Planung. So vertieft sich die Sohle der oberen Strecke bis zur Illmündung mehr, als es den Technikern lieb ist. Man plant daher Korrekturen des Flussquerschnittes dergestalt, dass die Fließgeschwindigkeit des Rheins wieder reduziert wird. Zudem muss die Illmündung saniert werden, da die Rampe der Mündung beim Hochwasser 1999 zerstört wurde.

Welche **Bilanz** der Rheinregulierung lässt sich 1999 ziehen? Festzustellen sind:

- Unzweifelhaft führten die Maßnahmen dazu, dass schwere Überschwemmungsschäden nicht mehr zu verzeichnen waren, auch im Hochwasserjahr 1999 nicht. Das ist aus der Sicht von Bevölkerung und Landwirtschaft sehr viel wert.
- Die Maßnahmen verschlangen jedoch enorme finanzielle Mittel, viel mehr als ursprünglich angenommen.
- Es erfolgten massive Eingriffe in das Landschaftsbild. Die einmalige Dynamik der Landschaftsveränderungen des »größten Wildbachs Europas« wich einer eher monotonen Statik. Zudem sank der Grundwasserspiegel und in der Folge auch das Gelände, insbesondere in den Torfgebieten.
- Die Vielfalt von Flora und Fauna reduzierte sich erheblich. Verschiedene Tierarten wurden sehr stark dezimiert (z. B. Seeforellen, Amphibien, Wasservögel). Vollständig naturbelassene Aulandschaften, die ökologisch besonders wertvolle Lebensräume bieten, gibt es nicht mehr. An ihre Stelle trat teilweise eine land- und forstwirtschaftliche Intensivnutzung. Reste von Riedgebieten können heute nur noch künstlich durch regelmäßige, aber extensive Bewirtschaftung erhalten werden.
- Der Montlinger Berg auf der Schweizer Seite wurde als Steinbruch benutzt und im Profil verändert. Die prähistorische Wallanlage auf der Bergkuppe beließ man zwar, zerstörte jedoch das dazugehörige Siedlungsgebiet.
- Umgekehrt entwickelten sich solche Flächen wie Steinbrüche zu neuen Biotopen, die heute teilweise unter Naturschutz ste-

hen. Auch bilden die Altrheinzonen ein neues artenreiches Gebiet. Die künstlich errichteten Flussdämme und Kanäle stellen inzwischen ebenfalls ökologisch wertvolle Gebiete dar.

Die **zukünftige Aufgabe** besteht vor allem darin, solche Entwicklungen zu fördern und einiges zusätzlich für die Umwelt und Ökologie zurückzuerobern. Als Maßnahmen wurden verwirklicht und werden noch zu ergreifen sein:

- Schaffung und Schutz neuer Biotope, wie das bereits in der St. Galler Rheinebene mit den Gebieten Banriet (Torfabbau), Spitzmäder (Riedwiesen), Hilpert (Weiher) und Balanggen (Neuanpflanzungen standortgerechter Baum- und Straucharten/neues Feuchtgebiet) mehr oder weniger gelungen ist.
- Vernetzung der einzelnen ökologischen Inseln durch Ausscheidung zusätzlicher Naturlandflächen sowie Bau begrünter Brücken über Straßen und Bahn. Dazu Erarbeitung und Realisierung (Durchsetzung) eines Lebensraumverbund-Konzepts.

Was bisher getan, eingeleitet und geplant wurde, sind zwar nur ökologische Reparaturen. Doch mit ihrer Hilfe könnte die Ebene des Alpenrheins wieder an ökologischem Wert und optischer Vielfalt gewinnen.
An Stelle der Eigendynamik der Natur tritt nun eine ökologisch orientierte Steuerung der Menschen. Gesteuert werden muss auch technisch, denn der Alpenrhein wird immer wieder neue Herausforderungen bringen sowie bauliche Maßnahmen erfordern.

▼ Entwässerungskanal bei Montlingen

Fortsetzung bis Venedig
Feldkirch–Venedig (Kurzfassung)

Die Fortsetzung der Wanderung führt uns in einem nächsten Abschnitt von **Feldkirch nach Finstermünz** im Engadin.[1] Auf dieser 114 km langen Route weitgehend auf Wanderwegen passieren wir als Etappenorte:

- Nenzing
- Bludenz
- Tschagguns
- St. Gallenkirch
- Speicher Kops
- Ischgl
- Laret (Samnaun)
- Altfinstermünz

Der Reiz dieses Abschnitts durch Österreich liegt zunächst in einer schönen Talwanderung das Montafon hoch. Dann steigen wir kräftig an und gelangen zur Verbella Alm und zum Speichersee Kops, einer Wasserscheide.

Von dort führt unser Weg allmählich hinab über Galtür nach Ischgl. Wir durchqueren ein Gebiet, das 1999 infolge von mächtigen Lawinenniedergängen traurige Berühmtheit erlangte.

Von Ischgl aus steigen wir zum 2737 m hohen Viderjoch hinauf, dem höchsten Pass der ganzen Route (eine Seilbahn führt fast bis zum Joch hinauf). Der Abstieg mündet zunächst in Laret, im schweizerischen Samnauntal. Weiter geht es wieder durch österreichisches Gebiet nach Finstermünz, dem östlichsten Zipfel des Engadins.

Wenn man die alte Zollbrücke nicht überqueren kann (bei Zoll vorher erkundigen), muss man die Straße in Richtung Landeck nehmen und dann in die Straße zum Reschenpass abzweigen. Damit beginnt der nächste 134 km lange Abschnitt **Finstermünz–Bozen** mit folgenden Etappenorten bzw. Orientierungspunkten:[2]

- Nauders
- Reschenpass
- Mals
- Schlanders
- Meran
- Bozen

Der Reschenpass war zur Römerzeit Teil der Via Claudia und bereits gut ausgebaut.

Vom Pass wandern wir in das lang gestreckte, schöne Tal des Vinschgau. Über mehrere Geländeterrassen gelangen wir von intensiven Obst- hinab zu umfangreichen Weingebieten. Wir passieren uralte Orte und Kirchen, die zusammen mit vielen Burgen und Festungen von der Bedeutung dieser Passroute zeugen. Es bestehen meist gute Wanderwege.

In Meran schwenkt der Weg gen Süden.

In dem breiten Tal mit vielen Burgen und Festungen wandern wir nach Bozen, der Hauptstadt des Südtirols. Auch hier lassen sich meist gute Wanderwege nutzen.

Der nächste Abschnitt ist mit 231 km der längste der ganzen Wanderung. Er führt uns von **Bozen nach Venedig**. Dabei folgen wir nicht dem europäischen Wanderweg E5, der vom Bodensee herkommend über Bozen nach Trient und Verona verläuft, sondern genießen zunächst die Dolomiten und dann die Veränderungen der Landschaften von den Alpen bis zum Flachland vor Venedig. Die Etappenorte bzw. Orientierungspunkte sind:[3)]

- Karer-Pass
- Moëna
- San-Pellegrino-Pass
- Agordo
- Belluno
- Nevegal
- Vittorio Veneto
- Pallazon
- Treviso
- Mogliano
- Mestre
- Venedig

Bis zum Karer-Pass beschert uns der Wandertourismus in den Dolomiten meist gute Wanderwege. Nach Überqueren der Grenze von Südtirol spürt man mit allen Vorteilen (z. B. gutes Essen) und Nachteilen (weniger klar erkennbare und begehbare Wanderwege), dass man ein Stück mehr in Italien ist. Großartig anzusehen sind nun die vielen zackigen Bergzüge der Dolomiten.

Nach Agordo bei der Ansiedlung La Mude können wir bis Belluno und darüber hi-

[1)] Als Kartenmaterial stehen zur Verfügung: bis Nauders überwiegend Karten des eidg. Bundesamtes für Landestopographie (ohne eingezeichnete Wanderrouten).

[2)] Als Kartenmaterial stehen bis nach Mals Karten des eidg. Bundesamtes für Landestopographie (ohne eingezeichnete Wanderrouten) zur Verfügung. Danach basierten wir auf den Kompass-Karten 52 und 54

[3)] Als Kartenmaterial dienen die Kompass-Karten 76 und 77, die Tabacco-Karten 06, 022 und 024 sowie die Kümmerly + Frey-Karte »Trentino–Südtirol«, die IAC-Karte »Treviso« und die Euro-Cart »Laguna Veneta«

▼ Der Speichersee Kops am Sattel zwischen Montafon und Paznauntal

naus bis nach Priula der Wegbeschreibung folgen, die sich im Buch »Zu Fuß über die Alpen« findet.[1] Mit Belluno erreichen wir eine schöne, alte Stadt im südlichen Alpenvorland.

Bevor unser Weg ins Flachland nördlich von Venedig mündet, haben wir mit dem Nevegal-Rücken nochmals einen letzten großen Anstieg zu bewältigen (fantastische Aussicht). Dann steigen wir nach Revine bei Vittorio Veneto hinab. Das schöne hügelige Gebiet und die reiche Landwirtschaft (hier kommt der berühmte Prosecco her) lassen vergessen, dass im Gebiet des Nevegal und der Piave eine der verlustreichsten Schlachten des Ersten Weltkriegs tobte.

Danach wird die Landschaft immer flacher. Nach Priula klinken wir uns aus der Routenbeschreibung des Buches »Zu Fuß über die Alpen« wieder aus. Wir durchqueren in Richtung Treviso ein Gebiet, das schon in der Vergangenheit hohen Wohlstand erwarb. Davon zeugen prachtvolle alte Villen (u.a. von Palladio). Die vielen aus neuerer Zeit stammenden Einfamilienhausgebiete lassen vermuten, dass es dem Gebiet auch heute wirtschaftlich gut geht. Einen ersten Höhepunkt dieses Abschnittes, in dem wir v.a. auf verkehrsarmen Nebensträßchen wandern, bildet Treviso. Diese gut erhaltene und reiche mittelalterliche Stadt zeichnet sich durch eine besondere Atmosphäre aus. Den absoluten Höhepunkt bringt dann aber unzweifelhaft Venedig. Diesen Genuss muss man sich durch eine fast endlos erscheinende und laute Dammwanderung von Mestre aus verdienen.

◄ Alte Zollbrücke Finstermünz über den Inn

[1] Grassler, L.: Zu Fuß über die Alpen. Auf dem Traumpfad von München nach Venedig, München 1990

▼ Venedig – unser Wanderziel ist erreicht

SCHUTZ UND TRUTZ

BASEL–LUZERN–AIROLO–COMO

Basel–Luzern (7 Etappen)	36 Std.	110 km
Luzern–Airolo (8 Etappen)	44 Std.	126 km
Airolo–Como (12 Etappen)	57 Std.	168 km
Total Basel–Como (27 Etappen)	*137 Std.*	*404 km*

2

Wichtige Verkehrsachsen wie die Gotthardroute waren nicht nur Orte lukrativen Handels, sondern auch kriegerischer Händel. Das wiederum weckte das Bedürfnis nach militärischem Schutz und trutziger Abschreckung in Form von Burgen, Forts usw. Diese Wanderung bietet zudem außerordentlich viele landschaftliche und kulturelle Höhepunkte.

SERVICEANGABEN

Museen/Sehenswürdigkeiten

Luzern
Verkehrshaus der Schweiz, Lidostr. 5, 6006 Luzern, Tel. 084 885 20 20

St. Gotthard
Museo Nazionale del San Gottardo, 6781 Airolo-Madrano, Tel. 091 869 15 25 / 869 14 30

Museo Forte Ospizio San Gottardo, 6781 Airolo-Madrano, Tel. 091 869 15 25 / 769 14 30

Airolo
Forte Airolo, Museo Fondo del Bosco, 6780 Airolo, Tel. 091 873 71 11

Morcote
Parco Scherrer, 6922 Morcote, Tel. 091 996 11 42

Meride
Museo dei Fossili Monte S. Giorgio, 6866 Meride, Tel. 091 646 37 80

Ligornetto
Museo Vela, Via Clivio, 6853 Ligornetto, Tel. 091 647 32 68

Como
Musei di Como, Piazza Medaglie d'Oro 1, I-22100 Como, Tel. 0039 031 271 343

Hotels

Rigi Scheidegg
Berggasthaus Rigi-Scheidegg, 6410 Goldau, Tel./Fax 041 828 14 75

Flüelen
Hostellerie Sternen, Axenstr. 6, 6454 Flüelen, Tel. 041 875 03 03

Gurtnellen
Hotel Gotthard, 6482 Gurtnellen, Tel. 041 885 11 10

Gotthard
Albergo San Gottardo Ospizio, 6780 Airolo, Tel. 091 869 18 11

Airolo
Hotel Forni, 6780 Airolo, Tel. 091 869 12 70

Biasca
Al Giardinetto
Via a. Pini 21, 6710 Biasca, Tel. 091 862 17 71

Rodi-Fiesso
Dazio Grande, 6772 Rodi-Fiesso, Tel. 091 874 60 60 / 66

Como
Hotel Firenze, Piazza Volta 16, I-22100 Como, Tel. 0039 031 300 333

Restaurants

Olten
Restaurant Zollhaus, Bahnhofstr. 4, 4603 Olten, Tel. 062 296 36 28

Restaurant Felsenburg, Aarauerstr. 157, 4600 Olten, Tel. 062 296 22 77

Restaurant Walliserkanne, Aarburgerstr. 6, 4600 Olten, Tel. 062 296 44 76

Zofingen
Restaurant zum Goldenen Ochsen, Vord. Hauptgasse 8, 4800 Zofingen, Tel. 062 751 44 37

Restaurant Fédéral, Vord. Hauptgasse 57, 4800 Zofingen, Tel. 062 751 01 00

Sursee
Restaurant Wyhof, Bahnhofstr. 47,
6210 Sursee, Tel. 041 921 12 70

Rigi Kaltbad
Hotel Bergsonne, 6356 Rigi Kaltbad,
Tel. 041 399 80 10

Flüelen
Hostellerie Sternen, Axenstr. 69,
6454 Flüelen, Tel. 041 875 03 03

Gurtnellen
Restaurant Gotthard, 6482 Gurtnellen,
Tel. 041 865 11 10

Airolo
Ristorante Forni, Via Stazione,
6780 Airolo, Tel. 091 869 12 70

Bedretto (bei Airolo)
Locanda Orelli, 6781 Bedretto,
Tel. 091 869 11 40

Biasca
Al Giardinetto, Via a. Pini 21,
6710 Biasca, Tel. 091 862 17 71

Bellinzona
Ristorante Castelgrande, Salita al Castello,
6500 Bellinzona, Tel. 091 826 23 53

Corona, Via Camminata 5,
6500 Bellinzona, Tel. 091 825 28 44

Osteria Sasso Corbaro, Al Castello,
6500 Bellinzona, Tel. 091 825 55 32

Tesserete
Grotto della Selva, Via Cantonale,
Campestro, 6950 Tesserete,
Tel. 091 943 57 20

Meride
Antico grotto Fossati Lupi Mario,
6866 Meride, Tel. 091 646 56 06

Como
Terrazzo Perlasca, Piazza de Gasperi 8,
I-22100 Como, Tel. 0039 031 303 936

Rino, Via Vitani 7, I-22100 Como,
Tel. 0039 031 273 028

Jugendherbergen

Basel
St. Alban-Kirchrain 20, 4052 Basel,
Tel. 061 272 05 72

Zofingen
General Guisan-Str. 10, 4800 Zofingen,
Tel. 062 752 23 03

Luzern
Am Rotsee, Sedelstr. 12, 6004 Luzern,
Tel. 041 420 88 00

Hospental
Gotthardstr., 6493 Hospental,
Tel. 041 887 04 01

Lugano
Via Cantonale 13, 6942 Savosa,
Tel. 091 966 27 28

Campingplätze

Sursee
Camping Sursee, Waldheim,
6210 Sursee, Tel. 041 921 11 61

Sempach Stadt
Camping Seeland TCS,
6204 Sempach Stadt, Tel. 041 460 14 66

Luzern
Camping und Caravaning-Club Luzern,
Lidostrasse 19, 6006 Luzern,
Tel. 041 370 21 46

Bellinzona
Campeggio Bosco di Molinazzo,
6500 Bellinzona, Tel. 091 829 11 18

Meride
Campeggio Parco al Sole TCS,
6866 Meride, Tel. 091 646 43 30

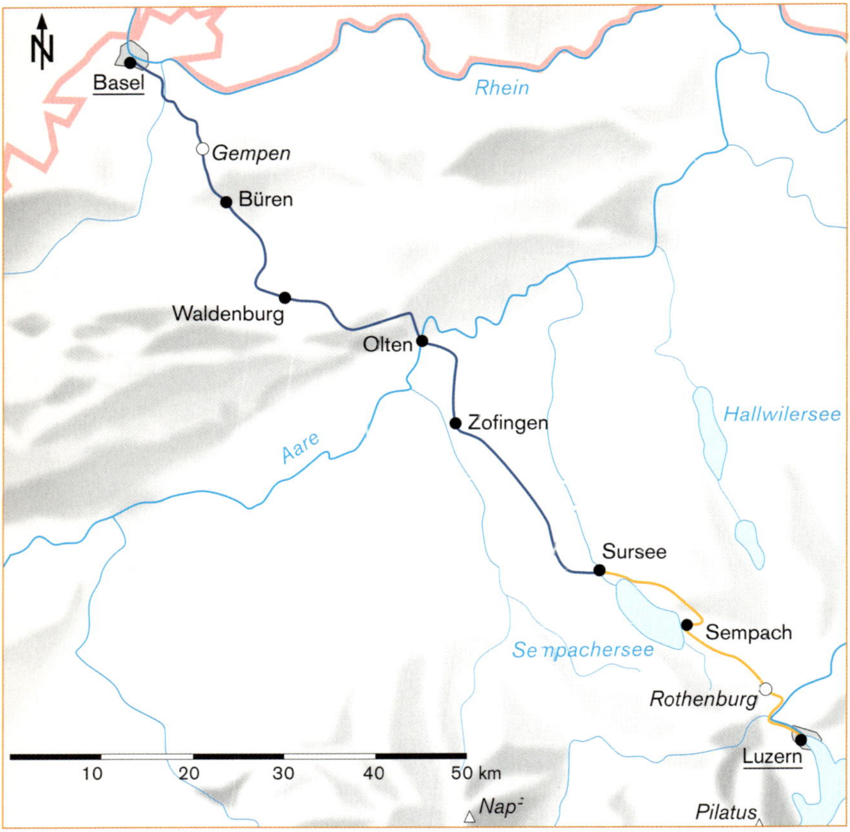

Charakter: Zunächst diagonal über Tafeljura und Jurahöhen, dann über die gewellten Letten-Höhenzüge bis Luzern

Anforderungen: Maximale Höhendifferenz einer Etappe ca. 600 m. Sonst keine größeren Anstrengungen im Auf- und Abstieg. Gute Wege, teilweise asphaltiert.

Beste Jahreszeit: Frühjahr und Herbst

mäßig	Basel–Räckholder (bei Gempen, 4½ Std.)–Büren (1 Std.)	5½ Std.	15,7 km
mäßig	Büren–Arboldswil (2¼ Std.)–Waldenburg (2¼ Std.)	4½ Std.	12,6 km
mäßig	Waldenburg–Hauenstein (4½ Std.)–Olten (2½ Std.)	7 Std.	20,0 km
mäßig	Olten–Bad Lauterbach (2¼ Std.)–Zofingen (1½ Std.)	3¾ Std.	11,3 km
mäßig	Zofingen–Schlatt (2½ Std.)–Sursee (4¼ Std.)	6¾ Std.	21,2 km
leicht	Sursee–Eich (1¾ Std.)–Sempach (1¼ Std.)	3 Std.	9,7 km
leicht	Sempach–Rothenburg (2½ Std.)–Luzern (3 Std.)	5½ Std.	19,4 km
	Total Basel–Luzern	*36 Std.*	*109,9 km*

BASEL–LUZERN

(1) »FÄHRST IM WILDEN STURM DAHER / BIST DU SELBST UNS HORT UND WEHR…« – Solche Stoßgebete könnten im Zweiten Weltkrieg am Rande des Gempenplateaus – unser Tagesziel – häufiger gesprochen worden sein.
Im Bahnhof SBB gehen wir durch die Unterführung in Richtung Gundeldinger Quartier (nach 2000 entsteht hier als Verbindung auch eine großzügige Passerelle). An der querenden Güterstraße angekommen, folgen wir dieser links bis zum Tellplatz mit dem Gundeli-Casino – ein architektonisch interessanter Bau. Von dort führt uns die Tellstraße weiter.
Nun orientieren wir uns an der Kartenskizze auf der nächsten Seite. Über den Tellplatz gelangen wir zum Güterbahnhof Wolf und dann zum Wolfs-Gottesacker – eine andere Welt im Getriebe der Verkehrsanlagen. Hinter der Friedhofsmauer sieht man ein parkartiges Gelände und einzelne monumentale Grabmäler. *Weiter folgen wir dem Lärchenweglein, durchqueren Schrebergärten und gelangen schließlich zur Brüglingerstraße. Noch vor der Sporthalle St. Jakob zweigen wir rechts in das Areal der* ***Grün 80*** *(ca. 260 m) ab.* Dieses Gelände gehört zu den beliebtesten Park- und Freizeitanlagen der Region Basel. Das Geheimnis der besonderen Attraktion liegt vielleicht in der vielfältigen Mischung von Sportanlagen, Botanischem Garten, feudalen Herrschafts- und Landwirtschaftsbauten der Christoph Merian Stiftung sowie neuen Parkanlagen und Landschaftsgestaltungen, die für die Gartenbauausstellung 1980 entstanden.
In südlicher Richtung gelangen wir zunächst zum Eingang des Botanischen Gartens. Blu-

▼ Grün 80, ehemalige landwirtschaftliche Bauten der Christoph Merian Stiftung

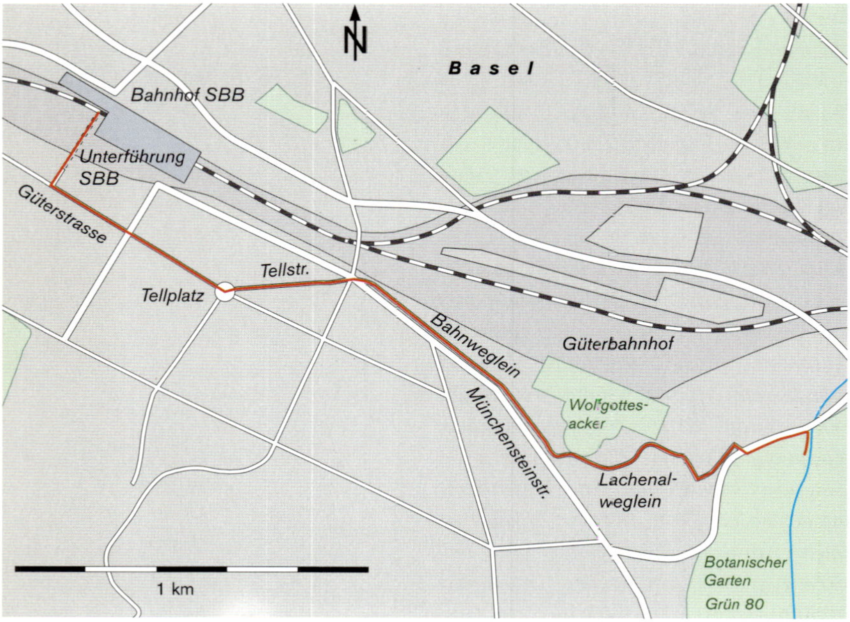

menliebhaber können diesen Garten durchqueren, Romantiker links einem Wasserkanal mit neu erstelltem Holzsteg folgen. Beide Wege münden bei der Restaurantanlage der Migros an einer ausgedehnten künstlichen Seenlandschaft. Diese durchqueren wir, halb links haltend, bis wir zum »Dino« gelangen, einer Dinosauriernachbildung von erheblichen Ausmaßen. Unser Weg setzt sich in südlicher Richtung fort, unterquert eine Schnellstraße und mündet kurz danach bei der ***Rütihardbrücke*** *(264 m), einer alten Holzbrücke, über die Birs.*

Hier zeigt uns ein Wegweiser den Weg nach Schönmatt. In dieser Richtung steigen wir hinauf zur Höhe der Rütihard (340 m). Unterwegs machen wir erste Bekanntschaft mit dem Routenthema »Schutz und Trutz«, denn wir passieren etliche Bunker und Panzersperren – Teile des Verteidigungssystems am Gempenplateau aus dem Zweiten Weltkrieg. *Auf der Höhe führt uns der Weg fast eben weiter, wechselnd zwischen Wald und freiem Feld. Am Ende der Hochebene gelangen wir durch Wald hinauf zur Schönmatt (591 m), einem Ausflugslokal mit Gartenwirtschaft, und dann weiter zum kleinen Weiler* ***Stollen*** *(638 m).*

Zukunft für Obstkulturen

Bereits vor Stollen beginnen Obstkulturen. U. a. sieht man hochstämmige Kirschbäume. Insbesondere zur Blütezeit geben sie der Landschaft ein liebliches Gepräge. Doch dieses Bild wird sich in Zukunft vielleicht nicht mehr bieten, weil die Bewirtschaftung viel Handarbeit erfordert und kaum noch die Kosten deckt. Wir erlebten diesen Notstand vor einiger Zeit beim Vorbeiwandern ganz praktisch, indem uns ein Bauer aufforderte, ihm bei der Kirschenernte einen Tag lang zu helfen – was wir dann auch taten. Um nachhaltigere Lösungsansätze für das Problem zu finden, führt derzeit der Kanton Solothurn ein Pilotprojekt »Schönmatt-Stollenhäuser« durch. Ziel des Projektes bildet die »Erarbeitung von Grundlagen zur Erhaltung und Aufwertung von Hochstamm-Obstbäumen ...«.

Wir bleiben auf dem Gempenplateau und gelangen zum Punkt ***Räckholder*** *(711 m) mit Kreuz nahe beim Ort Gempen.* Dieser sogenannte »Baselweg« bietet weite Blicke ringsum: die Höhenzüge von Blauen, Vogesen, Schwarzwald und Tafeljura sowie die Oberrheinische Tiefebene. Daher spielte dieses Gebiet auch im Zweiten Weltkrieg eine strategisch wichtige Rolle. *Unser Weg taucht nun wieder in ein Waldgebiet und geht im Zickzack am Rand von Felsen des Schlimmbergs und parallel zu einem alten Hohlweg hinab. (Wenn es sehr nass ist, empfiehlt es sich, auf der Waldstraße zu bleiben.) Sobald wir das enge Tal verlassen, grüßen rechts die schroffen Felsen der Bürenflue. Nach einem Waldlehrpfad und einem schattigen Picknickplatz ist unser Etappenort* ***BÜREN*** *(441 m) erreicht.* Dieses Dorf liegt in einem relativ dünn besiedelten ländlichen Gebiet – ein starker Gegensatz zu unserem Start in Basel. Die vielen aufwändig zu Wohnzwecken umgebauten Bauernhäuser verraten dennoch die Nähe zur Stadtagglomeration. Übernachtungsmöglichkeiten bietet unser Etappenort keine. Stündlich fahrende Busse (Nr. 500.18) erlauben, das Hotelangebot in Liestal zu nutzen.

▼ Hochstamm-Obstbäume auf dem Gempenplateau

(2) TYPISCHE OBERBASELBIETER LANDSCHAFTEN UND DÖRFER prägen den Weg bis Waldenburg. Besonders schön ist die Wanderung im April und Mai, wenn die Obstbäume blühen und die Wiesen vor lauter Blumen gelb leuchten.

Wir wählen die markierte Leimenstraße und gelangen über leicht gewelltes Wiesland in ein Tal beim Gehöft Rotengrund. Von dort steigt unser Weg zur Höhe von Chleckenberg (523 m) an. In der Ferne wird Schloss Wildenstein erkennbar. Auf sanft abfallendem Feldweg gelangen wir zu Neubaugebieten und dann durch Gärten hinein nach ***Ziefen*** *(425 m).* Dieses Dorf entspricht dem Typ eines lang gezogenen Flussdorfes. Überragt wird dieses Ortsbild durch den Kirchberg mit einer mittelalterlichen Kirche und sehenswerten Fresken aus dem 14. Jahrhundert.

Von Ziefen aus steigt unser Weg, gut markiert, steil hinauf nach Arboldswil (628 m). Dabei weitet sich der Blick. Man sieht die Tafelberge bei St. Pantaleon, Nuglar und Seltisberg. Unsere nächste Station heißt ***Titterten*** *(668 m) – eines der typischen Haufendörfer, wie sie in größerer Zahl auf dem Plateau des Tafeljuras entstanden. Auf dem Weg dorthin umrunden wir den Lonsberg.*

Weiter geht es auf der Asphaltstraße hinauf zur Höhe von 748 m und dann wieder hinab zum Kreuzungspunkt ***Sixfeld*** *(675 m). Ein Feldweg leitet uns den Hang entlang an Liedertswil vorbei. Wir steigen nun auf einem Sträßchen nochmals leicht an und dann auf einem Pfad (Achtung, Abzweigung links) wieder hinab nach* ***Wil*** *(678 m).* Rechter Hand begleitet uns die Kette der Richtiflue mit reichen, geschützten Waldbeständen (Tannen, Buchen, Linden etc.).

Von Wil aus gelangen wir zunächst auf einen steilen Feldweg und dann auf einem Sträßchen hinab nach ***WALDENBURG*** *(515 m).* Dieses Städtchen liegt genau am

Durchbruch der Frenke zwischen den Höhenzügen Richtiflue und Schlossberg/ Gerstelflue. Bereits die Römer nutzten die Enge, um den Zugang zum Pass Oberer Hauenstein zu kontrollieren. Mit der gleichen Absicht gründeten Anfang des 13. Jahrhunderts die Froburger Grafen das Städtchen und die Burg auf dem Schlossberg. Hier begegnen uns erstmals die Auswirkungen der Verbindungsachse über den Gotthard. Mit dem wachsenden Handelsverkehr wuchs die Bedeutung dieser Stadt und Sperrfeste, am damals kürzesten Weg nach Basel gelegen. Uns beeindruckte das immer noch geschlossene Bild des kleinen mittelalterlichen Städtchens. Besonders sehenswert sind das gut erhaltene Obertor und das reformierte Pfarrhaus.

◄ Sanfte Jurahügellandschaft vor Ziefen im Frühling

(3) SCHROFFE FELSRÜCKEN, GROSSARTIGE PANORAMABLICKE UND MILITÄRISCHE FESTUNGSBAUTEN faszinieren auf dieser Wanderung nach Olten. *Wir folgen von Waldenburg aus dem Wegweiser in Richtung Schlossruine und Rehhag. Nach einem halbstündigen Anstieg durch einen 1999 gelichteten Schutzwald erreichen wir eine Verzweigung. Von dort empfiehlt sich ein kurzer Abstecher zur Ruine von* ***Schloss Waldenburg*** *(705 m).* Man kann den alten Wehrturm besteigen und einen Blick auf die Jurahöhen sowie zurück auf die zuvor durchwanderte Landschaft werfen. *Zurückgekehrt zur Verzweigung steigen wir auf zunehmend felsigen Wegen zur Gerstelfluh (810 m) hinauf. Nun folgen wir dem Gratweg zu einem ersten Wegweiser* ***Rehhag*** *(949 m) und dann zu einem zweiten (1010 m).* Der markante Felsgrat der Gers-

▼ Schloss Waldenburg – einst errichtet zur Kontrolle der Gotthardroute

telflue und des Rehhages bildet die nördlichste Falte im östlichen Kettenjura. Im Vergleich zur Richtiflue, die wir vor Waldenburg erwähnten, bietet sich hier ein noch reichhaltigeres Mosaik an Waldstandorten. Neben dem Flaum- und Eichenwald bestehen ausgedehnte Bestände des Blaugras-Buchenwaldes, des Schneeheide-Föhrenwaldes und des Hirschzungen-Ahornwaldes. Hinzu kommen vielfältige Felspflanzen. Das waren Gründe, dieses Gebiet in das Inventar der geschützten Naturobjekte des Kantons Baselland aufzunehmen. In der natürlichen Geländequalität (Geotop) kommt dem Rehhag sogar nationale Bedeutung zu.[1)]

*Weiter auf dem bewaldeten Grat erreichen wir die **Lauchflue** (1014 m) mit dem markanten ehemaligen militärischen Beobachtungsposten.* Hier beginnt eine ausgedehnte Zone von Befestigungsanlagen aus der Zeit des Ersten Weltkrieges. Wir werden diesen Anlagen über Lauchweid, Spitzenflüeli, Chilchzimmersattel bis zur Belchenflue immer wieder begegnen (vgl. Spezialthema »Streit um die Hauenstein-Befestigungen«). Vom gepanzerten Beobachtungsposten aus lässt sich eine weite Aussicht in die nördlichen Tafeljuragebiete genießen.

*Über Weideflächen, Felsgrate und durch Wald dem Hang entlang erreichen wir den Belchensattel. Dort empfiehlt sich ein Aufstieg auf den markanten Aussichtsfelsen **Belchenflue** (1098 m).* Bei klarem Wetter genießt man hier eine überwältigende Rundsicht. Sie reicht von den Vogesen über die Oberrheinische Tiefebene zum Schwarzwald, über das Mittelland sowie vom Säntis über die Glarner, Inner-

◄ Felsgrat der Gerstelflue – ein Naturschutzgebiet

[1)] Als vertiefende Lektüre sei empfohlen: Huovinen-Hufschmid, Ch./Schläpfer, M.: Die Pflanzenwelt der Region Basel, Basel 1998, S. 235 ff.

▼ Panzersperre auf den Jurahöhen bei der Belchenflue

schweizer und Berner Alpen bis zum Mont Blanc.
Zurück zum Belchensattel gehen wir auf dem vom Militär gebauten Sträßchen kurz in südlicher Richtung und schwenken dann links in den Jurahöhenweg. Es folgt eine Galerie von Erinnerungstafeln, die von Soldaten in den Kalkfels gemeißelt und anschließend bunt bemalt wurden. *Unser Wald- und Feldsträßchen mündet nach einem Taleinschnitt auf der Challhöchi (847 m). Wir bleiben auf dem Jurahöhenweg (man könnte von hier aus auch direkt nach Olten absteigen), passieren eine sich den Hang hinaufziehende Panzersperre und gelangen dem bewaldeten Südhang des Ifleterberges entlang zum Passort* ***Hauenstein*** *(674 m).*
Hier nehmen wir etwa 100 m die Passstraße nach Norden und zweigen dann auf der Straße zur Froburg östlich ab. Auf markierten Wegen durch Wald, auf Nebenstraßen und durch Weidegebiete erreichen wir den Punkt Froburg mit Berggasthof und Ausbildungszentrum des Hafnergewerbes. Von dort geht es weiter zur ***Ruine Froburg*** *(830* m).

Die Froburger – gute Kolonisatoren und schlechte Politiker

Dieser ehemalige mächtige Stammsitz der Grafen von Froburg mit seiner grandiosen Sicht ins Mittelland wurde in mehreren Etappen ausgebaut.[1] Die Grafen kamen aus dem Aargau in dieses bewaldete Juragebiet. Sie sorgten für Rodungen und die Entwicklung von Siedlungen. Die Froburg wurde ihr gesichertes Zentrum, dem sie bewusst den Prunknamen »frohe Burg« gaben.
Von der Burg aus weiteten sie ihren Herrschafts- und Einflussbereich aus. Sie gründeten an der Passroute des Oberen Hauensteins das Kloster Schönthal und die Feste Waldenburg. Später folgten Liestal, Olten und Zofingen, womit sie die einträgliche Passroute bestens in den Griff bekamen. Ab Mitte des 13. Jahrhunderts ging es mit den

Froburgern wieder abwärts. Dazu führten u. a. Schwächungen infolge von Erbteilungen, also die Umkehrung des Spruchs »Teile und herrsche«. Zudem setzten die Froburger reichspolitisch auf die falschen Pferde.

◄ Überreste der einst stolzen Froburg

Direkt von der Ruine aus zeigt der Wegweiser nach Trimbach und Olten. Durch Wald gelangen wir zum Gehöft Marenacher. Später wählen wir die auf gelben Hinweisschildern signalisierte Route zum Bahnhof SBB. Sie mündet in einem Villengebiet oberhalb von Olten und führt über relativ neu angelegte Treppenwege und Pfade, zweimal Quartierstraßen kreuzend, hinab zum Bahnhof Trimbach (alte Hauenstein-Linie). Die Fortsetzung zum Aareufer und zum Bahnhof von ***OLTEN*** *(398 m) zeigt die Kartenskizze.* Die Bedeutung von Olten lag schon zur Römerzeit im Aareübergang. Unter den Froburgern wurde bei der Brücke ein befestigtes mittelalterliches Städtchen planmäßig angelegt. Dieses blieb aber recht klein. Den Grund dafür fanden wir in der Geschichte: Nach den Froburgern wechselten die Herrschaften. Unter dem Basler Bischof ging es zunächst aufwärts. Doch die Basler verschacherten Olten 1532 an die Solothurner. Diese hielten die Oltener Konkurrenz stark unter der Knute und verhinderten eine wirtschaftliche Entwicklung. Erst die Funktion als Eisenbahnknotenpunkt löste einige wirtschaftliche Impulse aus. So blieb Oltens kleine Altstadt erhalten. Sehenswert sind insbesondere die imposante Holzbrücke, der Hexenturm mit Wehrgangfragment, der Stadtturm, das alte Rathaus und die so genannten Chorherrenhäuser an der Kirchgasse.

[1] Als vertiefende Quelle kann dienen: Meyer, W.: Die Froburg, hrsg. durch die Staatskanzlei des Kantons Solothurn, Solothurn 1980

▼ Alte Aare-Holzbrücke in Olten

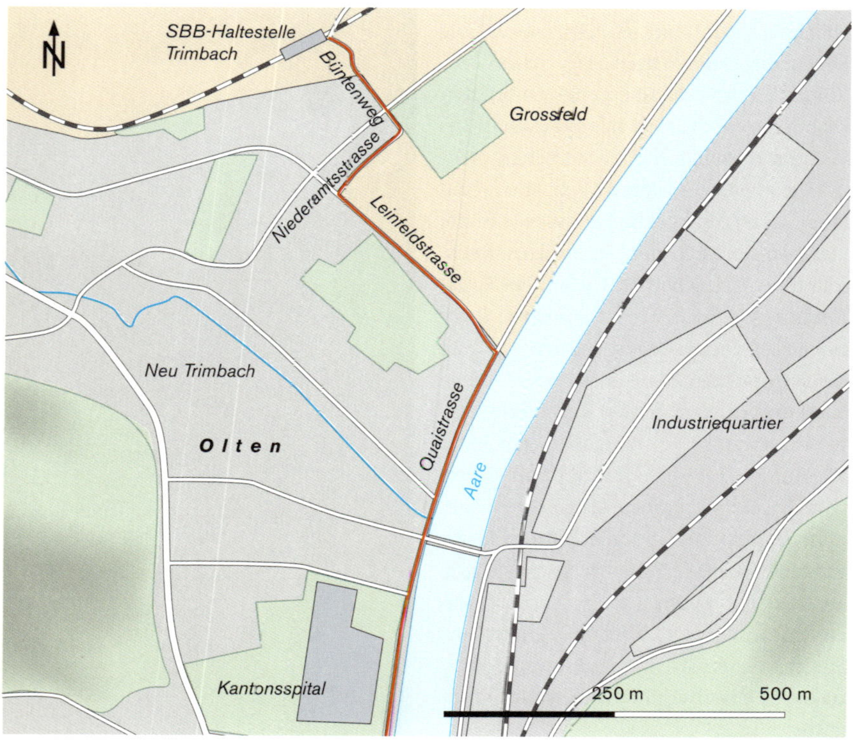
SBB-Haltestelle
Trimbach
Büntenweg
Grossfeld
Niederamtsstrasse
Leinfeldstrasse
Neu Trimbach
Olten
Quaistrasse
Aare
Industriequartier
Kantonsspital
250 m
500 m

(4) HÄUFIG WECHSELNDEN SZENARIEN begegnen wir auf unserem Weg nach Zofingen.

Vom Ostausgang des Bahnhofs am Ende der südlichen Unterführung gelangen wir auf markiertem Weg durch die Martin-Disteli- und Käppelistraße (am Anfang steht eine kleine Kapelle) zum Wilerhof. Von dort geht es durch einen kleinen Tierpark und dann das lauschige Mülitäli hinauf. Weiter steigen wir im Zickzack (Achtung, gut auf die Markierungen und Wegweiser achten) hinauf zu Oltens Wahrzeichen, dem ***Sälischlössli*** *(663 m).* Ein Romantiker baute hier im 19. Jahrhundert seinen Wohnsitz. Vorher stand an diesem Ort eine Burg.

Weiter geht es in Richtung Bad Luterbach/ Zofingen. Nach kurzem Abstieg können wir einen Abstecher zur aussichtsreichen Alt-Wartburg machen. Berner Horden hatten diese Burg 1415 geplündert und zerstört. Solche Vandalenakte waren typisch für das alteidgenössische, außerstaatliche Kriegertum, in dem sich nicht selten die Lust nach Raub, Plünderung und sinnloser Zerstörung äußerte.[1)] *Von der Alt-Wartburg können wir südlich direkt wieder zum markierten Wanderweg absteigen, überqueren eine größere Lichtung auf einem Sattel mit dem Wartburghof und gelangen durch einen schönen Wald mit Waldlehrpfad sowie Picknickplatz nach* ***Bad Luterbach*** *(518 m), einem Hotel- und Restaurantkomplex.*

Vom Bad aus 200 m östlich zweigt unser Wanderweg rechts ab. Über Feld- und Waldwege sowie Straßen gelangen wir zur unüberhörbaren Autobahn A1. Nach der Autobahn überqueren wir die Hauptstraße Oftringen–Safenwil. Auf einem Feldweg steigen wir später parallel zum Bahndamm der Strecke

◄ Blick von Alt-Wartburg in Richtung Sälischlössli

1) Als vertiefende Quelle sei empfohlen: Holliger, Ch.: Aargau, Wanderungen durch Kultur und Geschichte, Aarau 1996, S. 22 f.

▼ Altstadt in Zofingen

Aarau–Zofingen an. Nach dem Bahnübergang und dem bewaldeten Hügel des Schnäggenberges führt unsere Route nach Küngoldingen und dann über den bewaldeten Bünenberg. Durch das Mülital, vorbei an einem Spital, später entlang einem alten Wasserkanal unterhalb von prächtigen Villen gelangen wir im wahrsten Sinn vor die Tore von ***ZOFINGEN*** *(432 m).* Nachdem sich an diesem Ort bereits die Römer häuslich niedergelassen hatten (die Reste einer größeren römischen Villa mit beachtlichen Mosaiken wurden ausgegraben), bauten hier im 13. Jahrhundert die Froburger »ihre« Stadt nach einem noch heute gut erkennbaren Plan. Sie umgaben Zofingen mit starken Mauern und Wällen. Bald wurde die Stadt zur bedeutendsten im Aargau. Auch während der nach den Froburgern 400 Jahre dauernden Berner Herrschaft konnte sich die Stadt recht gut behaupten. Sie bildete eine wichtige Durchgangsstation für den Gotthard-Verkehr. Hinzu kam eine umtriebige Handwerkerschaft. Schließlich fand Zofingen Anschluss an die Industrialisierung. Trotz der dynamischen Entwicklungen in der Neuzeit ist die Altstadt gut erhalten. Besonders sehenswert sind die gotische Stadtkirche mit barockem Turmhelm, das spätbarocke Rathaus, das Obertor und der Pulverturm. Vor allem bezaubert das Ensemble.

(5) WALD, WALD, WALD bringt die lange fünfte Etappe auf den Höhenrücken zwischen Suhre- und Wiggertal. Leider muss man neben schönen Waldwegen und -pfaden auch recht viel Asphalt und Beton unter die Füße nehmen. Und noch etwas: Man nehme genügend Wasser mit, denn Brunnen sind in diesen Waldgebieten selten.

Zunächst folgen wir den guten Markierungen hinauf zum ***Heitereplatz*** *(512 m).*[1)] Dieser wurde 1745 als Musterungsplatz angelegt und mit 80 Linden umpflanzt. Für jeden bernischen Untertan bestand eine allgemeine militärische Dienstpflicht vom 15. bis zum 60. Altersjahr. Das bedeutete vor allem die regelmäßige Teilnahme an Exerzier- und Schießübungen sowie an den Musterungen. Heute ist der Heitereplatz ein stimmungsvoller Fest- und Aussichtsplatz. Er bietet eine interessante Sicht auf Zofingen und Umgebung.

Vom Heitereplatz aus leiten uns die Wegweiser zu einem Tiergehege und dann, an einem Schiessplatz vorbei, in den Wald hinauf zur Höhe Rottannhubel (603 m). Hier und auf den nächsten Kilometern müssen wir aufpassen, den Weg nicht zu verfehlen, zumal die Markierungen und Wegweiser nicht selten durch Busch- und Blattwerk verdeckt sind. Weiter geht es auf dem bewaldeten Höhengrat mit leichten Aufundab-Partien zu den Rodungsbreschen Neuhof (641 m) und Gigger (645 m). Zwischendurch erhascht man Blicke in das Suhre- und das Wiggertal. Nach Gigger ändert die Landschaft ihre Struktur. Querende Bergrücken führen dazu, dass man fast in der Form einer Fieberkurve mit starken Ausschlägen wandert. Nach einem ersten solchen Ausschlag kommt der in einer Geländefurche gelegene Weiler ***Schlatt*** *(578 m).*

Wir wählen auf der anderen Seite das aufsteigende Betonsträßchen und folgen dann auf der Höhe wieder einer gut ausgebauten Waldstraße. Nach einer Linkskurve zweigt unser Weg rechter Hand ab (leicht zu übersehen) und führt als Pfad über einen Höhenrücken. Nach der landwirtschaftlich genutzten Hochebene ***Äbnet*** *(659 m) kommen wir nach* ***Lätten/Reichen*** *(708 m) mit einer relativ neuen, putzigen Kapelle und dann zum*

◄ Der Heitereplatz oberhalb von Zofingen – früher ein Exerzierplatz, heute ein Festgelände

1) Mehr zum Heitereplatz findet sich in Holliger, Ch.: Aargau. Wanderungen durch Kultur und Geschichte, Aarau 1996, S. 14 f.

▼ Pranger am Rathaus in Sempach

*Weiler **Lätten** (731 m), dem höchsten Punkt dieser Etappe. Zwischendurch öffnen sich immer wieder weite Blicke in die Landschaft.*

*Ein Asphaltsträßchen führt hinab zu den Gehöften Erli und, jenseits der querenden Straße, weiter nach Rötler. Wir steigen über einen Bergrücken, durchwandern ein kurzes Waldstück und biegen bei einem querenden Feldweg nach links. Nach dem Gehöft Ober Dubenmoos und einem Waldstück genießen wir einen weiten Blick zum Sempachersee. Alsbald erreichen wir das bereits sichtbare **Knutwil** (554 m).*

Von der Kreuzung mitten im Ort aus folgen wir nicht dem Wegweiser zum Surseerwald, sondern gehen halb rechts zur Autobahnbrücke bei Hoostris, dann weiter auf der Höhe am Sonnehof vorbei und schließlich in einem kurzen Abstieg nach St. Erhard (526 m). Eine Unterführung erlaubt uns, die Straße nach Wauwil zu unterqueren und einen abwärts führenden (nicht markierten) Fußweg zu wählen. Bei einem Sträßchen links und dann wieder rechts gelangen wir zum Bahnhof von St. Erhard. Weiter geht es auf der Straße nach Hitzligen und dann (nun wieder markiert) scharf links zu einem Weg parallel zu den Bahngeleisen. Wenn wir uns auf die Zehenspitzen stellen, können wir den Mauensee mit seiner Schlossinsel sehen. *Sobald die Schnellstraße erreicht ist, führt unser Weg kurz dieser Straße entlang und dann links in den Wald. Abermals entlang der Bahngeleise, vorbei an neuen Schulen (den Sündenfall der hässlichen Silobauten ignorieren wir so gut es geht), erreichen wir den Bahnhof von **SURSEE** (504 m).* Die Stadt, obwohl recht klein, besitzt viel Charme und Charakter. Sie wurde im 13. Jahrhundert als Station auf der Gotthardroute von den Kyburgern gegründet. Ab 1415 kam die Stadt unter die Fittiche von Luzern. Besonders sehenswert ist das gotische Rathaus mit Ausbauten aus der Zeit der Renaissance (heute ein Kongress- und Kulturzentrum). Als makabres Detail besteht an der Nordostecke noch ein Pranger im originalen Zustand. Besichtigenswert sind zudem die Pfarrkirche St. Georg, der Hexenturm, Reste der alten Stadtbefestigung sowie das Heimatmuseum im St. Urban-Hof.

(6) DER WEG EINES RITTERHEERES, EINE SCHLACHT, VIELE MYTHEN UND BLICKE INS WEITE LAND beschäftigen und erfreuen uns auf der sechsten Etappe nach Sempach.

In Sursee starten wir am südlichen Ende der Altstadt bei zwei Metallpfosten, die an das ehemalige Stadttor erinnern. Dort folgen wir den Hinweisschildern nach Schenkon, Eich und Sempach und gehen zunächst auf der Ausfallstraße nach Mariazell.

Der Auftakt zur Schlacht von Sempach

Unsere Route war seinerzeit auch der Weg des Habsburger Ritterheeres, das hier am 7. Juli 1386 mit ca. 2000 Berittenen, dem Fußvolk und dem Tross in Richtung Sempach aufbrach. Dieses Heer setzte sich aus Aargauern, Thurgauern, Schaffhausern, Baslern, Elsässern, Schwaben und Tirolern zusammen. Anlass für deren Aufgebot war, dass die eidgenössischen Orte den habsburgischen Herzog Leopold III. laufend provozierten. Einer der Gründe für diese Provokationen lag darin, dass sich die eigentlich habsburgische Landstadt Luzern von der Adelsherrschaft emanzipierte.[1)]

Infolge v.a. des Gotthardverkehrs blühten Handel und Handwerk auf. Nun wollte Luzern die Gotthardroute – Quelle des Wohlstandes – besser in den Griff bekommen. Damit sollte auch verhindert werden, dass die Habsburger das eidgenössische Selbstverwaltungssystem beeinträchtigen. Durch eine großzügig betriebene Bürgerrechtspolitik gewann Luzern im umliegenden Land immer mehr Anhang. So wurden im Januar 1386 das Entlebuch und die Stadt Sempach ins luzernische Burgrecht aufgenommen. Das brachte für Leopold III. das Fass zum Überlaufen. Er wollte nun ein Exempel statuieren und zunächst einmal Sempach einnehmen und bestrafen.

[1] Als (kritische) Vertiefungsliteratur sei empfohlen das Heftchen von Morel, Y.-A.: Die Schlacht bei Sempach 1386. Militärgeschichte zum Anfassen, hrsg. von R. Fuhrer, Militärische Führungsschule Au 1994

Nach rund 1,5 km gabelt sich die Straße, und wir halten halb rechts. Etwa 80 m weiter zweigt unser Fußgängerweg rechts ab und führt hinauf zur Wallfahrtskirche von Mariazell, die auf einer Moräne liegt. Von dort genießen wir einen weiten Blick auf den Sempachersee. Bemerkenswert in der ansonsten gotischen Kirche sind die in schwarzen Tönen gehaltenen, kastenförmigen Altäre. *An der Südseite der Kirche setzt sich unser Weg am Pfarrhaus vorbei auf einem Sträßchen fort. Wir passieren Bootshäuser und wandern ca. 900 m dem Damm der Autobahn A2 entlang. Nach dem Überqueren der A2 gelangen wir zu einer Straßenkreuzung inmitten von* ***Schenkon*** *(522 m).*
In Schenkon koppeln wir uns vom (kürzeren) Hauptweg nach Eich und Sursee ab. Uns reizt es mehr, dem Weg zu folgen, den der Hauptharst des Habsburger Heeres nahm. Dieses wählte die Route über die Höhen, um nicht wieder wie in Morgarten von den Eidgenossen von oben

▼ Pietà in der Schlachtkapelle von Sempach

herab an der Flanke gepackt zu werden. In Schenkon folgen wir daher dem Wegweiser nach Vogelgsang und Huldisrichen und steigen das Sträßchen in westlicher Richtung hinan. Zunehmend weitet sich der Blick. Erst am Waldrand entlang und dann kurz durch ein Waldstück hindurch kommen wir auf eine aussichtsreiche Hochebene, auf der ***Vordemwald*** *(699 m) liegt.*

Hier folgen wir dem Wegweiser rechts nach Eich und damit entlang der Hangkante. Später treffen wir auf die Verbindungsstraße Schenkon-Vogelgsang und wandern diese links aufwärts nach ***Vogelgsang*** *(695 m) hinein.*

Hier nehmen wir nicht den Weg gemäß Wegweiser hinauf zum Morentaler Wald (wäre aber auch möglich), sondern gehen die Vogelgsang-Straße westlich in Richtung Sempach. Dabei passieren wir eine größere, neuere Hotel- und Restaurantanlage. Nach ca. 400 m zweigt links ein Weg zum Hof Hellacher ab, dem wir weiter zum Hof Ob. Hundgellen folgen. Kurz danach befinden wir uns wieder auf der markierten Wanderroute nach Hildisrieden und zum Schlachtfeld. Vorbei am St. Niklausen-Chäppeli wandern wir auf einem mittelalterlichen Weg mit alten Pflasterresten. Wir durchqueren das ausgedehnte Gebiet eines Golfplatzes und erreichen ***Schopfen*** *(715 m). Ein Wegweiser leitet uns nun hinab zum Schlachtfeld und zur* ***Schlachtkapelle*** *(616 m).*

Schweizer Mythen

Die im 19. Jahrhundert besonders aufblühenden nationalen Mythen dienten im Ausland und in der Schweiz dem Zweck, die Nationalidee zu stützen. Gerade in der 1848 neu entstandenen Schweiz mit ihren verschiedenen Sprach- und Kulturgebieten entwickelte sich ein besonders starkes Bedürfnis nach Identitätspflege.

Vielleicht liegt in diesem Umstand auch ein Grund dafür, dass die Schweizer Mythen so intensiv verankert wurden und selbst noch heute auf die Politik des Landes einwirken (z. B. bei Fragen der Verteidigung und Neutralität).

Das Wort Mythos verdeutlicht in diesem Zusammenhang, dass das wirkliche historische Geschehen und die Erzählungen darüber auseinander klaffen. Nationalmythen sind für die nationale Idee und Identität zurechtgeschneiderte Nacherzählungen von historischen Ereignissen (z. B. Winkelried und die Schlacht von Sempach) oder gar schlicht Sagen (z. B. Tell-Geschichte).

Das später Zurechtgeschneiderte bei der Schlacht von Sempach liegt bereits darin, dass daraus ein internationales Ereignis gemacht wurde.[1)] Dabei handelte es sich überwiegend um einen Krieg unter Menschen, die zu überwiegender Mehrheit auf dem heutigen Territorium der Schweiz lebten: Aargauer, Thurgauer, Schaffhauser und Basler gegen Luzerner und Innerschweizer. Sodann gab es nach heutigem Forschungsstand in dieser Schlacht keinen Helden namens Winkelried. Laut Mythos sollte sich ja dieser Mann mit dem Ruf »Einer für alle, alle für einen« selbst geopfert haben, um den Luzernern und Innerschweizern zum Sieg zu verhelfen. Dazu zog er entsprechend der Sage eine Reihe von Speeren der Ritter auf sich, um so den Miteidgenossen den Durchbruch durch den Lanzenwald der Ritter zu ermöglichen.

Tatsächlich brachten Durchbrüche der Eidgenossen schlussendlich die Überlegenheit auf dem Schlachtfeld. Im Nahkampf konnten

die Eidgenossen dann ihre Stärken ausspielen: Draufgängertum kombiniert mit Nahkampfwaffen wie Dolch, Schwert und Hellebarde. Diese Breschen im Lanzenwald entstanden jedoch wahrscheinlich durch andere Faktoren: Einerseits unterschätzten die Habsburger Ritter in arroganter Manier die Kampfkraft der Luzerner und Innerschweizer. Sie meinten daher, ihre kostbaren Pferde nicht gefährden zu müssen, und gingen zu Fuß. Das war aber in dem leicht morastigen Gelände oberhalb von Sempach ein großer Fehler, weil sie hier mit ihren schweren Rüstungen wacklig auf den Beinen standen. Zum anderen machte die brütende Julisonne die Rüstungen der Ritter (man kämpfte mittags) zu regelrechten Backöfen. Einige Ritter erlagen daher vermutlich schlicht einem Hitzschlag. Die so behinderten Ritter ließen daher entweder selber Lücken entstehen oder waren nicht mehr zu raschen Reaktionen fähig, als die Eidgenossen sie von der Seite angriffen. Gut möglich ist, dass in dieser Situation einige Draufgänger der Eidgenossen die gebotenen Chancen mutig nutzten.

Die Habsburger behielten trotz der verlorenen Schlacht die Oberhoheit im Schlachtgebiet. Sie waren es, die bereits ein Jahr nach der Schlacht die Schlachtkapelle für ihre Toten, v. a. für Herzog Leopold III., weihten. Die Eidgenossen versäumten es nämlich, das Habsburger Heer zu verfolgen und gänzlich zu schlagen. Ihnen war es im Moment des Sieges viel wichtiger, die Gefallenen auszuplündern.

Dennoch zeitigte die Schlacht von Sempach eine nachhaltige Wirkung; denn ihr unerwarteter Ausgang fand großen Widerhall. In Sempach war in Mitteleuropa erstmals ein

[1] Zum Schlachtgeschehen sei als Vertiefung ebenfalls das oben zitierte Heftchen von Morel empfohlen.

▼ Stadttor in Sempach

Ritterheer in offener Feldschlacht von Bauern und Stadtbürgern besiegt worden. Die eidgenössischen Orte gewannen das Selbstvertrauen, mit ihrer auf Selbständigkeit ausgerichteten Expansionspolitik fortzufahren. Für die Eidgenossenschaft brach eine Zeitenwende an: Überwindung der Adelsherrschaft und Ersatz durch ein System von Bürger- und Bauernherrschaften.

Wir verlassen die Schlachtkapelle in östlicher Richtung auf der Straße und biegen dann bei der nächsten Linkskurve rechts ab. Über Wald- und Feldwege gelangen wir zum ***Steinibüelweier*** *(560 m).* Diesen lieblichen Weiher ob Sempach zieren prächtige Schilfbestände und Seerosen. An seinem Ufer besteht ein reizvoller Picknickplatz. *Wir folgen dem markierten Weg hinab zum Hof Wissenmoos, wandern später rechts der A2 entlang und dann unter der Autobahn hindurch auf Nebensträßchen nach* ***SEMPACH*** *(513 m).* Dieser Ort entwickelte sich im Mittelalter dank der Gotthardhandelsroute zu einem Städtchen. Nach der Schlacht von Sempach wurde ihm von den Habsburgern, die in diesem Gebiet die Herrschaft behielten (s.o.), übel mitgespielt. Später kam Sempach voll unter die Herrschaft der »gnädigen Herren von Luzern«, die an seinem Gedeihen kein großes Interesse bekundeten. Heute bietet Sempach ein reizvolles Ensemble mit zwei Stadttoren (das Basler Tor wurde 1985 neu erstellt), dem sehenswerten Rathaus und etlichen Fachwerkbauten. Für Vogelfreunde besitzt Sempach noch einen besonderen Piepston: Die Stadt ist Sitz der Schweizerischen Vogelwarte.

(7) SCHWEINE, EINE TOBELWANDERUNG UND DIE STADT LUZERN setzen Akzente auf der siebten Etappe.
In Sempach folgen wir dem Wegweiser in

*Richtung Rothenburg und Luzern. Unsere (markierte) Route steigt alsbald eine Nebenstraße an, die am Gehöft **Bänziwinkel** (543 m) vorbeiführt (erste Schweine in ihren kleinen Gehegen grunzen uns an).*

*Nach der Allmend mit der »Schweizerischen Schweinemast- und Fleischprüfungsanstalt« geht es hinab zum Tobel der Kleinen Aa und dann einen Feldweg links weiter bis zur Unterführung unter der Autobahn. Gleich danach biegt unser Weg rechts ab und setzt sich erneut rechts als Forststraße durch den Chüsenrainwald fort. Nachdem wir aus dem Wald gekommen sind, wandern wir über den Hof Hinterfeld zum Weiler **Gossenrain** (575 m).*

*Dort führt rechts ein Feldweg hinab zur Straße, der wir links folgen. Später auf einem parallelen Fußweg passieren wir einige Einzelgehöfte (Schweine, Schweine). Nach ca. 1 km nehmen wir bei einer Straßengabel halb rechts den Feldweg, der in einen Pfad übergeht. Abermals eine Straße überquerend gelangen wir auf markiertem Weg zum Friedhof mit der alten Kirche von Bärtiswil. Nach dem Überqueren der Straße folgen wir einem Wiesenweg hinab. Bei einer Gabelung wandern wir links zu den Schulgebäuden am Chärnsbächli. Dort führt uns der markierte Weg rechts zur Hauptstraße und auf dieser links durch Neubaugebiete nach **Rothenburg** (489 m) hinein.* Der Ort und die gleichnamige Burg wurden 1385 von den Luzernern überfallen und zerstört – einer der Gründe, welche die Habsburger zum Feldzug gegen Sempach veranlassten. Sehenswert sind heute einige ältere Riegelhäuser.

Wir steigen hinab zum tief liegenden Tobel des Rotbaches mit der alten Brücke darüber.

◄ Alte Holzbrücke über das Rotbachtobel bei Rothenburg

▼ Schweinemast allerorten

Die hohen wuchtigen Steinpfeiler geben der Brücke, Teil der alten Gotthardhandelsroute, ein besonderes Gepräge. Die heutige gedeckte Holzbrücke stammt aus dem Jahre 1715 und gilt als Meisterwerk der Zimmermannskunst. Bemerkenswert sind z. B. die senkrechten Strebebalken von enormem Querschnitt, für die gewaltige Bäume gefällt werden mussten. *Nach der Brücke zweigen wir links in das bewaldete Tobel. Auf dem folgenden idyllischen Weg überqueren wir zweimal den Rotbach. Zwischendurch lädt ein großer Rastplatz zum Verweilen ein. Nach ca. 40 Minuten schwenken wir bei Hüslen rechts in den Feldweg. Unsere Route streift eine moderne Kasernenanlage, unterquert das neue Trassee der Seetalbahn und quert dann das Emmenfeld mit den Anlagen des Militärflugplatzes. Linker Hand erkennt man die ausgedehnten Anlagen des Flugzeugwerkes Emmen, die heute zur Schweizerischen Unternehmung für Flugzeuge und Systeme gehören. Nach dem Emmenfeld führt unser Weg rechts und dann diagonal über eine Schulanlage hinein ins Zentrum der großen Industriegemeinde* ***Emmen*** *(428 m).*

Von der Hauptstraße aus weist uns die Beschilderung zum Reussufer. Auf einem schönen Uferweg gelangen wir, immer auf der gleichen Uferseite bleibend, zur Mündung der Kleinen Emme, überqueren diese auf einer relativ neuen Fußgängerbrücke und folgen weiter einer Uferpromenade. Nach der Unterführung unter Autobahn und Bahn hindurch ist die Altstadt von ***LUZERN*** *(435 m) erreicht.*
Zu Luzern gäbe es sehr viel zu berichten. Dies würde jedoch den Rahmen dieses Buches sprengen. Wir verweisen daher auf die reichlich vorhandene Literatur. Weil es zum Routenthema »Schutz und Trutz« passt, empfehlen wir jedoch speziell die Museggmauer für eine Besichtigung. Diese 900 m lange Wehranlage

schützte die Nordflanken von Luzern und ist mit ihren Mauern und neun Wehrtürmen noch bestens erhalten. Wesentliche Teile wurden um 1400, also nach der Schlacht von Sempach, gebaut. Einzelne Türme der imposanten Anlage lassen sich besteigen und besichtigen.

◀ Blick auf die Altstadt in Luzern

▼ Teile der Museggmauer – Schutz der Nordflanke des mittelalterlichen Luzern

STREIT UM DIE HAUEN-STEINBEFESTIGUNGEN

Bunker, gepanzerte Aussichtspunkte, Schützengräben im Zickzack durch den Wald und durch Weidenflächen, in den Fels gehauene Straßen und viele Lebenszeichen von Truppen in Form von Inschriften und Wappen – die Zeugen der Hauensteinbefestigungen sind unübersehbar. Sie bilden damit auch einen **Teil des heutigen Landschaftsbildes.** Zwar gab man sie bereits seit 1918 dem Verfall preis, doch lassen sich die Strukturen immer noch erkennen.
Dabei entdecken wir nur noch einen kleinen Teil der Befestigungsanlagen. Denn am 27. November 1918 beschloss man, alle Anlagen im offenen Gelände einzuebnen. In Waldgebieten vertraute man auf den natürlichen Zerfall. Dem wurde bei einzelnen Betonbauten dadurch nachgeholfen, dass man sie für Sprengversuche freigab. Doch vielerorts hielt der Beton stand. Und alles, was in den Kalkfels geschlagen wurde, hatte ohnehin Bestand.

Welche **Dimensionen die Anlagen zur Zeit des Ersten Weltkrieges** erreichten, veranschaulichen die folgenden Zahlen zur gesamten Fortifikation Hauenstein:[1)]
Länge der Schützengräben: 40 km; geplante maximale Mannschaftsstärke: 42 000; geplante maximale Anzahl Pferde: 6600; eingelagerter Wein und Most: 1 160 000 l

Im Ersten Weltkrieg leisteten zwei Drittel aller schweizerischen Truppen mindestens einmal Dienst am Hauenstein oder in Murten – der Schwesterfortifikation.

Was war der **Anlass** dieser gewaltigen Anstrengungen und des Trainings so vieler Truppenteile im Gebiet des Hauensteins? Es wurden an drei Orten solche Anstrengungen unternommen: neben dem Hauenstein auch in Murten und Bellinzona. Die Grundidee der Maßnahmen an diesen Orten basierte auf drei strategischen Prämissen:

- Die Schweiz muss sich rundum verteidigen können, und zwar gegen Deutschland (Fall Nord), Frankreich (Fall West) sowie Italien (Fall Süd).
- Die Milizarmee benötigt Zeit zu ihrer Mobilisierung.
- Die kürzesten Einbruchachsen in das Herz der Schweiz gehen über die Gebiete Hauenstein, Murten und Tessin.

Die Verteidigung des Hauensteingebietes sollte der Schweiz zudem wie ein Scharnier zwei Optionen offen halten: Griff Frankreich an, so wollte sich die Schweiz mit Deutschland verbünden, und im Falle eines deutschen Angriffs mit Frankreich – Neutralität auf Abruf.

So einig man sich in der Schweiz von damals in der Strategie war, so sprunghaft und zwieträchtig erfolgte die Umsetzung. Tatsächlich rang man sich im Zeitablauf zu solch **verschiedenartigen Konzeptionen** für den Hauenstein (und auch für Murten) durch:

1. Ausbauphase 1914: Stützpunktkonzept. Rundum verteidigungsfähige Anlagen (teilweise bereits mit Betonbunkern, überwiegend jedoch behelfsmäßig)
2. Ausbauphase 1915 und 1916: Konzept der Schützengräben, u.a. als Verbindung der Stützpunkte. Ausführung der Gräben teilweise in Beton (so genannte »Karpathengräben« – davon später)
3. Ausbauphase 1917: Konzept mehrerer in der Tiefe gestaffelter Linien (bis zu vier Kampflinien hintereinander)

Im **Streit** ging es um Menschen, verschiedene Erfahrungen, verschiedene Konzeptionen und um Landschaftsschutz. Die Akteure waren vor allem:

- der vom Bundesrat 1914 gewählte General Ulrich Wille (wider längerfristige Planungen, Freund kurzfristiger und situativer Entscheidungen, entschlossener Gegner von Landschaftszerstörungen und Abholzungen durch Fortifikationen)
- der vom Bundesrat 1914 gewählte Generalstabschef Theophil Sprecher von Bernegg (Leiter in der Verwaltung, strategischer Planer von außerordentlicher Weitsicht, angesichts der Schwächen der Milizarmee in Ausrüstung und Training kritisch-positiver Anhänger von Geländeverstärkungen)
- der Bundesrat, der zwar dem General uneingeschränkte Vollmacht gab, aber im Zweifelsfall Sprecher das Geld für Fortifikationsmaßnahmen gab.

[1] Der Text basiert weitgehend auf dem Buch Mittler, M. (Hrsg.): Die Geschichte der Schweizerischen Landesbefestigung, speziell den Beiträgen von H.R. Führer und H. Rappold

▼ Karpathengräben aus dem Ersten Weltkrieg bei der Lauchflue

Bereits 1914 behielt sich der General vor, Abholzungen großer Waldstücke für militärische Zwecke persönlich zu genehmigen. Um diesen Befehl zu umgehen und kräftig weiterbauen zu können, wurden Stützpunkte und Schützengräben an Waldränder verlegt – was häufig zu taktisch ungünstigen Lösungen führte.

Dann trat Oberst Bridler als Nebenspieler auf die Bühne und präsentierte seine neuesten Kriegserfahrungen. Wie er in den Karpathen erlebt habe, entspräche es moderner Erkenntnis, zusammenhängende überdeckte Schützengräben mit Schießscharten aus Beton zu bauen. Darüber wurde heftig diskutiert. Der Generalstabschef entschied danach, offene »Karpathengräben« zu bauen. Deren Ausführung erfolgte anschließend mit Unterstützung des Bundesrates in einer ungeheuren Kraftanstrengung von Truppen und Baufirmen. Der von den »Karpathengräben« wenig begeisterte General erreichte im Gegenzug, dass Kulturland geschont und Abholzungen vermieden werden mussten.

Dann kam 1917 der Streit um den Plan eines tief gestaffelten Ausbaus der Befestigungen. General Wille stoppte entsprechende Pläne. Sprecher bekam dennoch dafür Kredite vom Bundesrat. Und wieder wurde kräftig gebaut. Da setzte sich Mitte 1917 General Wille durch, alle Bauarbeiten zu stoppen. Er konnte überzeugend darlegen, dass die Bedrohung der Schweiz abnehme.

Wenn man nun im Hauensteingebiet Schützengräben v. a. am Waldrand sieht, so bildet das eine Folge dieses Streites. Die Merkwürdigkeit, dass die Schützengräben auch gegen die Innerschweiz gerichtet sind, entspringt dem Stützpunktgedanken. Die Tatsache, dass die noch sichtbaren Schützengräben teilweise aus Beton sind und recht stark ausgebaut erscheinen, fußt auf

dem Gedankengut von Oberst Bridler, welches von Generalstabschef Sprecher übernommen wurde. Und die Bauern hielten General Wille noch lange in Ehren, weil er Wälder und Kulturland schützen half.
Glücklicherweise musste nie im Ernstfall erprobt werden, wer die für die Verteidigung der Schweiz besseren Konzepte verfolgte.

◄ Panzerkuppel eines Beobachtungspostens auf der Lauchflue

▼ In Kalkstein gemeisselte Erinnerungen an die Grenzbesetzung im Ersten Weltkrieg

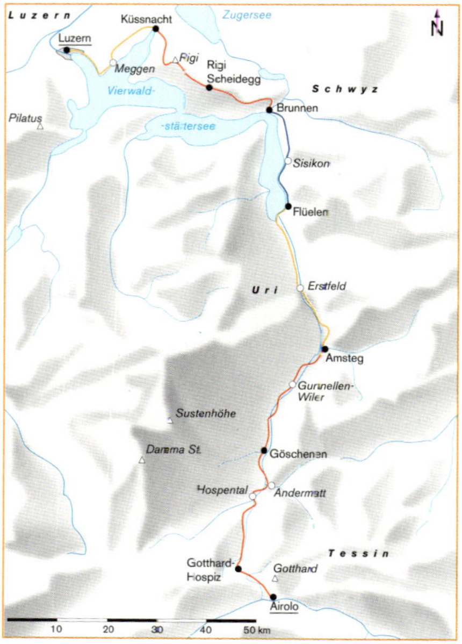

Charakter: Wanderung quer durch die Alpen mit vielen landschaftlichen und historischen Höhepunkten

Anforderungen: Wechsel zwischen bequemen Tal- bzw. Höhen- und anspruchsvollen Bergwanderungen

Beste Jahreszeit: Berg- und Höhenwanderungen Mai bis Oktober, sonst auch April und November

leicht	Luzern–Meggen Schulh. (2¼ Std.)–Küssnacht (2½ Std.)	4¾ Std.	16,6 km
höher	Küssnacht–Rigi Kaltbad (4½ Std.)–Rigi Scheidegg (2 Std.)	6½ Std.	14,7 km
höher	Rigi Scheidegg–Urmiberg (2¼ Std.)–Brunnen (3 Std.)	5¼ Std.	16,0 km
mäßig	Brunnen–Sisikon (3 Std.)–Flüelen (2½ Std.)	5½ Std.	16,0 km
leicht	Flüelen–Erstfeld (4 Std.)–Amsteg (2¼ Std.)	6¼ Std.	20,6 km
höher	Amsteg–Gurtnellen Wiler (3½ Std.)–Göschenen (3 Std.)	6½ Std.	18,7 km
höher	Göschenen–Hospental (3½ Std.)–Gotthard Hospiz (3 Std.)	6½ Std.	17,1 km
höher	Gotthard Hospiz–Motto Bartola (1¾ Std.)–Airolo (1 Std.)	2¾ Std.	6,5 km
	Total Luzern–Airolo	*44 Std.*	*126,2 km*

(8) DIE GROSSE SEEPROMENADE, SCHLÖSSER, DAS WAGENMOOS und eine prächtige Aussicht erfreuen uns auf dem Weg nach Küssnacht. Dabei weichen wir teilweise von der »klassischen« Gotthardroute ab.

In Luzern überqueren wir die neue Reussbrücke, bestaunen das sich hier bietende Panorama mit dem neuen Konzert- und Kongress-Zentrum des Pariser Architekten Jean Nouvel und schwenken dann auf die breite Seepromenade ein. Nach dem Verkehrshaus, das zu einem Besuch einlädt, müssen wir im Sommer das neu gestaltete Strandbad-Lido umgehen und gelangen zur Schiffsanlagestelle ***Seeburg*** *(435 m).*

Nun folgt ein Stück Straße. Nach ca. 500 m erreichen wir das Hotel Hermitage, von dem aus gepflegte Pfade, Feldwege und Sträßchen zum ***Schloss Meggenhorn*** *(476 m) führen.* Das Schloss stammt aus dem 19. Jahrhundert und wurde dem Renaissancestil nachempfunden. Die Kapelle bereichert das Stilgemisch mit französischer Gotik. Sie ist eine Kathedrale im Kleinformat und ist heute ein beliebter Ort für Hochzeitszeremonien, speziell von Japanern.

Von Meggenhorn aus führt ein Weg die Hangkante entlang zu einem Villenviertel. Auf Straßen gelangen wir dann zum ***Schloss Neuhabsburg*** *(450 m).* Die große Anlage ist in Privatbesitz und daher nicht zugänglich. Nördlich davon befinden sich die ansehnlichen Mauerreste einer Burg der Habsburger.

Wir folgen rechts haltend weiter der Straße und gelangen später auf einer kleinen Uferpromenade zur Schiffsanlegestelle von Meggen. Dort zeigt uns der Wegweiser die Rich-

▼ Vorfrühling im Naturschutzgebiet Wagenmoos bei Küssnacht

tung nach **Meggen/Schulhaus** *(478 m). Wir erreichen diesen Ort nach einem Anstieg, der teilweise über einen Treppenweg führt.*

Von der ausgedehnten Schulanlage aus führt der Wanderweg den Hang aufwärts, quert die Kreuzbuchstraße und schwenkt auf der Anhöhe nach rechts. Weiter geht es am prächtigen Bauernhaus Spissen vorbei in den Ortsteil Höfli. Dort leitet uns der Wegweiser zunächst geradeaus, dann links ein Weglein durch ein Wohngebiet und schließlich wieder die Straße hinauf ins Zentrum von **Tschädigen** *(573 m).*

Wir folgen an der Kreuzung dem Wegweiser nach Wagenmoos, gehen ein Sträßchen in Richtung Küssnacht und biegen dann links in den Grenzentürliweg. Das Sträßchen steigt zunächst kräftig und dann als Feldweg mäßig an. Es beschert uns großartige Blicke in Richtung Rigimassiv und Vierwaldstättersee. Sobald wir auf der Höhe von 618 m in den Wald gelangen (Grenze zum Kanton Schwyz), folgen wir einer Forststraße halb links leicht hinab in eine Senke und wandern dann in nordöstlicher Richtung in das Gebiet **Wagenmoos** *(603 m).* In dieser lieblichen, gewellten Landschaft liegen Senken mit Sümpfen und Teichen. Das Gebiet steht unter Naturschutz.

Im Wagenmoos lassen wir uns stets von Wegweisern in Richtung Küssnacht leiten. Sobald das nach Haltikon führende asphaltierte Sträßchen erreicht ist, gehen wir kurz rechts und dann wieder links den Weg leicht hinab zum Sunnenhöfli (575 m). Weiter den Wegweisern folgend, kommen wir auf einem Sträßchen zu den Gehöften Ober- und Unterbarbrämen und weiter hinab zum Bahnhof von **KÜSSNACHT** *(437 m).* Bereits die Römer besiedelten diesen Ort. Im Mittelalter wurde Küssnacht ein wichtiger Warenumschlagplatz an der Landverbindung zwischen Zuger- und Vierwaldstättersee. Den heutigen Ort zeichnet nicht nur eine schöne Uferpromenade mit Pilatusblick aus. Küssnacht bietet auch gesamthaft ein reizvolles Ortsbild und eine ganze Reihe prächtiger Gasthöfe in historischen Gebäuden. Im Gasthaus Engel gastierte auch Goethe, was für die Mythenbildung in der Schweiz ganz erhebliche Folgen haben sollte. Doch davon später.

◄ Rigi-Aufstieg mit Blick in Richtung Luzern

(9) GRANDIOSE RUNDUMSICHT AUF DIE SCHWEIZER ALPEN UND INS MITTELLAND SOWIE DIE UNBESCHREIBLICHE RIGI-ATMOSPHÄRE bilden den Lohn für einen nahrhaften Aufstieg von 1200 Höhenmetern. Wer will, kann aber auch die Seilbahn von Küssnacht bis zur Seebodenalp oder von Weggis nach Rigi Kaltbad benutzen.

Vom Bahnhof Küssnacht aus steigen wir zur Seepromenade hinab und schwenken dann links in den Ortskern von Küssnacht. Vom Dorfplatz aus wandern wir die Rigigasse hinauf. Nach ca. 300 m und vorbei an einem Brunnen erreichen wir eine Kreuzung. Dort biegen wir rechts ab. Bei einer Weggabel in einem Neubaugebiet folgt unser Weg der Straße halb links aufwärts. Nach einem abermaligen Links- und dann Rechtsschwenk gelangen wir zu einem Sträßchen hinauf zum Aussichtspunkt und Restaurant ***Alpenhof*** *(557 m).*

Weiter steigen wir einen Feldweg aufwärts, bis vor einem Gebäude ein Wegweiser kommt. Hier besteht die Möglichkeit, auf dem Weg nach Rigi Kaltbad ca. 20 Minuten einzusparen und direkt nach Altruedisegg aufzusteigen. Wir aber wählen die Route über die Seebodenalp, weil sie nicht nur eine Restaurationsmöglichkeit, sondern auch einen besonders reizvollen Weg bietet. Dazu

▼ Vom Aussichtspunkt Chänzeli ist der Blick auf See und Pilatus überwältigend

gehen wir links zum Dorfbach hinunter und steigen dann auf dessen anderem Ufer aufwärts. Nach einzelnen Gehöften erreichen wir den Vorderbannwald. Durch diesen steigen wir in vielen Serpentinen aufwärts, wobei wir mehrmals eine Straße überqueren. Auf dieser Straße erreichen wir zuletzt die ***Seebodenalp*** *(1027 m).* Sie bildet eine große Geländeterrasse, auf der sich, wie der Name sagt, wohl einmal ein See befand.

Nun folgen wir der Naturstraße in Richtung Altruedisegg. Stattdessen können wir auch rechts zur Kapelle hinaufsteigen und von dort den Pfad auf dem Moränenwall nehmen. Nach zwei Dritteln dieser fast ebenen Strecke mündet der Direktweg, den wir vor dem Dorfbach erwähnten. Links liegt die ebene Fläche des Hinterboden. Dann folgt die Alphütte ***Altruedisegg*** *(1040 m), die während der Alpzeit Getränke und Essen anbietet.* Auf dem Weg hierhin lassen sich großartige Blicke auf den Vierwaldstättersee, den Pilatus, die Stadt Luzern und das Hinterland genießen.

Wir wandern zunächst eben weiter. Nach der Umrundung des Chrüzboden-Rückens biegt unser Pfad links in südlicher Richtung ab. Nun steigen wir in vielen Serpentinen zunächst durch freies Gelände und dann durch den Rigiwald hinauf. Der Weg ist gut begehbar, wozu ein dankenswerter Wegunterhalt mit Abstufungen und Naturtreppen beiträgt. Plötzlich treten wir aus dem Wald hinaus und befinden uns am Aussichtspunkt ***Chänzeli*** *(1464 m).* Die Aussicht von dieser Kanzel aus ist überwältigend. Zu Füßen liegen Weggis und der See. Der Blick schweift vom Berner Oberland bis hin zum Gotthardgebiet.

Ein breiter, parkartiger und asphaltierter Weg mit Laternen führt uns weiter in östlicher Richtung. Links sehen wir alsbald die Felsenkapelle, zu der eine kleine hohle Gasse durch Nagelfluh abzweigt. Dort findet sich eine

Quelle. Weiter kommen wir nach ***Rigi Kaltbad*** *(1438 m, Endpunkt einer Seilbahn von Weggis herauf und Station der Arth-Rigi-Bahn).*

Von der Bahnstation aus folgen wir der breiten Rigi-Promenade nach ***Rigi First*** *(1453 m).* Diese bequeme Strecke entspricht dem Trassee der ehemaligen Rigi-Scheidegg-Bahn. Wir werden diesem Trassee noch mehrmals begegnen und es als bequemen Weg schätzen lernen. Wenigstens diesen Vorteil brachte die 1874 eröffnete Bahn, die ansonsten von einer Pleite in die nächste taumelte und 1931 eingestellt wurde.

Vom Rigi First aus wählen wir den so genannten Felsenweg, der rechts abbiegt. Hier genießen wir nicht nur fantastische Blicke in die Alpenwelt und auf den Vierwaldstättersee, sondern erleben auch einen dramatisch an Nagelfluhfelsen entlang geführten Weg. Hinweistafeln orientieren über die Entstehung und Sorten der Nagelfluh in dieser Gegend. Uns faszinierten diese Steine aus älteren Steinen, ein buntes Gemisch von Kieselsteinen und kleinen Felsbrocken. Auf dieser Wegstrecke überschreiten wir die äußere Linie der ehemaligen »Alpenfestung«, auf die wir beim Vertiefungsthema »Alpenfestung – und was nun« noch zu sprechen kommen. *Der Felsenweg mündet wieder in das Trassee der Scheideggbahn, dem wir bis* ***Unterstetten*** *(1422 m) folgen. Dabei überqueren wir die Einbuchtung zwischen den Bergkuppen Würzenstock und Dossen auf einem metallenen Viadukt.*

Von den verschiedenen Varianten für die Fortsetzung wählen wir hier die bequemste und schattenreichste: entlang dem Trassee

◄ Der dramatisch in die Nagelfluh gehauene Felsenweg nach Rigi First

▼ Reste der Alpenfestung im Rigimassiv

der ehemaligen Scheideggbahn um den Dossen herum, wobei ein kurzes Tunnelstück zu durchqueren ist. Vom Punkt 1546 aus gelangen wir auf einem Pfad den grasigen Abhang hinauf und wandern dann auf dem Grat entlang zur ***RIGI SCHEIDEGG*** *(1656 m).* Hier ist der Rundblick fast total. Auf der Rigi Scheidegg können wir übernachten – nicht feudal, aber brauchbar und kostengünstig (Berggasthaus und Massenlager). Kinder finden hier reichlich Spielmöglichkeiten. Wer Ausweichmöglichkeiten sucht oder heimkehren möchte, kann mit der Seilbahn und dann der Zahnradbahn nach Arth-Goldau hinabfahren.

(10) EIN AUSSICHTSREICHER ABSTIEG IN RATEN führt von der Rigi Scheidegg nach Brunnen. Wem die Knie weich werden, der kann nach gut zwei Stunden in einer Seilbahngondel vom Urmiberg nach Brunnen hinabschweben.

Bei der Kapelle Scheidegg steigen wir, dem Wegweiser nach Gätterli und Brunnen folgend, eine mit Holzbalken gebildete Treppe hinab. Auf einem Natursträßchen gelangen wir sodann zum Aussichtsrestaurant Burggeist. Teils auf Gras, teils auf dem ausgewaschenen Pfad abwärts erreichen wir eine Gabelung mit zwei Wegvarianten hinab nach Gätterli. Wir nehmen den etwas längeren Weg links entlang dem Grat über das Höcheli, weil er mehr Ausblick auf beide Seiten bietet. Nach einem Abstieg teilweise durch Wald kommen wir zur Hütte Chellensack und dann zum Pass ***Gätterli*** *(1190 m).*
Wir biegen links in den bewaldeten Engpass ab und nehmen nach ca. 200 m den rechts abzweigenden Pfad. Dieser führt auf gut unterhaltenem Wegbett durch das Sumpfgebiet Rohrboden zum Sträßchen und Rastplatz auf die Höhe von 1134 m. Hier folgen wir der Forststraße in Richtung Egg hinauf. Diese quert das frühere Bergsturzgebiet der

Hochflue. Nach einer großen Schlaufe, die wir über den Wiesenhang abkürzen können, erreichen wir den Sattel der Alp ***Egg*** *(1288 m).*

Die Naturstraße umrundet, am Anfang weiter leicht ansteigend, das Gätterli. Dann zweigt links ein Pfad ab, der uns entlang dem Grat zur Schwand hinabführt. Hier bieten sich abermals Fernblicke, nun insbesondere in Richtung der nächsten Etappen, also in Richtung Reusstal und Gotthardmassiv. Vom Sattel der Schwand folgen wir dem Wegweiser zur Seilbahnstation ***Urmiberg*** *(1090 m) am markanten Felszahn. Die Seilbahn fährt direkt nach Brunnen hinab. Unser Etappenziel liegt uns also schon zu Füßen.*

Wir queren einen Grasabhang und wählen bei einem Wegweiser die bequemere Route über Unter-Brunniberg. Sie geht zunächst durch ein lang gestrecktes, furchenförmiges Tal in Richtung auf den markanten Bergfelsen Zünggelenflue zu. Beton- bzw. Asphaltsträßchen wechseln mit abkürzenden Pfaden. Nach Unter-Brunniberg zweigt unser Pfad in Richtung Brunnen rechts ab. Da dieser nach Regen in Hohlwegen rutschig sein kann, verweisen wir auf die Möglichkeit, das Sträßchen weiter zu benutzen und in einem weiten Bogen Schwänggigen zu erreichen. Unser weiß-rot markierter Pfad indes verläuft meist durch Wald im Zickzack hinab. Ziemlich weit unten kommen dann die oben erwähnten Hohlwege. In Schwänggigen wählen wir rechts das asphaltierte Sträßchen, das uns, am Schluss über eine alte Holzbrücke, nach ***BRUNNEN*** *(438 m) führt.* Dieser Ort, im Mittelalter ein Hafen- und Umschlagplatz speziell auch im Gotthardverkehr, ist eng mit dem Entstehen der Eidgenossenschaft verbunden. Hier bestätigten die Sieger der

◄ Weg durch das frühere Bergsturzgebiet der Hochflue

▼ Zwischen Egg und Urmiberg: Der Urnersee und Brunnen liegen uns zu Füßen

Schlacht bei Morgarten 1315 den Einigen Bund. Die Bestätigung enthielt erstmals das Wort »Eidgenosse«. In der Belle Époque machte Brunnen nochmals Karriere, wählten doch viele Berühmtheiten diesen Ort zum Feriensitz (z. B. Königin Viktoria von England).

(11) QUASI DURCH DIE EINGEWEIDE DER URSCHWEIZ führt die Route nach Flüelen. Diese entspricht einem Teilabschnitt des 1991 zur 700-Jahr-Feier der Eidgenossenschaft eröffneten »Weges der Schweiz«.

Wir folgen vom Bahnhof und dann vom Ochsenplatz den speziellen Markierungen bzw. Wegweisern. Über Gütsch steigt der Weg durch den Ingenbohler Wald an. Dieser Wegteil wurde vom jüngsten Schweizer Kanton, dem Kanton Jura, gestaltet. Am für 1991 zu einem Rundpavillon umgebauten Chänzeli eröffnen sich Blicke in beide Seerichtungen. Weiter steigt der Weg hinauf bis zum Aussichtspunkt ***Axenstein*** *(715 m).* Früher wurde dieser markante Aussichtspunkt durch eine Zahnradbahn erschlossen und von einem Grandhotel gekrönt. Der Waldpark mit seinen knorrigen, großen Bäumen erinnert noch daran. Dieser Feudaltourismus hatte gute Gründe: An dieser Stelle bekommt der Vierwaldstättersee einen dramatischen Charakter und ähnelt einer norwegischen Fjordlandschaft.

Wir folgen teilweise dem beschilderten Trassee der Zahnradbahn hinab nach ***Morschach*** *(648 m).* Dieser Ort mit seiner Sonnenterrasse bildete früher ebenfalls ein Ziel des Feudaltourismus. Diese Zeiten sind vorbei. Heute versucht man, mit modernen Hotels und einem großen Erlebnisschwimmbad Anschluss an den modernen Mittelstandstourismus zu gewinnen.

Von Morschach aus wandern wir auf der Sonnen- und Aussichtsterrasse weiter zur St.-Franziskus-Kapelle (687 m) mit eindrücklichen Votivbildern. Von dort steigt unsere Route auf einer asphaltierten Straße bis nach Schilti (823 m) hinauf, um dann eben auf einer Schotterstraße nach Tannen (835 m) weiterzuführen. Von einzelnen Kantonen, hier z. B. Waadt, gestaltete Kunstwerke begleiten die Route. *Bei Hoch-Brust (740 m) beginnt ein kräftiger Abstieg. Auf 1991 gut ausgebauten Pfaden und dann auf Sträßchen erreichen wir den Bahnhof von* ***Sisikon*** (446 m).

Wir wechseln nun zwischen Strecken auf der alten, beeindruckenden Axenstraße und lauschigen Teilen am bewaldeten Ufer des Sees. Unvermittelt stehen wir an der Schiffsanlegestelle Tellsplatte und dann vor der ***Tellskapelle*** *(436 m).* Hier wird ausgiebig die Tellsgeschichte zelebriert, und man denkt an das literarische Geschenk von Schiller für die Mythenbildung der Eidgenossen. Die Heldensage vor Ort aufgeschnappt und recherchiert hat jedoch Goethe, der 1797 zum dritten Mal die Schweiz durchquerte. Eigentlich wollte er selber ein Theaterstück daraus machen. Aus Zeitnot trat er jedoch den Stoff an Schiller ab. Diesen packte die Geschichte so stark, dass das Theaterstück bereits am 17. März 1804 in Weimar uraufgeführt werden konnte. Gönner Goethe war dort Theaterdirektor. Die beiden im fernen Weimar konnten nicht ahnen, was daraus in der Schweiz werden würde.

Weiter geht es einmal entlang dem Seeufer und dann wieder auf der alten Axenstraße, die heute den Velofahrern und Fußgängern vorbehalten ist. Man versteht, dass diese in den Fels gesprengte Straße bei der Eröffnung 1865 als Weltsensation galt. *Nach dem Einschnitt des Gruonbachs können wir am Ufer bleiben, passieren eine Badeanstalt und gelangen nach* **FLÜELEN** *(435 m).* Auch dieser Ort entwickelte sich wie Brunnen vom mittelalterlichen Hafen und Umschlagplatz zu einem wichtigen Touristenort.

(12) VOM FLACHEN UND BREITEN NATURSCHUTZGEBIET REUSSDELTA AN DIE SCHWELLE DER HOCHALPEN – wir genießen eindrückliche Veränderungen des Landschaftsbildes.

Vom Bahnhof Flüelen aus wandern wir weiterhin auf dem Weg der Schweiz durch ein seenahes Lager- und Gewerbegebiet und schwenken dann bei einer ausgedehnten Schützenanlage rechts in das ***Reussdelta*** *(434 m).*

Reussdelta – ein Beispiel für Landschaftsentwicklung

Entgegen sonstiger Gepflogenheiten wurde hier zunächst nicht Vorhandenes geschützt, sondern ein Potenzial zu einem schützenswerten Gebiet entwickelt.[1] Durch Kiesabbau war die etwa 3,5 km breite Deltazone arg in Mitleidenschaft gezogen worden. Die Ausbaggerung führte dazu, dass die Uferzone etwa 300 m landeinwärts liegt. Der ehemals breite Schilfgürtel verschwand. Doch 1979 lief die Konzession für den Baggerbetrieb aus. Man nutzte die Chance und entwickelte das Reussdeltaprojekt. Die Bag-

[1] Als Vertiefung sei empfohlen Barkhausen, A. und Geiser, F.: Wanderführer durch 132 Naturschutzgebiete der Schweiz. Publikation in Zusammenarbeit mit pro natura, Basel 1997, S. 309 f.

▼ Votivtafeln in der Franziskuskapelle bei Morschach

gerfirma durfte zwar weiter Kies schürfen – aber nur an bezeichneten Stellen. Gleichzeitig musste sie helfen, das Deltagebiet im Sinne des Naturschutzes umzugestalten.

Heute präsentiert sich das Gebiet sehr reizvoll und abwechslungsreich. Dazu haben die Aktivitäten für den Weg der Schweiz, hier namentlich der Kantone Schaffhausen, Basel-Landschaft, Basel-Stadt und Solothurn, ebenfalls wesentlich beigetragen. Auf unserer Wanderung sehen wir, wenn wir im Gebiet Allmeini rechts zum Ufer vorstoßen, aus Kies künstlich geschaffene Vogelinseln. Eine Beobachtungsplattform bietet Vogelfreunden viele Entdeckungsmöglichkeiten: Flussuferläufer, Uferschnepfe, Bruchwasserläufer, Alpen- und Zwergstrandläufer etc. Es folgt das Flüeler Ried mit seinen Pfeifengraswiesen. Im Frühjahr sind gelbe Iris und blaue Schwertlilien zu bewundern. Nachdem wir eine Holzbrücke mit ihren geschwungenen Trägern überquert haben, erscheinen, auf den Wegen rechts haltend, Reste einer Weichholzaue mit Silberweiden und Grauerlen. Schön ist hier auch das Strandgebiet. Es eröffnet einen grandiosen Blick auf den Vierwaldstättersee. Dann folgt der Wijergraben – ein Treffpunkt der Amphibien. Daran schließt das Seedorfer Ried an. In diesem Flachmoor herrscht ein Sauergras, die Davalsegge, vor. Ihre gelb-ocker-farbenen Töne kontrastieren schön zur dunkelblauen Wasserfläche und zu den Farben der umliegenden Berge. Im Seedorfer Ried lassen sich viele Orchideenarten, die im Frühling blühen, entdecken. (Dabei muss man allerdings den Lärm der nahen Autobahn in Kauf nehmen).

Wir kommen zu einem Strandbad mit Restaurant, Spielplatz und WC und unterqueren beim Parkplatz links die Autobahn. Nach wenigen Minuten erreichen wir das reizvolle ***Schloss A Pro*** *(437 m).* Dieses Schloss stammt aus der Mitte des 16. Jahrhunderts. Es wurde von der Söldner- und Kaufmannsfamilie A Pro, welche aus der Leventina stammte, erbaut und bewohnt. Heute beherbergt es eine Mineraliensammlung. Übrigens lag das Schloss früher am See, der sich hier einst weiter das Tal hinaufzog.

Vom Schloss führt unser Weg nach Westen. Bei einem Turmstumpf, Rest einer ehemaligen Wasserburg, folgen wir links der Straße nach Seedorf und kommen zum Frauenkloster St. Lazarus. Wegweiser leiten uns zunächst ein Sträßchen und dann einen Fußgängerweg entlang zum Bodenwald, wo wir den Palanggenbach überqueren. Wir entdecken den Verkaufshinweis auf Bioprodukte (Knospe) eines Bauernhofes und queren den Weiler Eielen. Auf einem Teersträßchen kommen wir nach ***Attinghausen*** *(469 m).* Dieser Ort lehnt sich an eine mittelalterliche Befestigungsanlage an. Auf dem Hügel stand die einst bedeutendste Burg des Landes Uri. Der Burgherr Werner II. v. Attinghausen siegelte den ersten Freiheitsbrief der Eidgenossen von 1291.

Ein Sträßchen und dann ein Feldweg führen uns südlich hinab zur Reuss, an deren Ufer wir nun wandern. Dann schiebt sich der Felsrücken des Stocks dicht an die Reuss. Um diesen Engpass zu überwinden, bohrten Soldaten im Zweiten Weltkrieg einen Tunnel mit Gucklöchern durch den Fels. *Wir gehen nach einer Dusche unter einem Wasserfall auf dieser reizvollen, »kleinen Axenstraße«. Danach gelangen wir auf einem Pfad zum Weiler Ripshusen. Weiter leitet uns der Wegweiser auf ein asphaltiertes Sträßchen und vorbei an einer Seilbahnstation.* Nun folgen, unübersehbar, eine Reihe von militärischen Anlagen mit Zu-

◄ Im Naturschutzgebiet Reussdelta am »Weg der Schweiz«

▼ Das ehemalige Wasserschloss A Pro bei Seedorf

gängen zu Depots im Fels. (Bereits vorher waren schon militärische Anlagen auszumachen.) Hinter den befestigten Verteidigungslinien, wie wir sie am Rigi überschritten, bestand die »Alpenfestung« vor allem in ausgedehnten logistischen Anlagen. *Weiter auf markierten Wegen parallel zur Reuss unterqueren wir die Autobahn, überqueren auf einer neuen Brücke die Reuss und gelangen zum Dorfeingang von* ***Erstfeld*** *(472 m).* Bekannt wurde der Ort vor allem durch die Gotthardbahn. Hier beginnt der Anstieg der Passlinie. Dafür spannte man vielen Zügen eine zweite Lokomotive vor. Daran erinnert noch die ausgedehnte Anlage der Lokomotivschuppen. *Gleich nach der Brücke biegen wir rechts ab. Erst auf ufernahem Weg und dann über eine Querspange führt der Weg zur sehenswerten, frühbarocken Jagdmattkapelle. Wieder der Reuss entlang kommen wir zu einer provisorischen Eisenbahnbrücke – Vorbote der Baustelle des Gotthard-Basistunnels (NEAT). Zwischendurch auf der Straße und dann wieder am Reussufer erreichen wir eine Straßenbrücke über den Fluss. Wir steigen zur Straße hinauf und gelangen nach* ***Tägerlohn*** *(510 m).*

Am Ortsausgang führt eine Straße zur alten Kirche von Tägerlohn hinauf. Von dort folgen wir den markierten Sträßchen und Wegen über Bi den Hüseren, Vogelholz und hinauf nach Ledi (613 m). Dann senkt sich unser Weg hinab und streift den Bahnhof von Amsteg-Silenen. In Silenen Dörfli stoßen wir auf eine historische Häuserzeile mit einer Sust (hist. Zollhaus/Raststätte) entlang der alten Gotthardverbindung. Besonders imponierend ist der 17 m hohe restaurierte Meierturm, ein Wohnturm aus der Zeit um 1230. Wir stellen uns vor, wie unbequem es war, in einem solchen Turm zu leben. *Unser Weg führt weiter hinab zur Straße und auf dieser oder alternativ über den*

Burgberg mit der Ruine Zwing-Uri (ehemals eine habsburgische Feste) nach ***AMSTEG*** *(526 m).*

(13) DURCH UND ÜBER DEM ENGEN TAL DER REUSS steigt die Route der nächsten Etappe bis Göschenen an. Leider müssen wir nun immer wieder mit einem bösen Lehrstück technischer Talverhunzung Bekanntschaft machen.

Wir folgen der Hauptstraße durch Amsteg, überqueren den Bachlauf aus dem Bristentobel (oben sehen wir das hohe Viadukt der Gotthardbahn) und gelangen zur ausgedehnten Anlage des SBB-Wasserkraftwerkes. Hier zweigt unser Weg halb links ab und steigt zur Hochebene von ***Vorder Ried*** *(684 m) hinauf.*

Im Winter 1999 gingen hier gewaltige Lawinen nieder und hinterließen breite Schneisen der Zerstörung. Wegen der Lawinengefahr wurde früher dieser Saumweg meist nur im Sommer benutzt. An die großen Gefahren mahnt die in Vorder Ried erhaltene Eligiuskapelle (Eligius galt als Schutzpatron der Säumer und Schmiede).

Weiter folgen wir dem Weg auf der Geländeterrasse über Hinter Ried, steigen dann hinab nach Rüti und unterqueren in einem Tunnel das Teiftal, um nach ***Meitschligen*** *(672 m) zu gelangen.*

Wir entfliehen nun dem engen, optisch und akustisch von der Autobahn dominierten Tal und wählen den Weg über Gurtnellen Dorf. Dazu überquert man die Reuss auf 648 m und folgt dem Wegweiser den Abhang aufwärts (Achtung, man kann sich leicht verirren). Dieser Weg belohnt durch schöne Blicke ins Reusstal und auf das Massiv des Bristen. Bei der Straße erreichen wir ***Gurtnellen Dorf*** *(928 m).*

◄ Historische Häuserzeile an der alten Gotthardroute in Silenen Dörfli

▼ Grosse Lawinenschäden 1999 zwischen Amsteg und Vorder Ried

*Eine asphaltierte Straße und ein abkürzender alter Saumweg führen uns anschließend hinab nach **Gurtnellen Wiler** (737 m).* Hier speisten wir im Hotel Gotthard, mit einem (leider nur im Winter erhältlichen) interessanten Angebot von Spezialitäten aus Uri. Die Urner Küche wurde stark durch den Passhandel beeinflusst. Aus dem Süden kamen Reis, Mais und Teigwaren sowie Tomaten, Kastanien und Rosinen in die Küchen. Daraus komponierten die Urner eigenständige Gerichte wie »Schwynigs und Chesttenä« (Schweinefleisch und Kastanien) oder »Rys und Pohr« (Reis und Lauch).

*Ohne die Brücke über die Reuss zu überqueren (es sei denn, wir wollen in Wiler eine Rast einlegen), wandern wir auf dem Weg dem Reussufer entlang nach Hägrigen. Weiter der markierten Route folgend, gelangen wir zur **Pfaffensprung-Brücke** (807 m) über die tief eingeschnittene, schmale Schlucht.*

*Wir unterqueren nach dem Stausee die Autobahn und passieren die Bauernhäuser Steinen. Weiter geht es zunächst oberhalb der Autobahn und dann durch eine Unterführung hinab zur Reuss. Hier nehmen wir die neue Brücke über den Fluss und steigen durch ein Wäldchen den Fußweg hinauf nach **Wassen** (916 m).* Unterwegs treffen wir auf den »gezeichneten Stein«, einen Fels mit Einmeißelungen von 1619 vom Seckelmeister Jacobus. Wassen selber wurde v. a. durch seine Kirche berühmt. Diese sehen Zugreisende aus verschiedenen Höhen und Perspektiven, weil hier die Gotthardbahn in vielen Kehrtunneln an Höhe gewinnt.

Von Wassen wandern wir ca. 1 km die Straße bis vor Wattingen hinab. Bei einer halb rechts abbiegenden Nebenstraße folgen wir dieser Trasse des alten Saumweges zu einer Brücke über den Rohrbach. Direkt nach der Brücke biegen wir halb rechts in einen

Feldweg, verlassen den an der St.-Josephs-Kapelle vorbeiführenden Saumweg und steigen in einer S-Kurve bergan. Bei einem scharf rechts abzweigenden Feldweg verläuft unsere Route geradeaus weiter und bietet eine schöne Sicht ins Reusstal. Weiter durch das Gebiet von Neiselen den Hang entlang (1999 nach den Lawinenniedergängen war der Weg recht hindernisreich, im Normalfall ist er aber gut ausgebaut) gelangen wir zu einer Unterführung unter der Bahnstrecke. Danach steigen wir hinauf auf das Dach einer Bahngalerie und nehmen den dort entlangführenden Feldweg. Später, parallel zu den wieder offen verlaufenden Bahngeleisen, erreichen wir ***GÖSCHENEN*** *(1106 m).* Dieser alte Handelsort wurde durch die Gotthardbahn berühmt. Von hier aus durchquert diese das Gotthardmassiv in einem 15 km langen Tunnel. 1882 wurde dieses kühne Bauwerk vollendet.[1]

◀ Ein Gewirr von Stromleitungen, Autobahn- und Bahntrassen dominiert das Bild des Urner Reusstals

1) Mehr zu Göschenen und Ergänzungen zur Beschreibung der Etappe 14 sind zu finden in Siegrist, D.: Pässe-Spaziergang, Zürich 1996 (erschienen in der gleichen Reihe des Rotpunktverlags)

(14) DIE WANDERUNG ZUM GOTTHARDPASS BILDET EINEN DRAMATISCHEN HÖHEPUNKT unserer Route nach Como.

Vom Bahnhof Göschenen aus folgen wir den Hinweisschildern und Markierungen nach Andermatt. Unser Weg führt teilweise auf alten Saumwegen hinauf zur ***Teufelsbrücke*** *(1405 m) aus dem Jahre 1830.*

Daneben steht die moderne und jüngst sanierte Brücke aus dem Jahre 1954. Unter uns entdecken wir noch einige Mauerreste der 1888 eingestürzten mittelalterlichen Brücke. Etwas oberhalb begegnen wir dem Schwulst des Suworow-Denkmals – eine schräge Felsplatte mit eingemeißelten Monumentaldarstellungen. Im Jahre 1998 wurden hier viele Kränze

▼ Alte Brücke der Gotthardroute in Göschenen

niedergelegt, waren doch zweihundert Jahre seit dem blutigen Kampf zwischen Russen und Franzosen in dieser Schlucht vergangen.

Nicht weit von dieser Stelle müssen wir durch den lärmigen Tunnel des Urner Lochs. Ein erster Tunnel wurde an dieser Stelle bereits 1707 gebaut – eine Pioniertat in den Alpen. *Auf gut markierten Wegen durchqueren wir ein Gebiet mit diversen militärischen Anlagen, die trutzig den Eingang zur Schöllenenschlucht flankieren. Inzwischen bilden sie bereits Objekte der Denkmalpflege. Es folgt die frühmittelalterliche Kolumbankirche.* Hier befand sich das historische Dorf Andermatt. Man gab diesen Standort wegen der Lawinengefahr auf – eine Folge des verschwundenen Schutzwaldes am Berghang. Nur die Kirche blieb übrig. *Parallel zu den Bahngeleisen der Furka–Oberalp-Bahn erreichen wir den Bahnhof von* ***Andermatt*** *(1436 m).* Das Dorf lebt nach dem Verlust der Einnahmen aus dem Passverkehr neben dem Tourismus vor allem vom Militär. Der Bau und Unterhalt von Festungswerken sowie militärische Produktions- und Ausbildungsstätten brachten und bringen Arbeit.

Vom Bahnhof aus folgen wir durch das Dorf Andermatt hindurch der Straße in Richtung Hospental. Kurz nachdem unsere vom Dorf her kommende Straße in die Hauptverkehrsstraße mündet, biegen wir rechts ab, überqueren die Geleise der Furka-Oberalp-Bahn und folgen links weiter dem Reussdamm. Später verläuft unser Weg rechts und dann auf einer alten Saumwegtrasse durch ein hügeliges Weidegebiet. Dort, wo die Richtung zum Bahnhof angezeigt wird, gehen wir geradeaus weiter, um dann bei landwirtschaftlichen Gebäuden links hinab zur alten, noch aus der Römerzeit stammenden Brücke über die Furkareuss zu gelangen. Auf noch gut erkennbarer Trasse eines Saumweges steigen wir nach

Absender:

Vorname

Name

Adresse

PLZ/Ort

E-Mail

Datum

Unterschrift

Nicht frankieren
Ne pas affranchir
Non affrancare

Geschäftsantwortsendung Invio commerciale-risposta
Correspondance commerciale-réponse

Rotpunktverlag
Postfach
CH-8026 Zürich

Hospental *(1452 m) hinauf.* In diesem Dorf sehen wir etliche Zeugen der früheren Bedeutung als Passstation: der Langobardenturm (ein mittelalterlicher Sitz der Dienstleute des Klosters Disentis), das alte Gasthaus St. Gotthard (1799 Quartier von General Suworow), die alte Gotthardreuss-Brücke und die St. Karls-Kapelle am Saumweg im oberen Dorfteil mit ihren sinnigen Sprüchen.

Unsere weitere Route beginnt bei der Brücke über die Gotthardreuss, unterquert die alte und neue Passstraße, steigt über eine Kuppe und kehrt zur Straße zurück. Nach einigen Schritten auf der Passstraße kommen wir zum Gamssteg. Weiter geht es gut markiert auf deutlichen Resten des alten Saumwegs. Beim Restaurant ***Mätteli*** *(1753 m) erreichen wir wieder die Straße.*

Gleich danach steigen wir wieder hinab zum Talboden und wandern auf dem alten Saumweg weiter. Er besteht aus den erhaltenen Partien runden Kopfsteinpflasters und seitlich abschließenden Steinplatten. Nach einem kräftigen Aufstieg erreichen wir das ***Brüggloch*** *(1903 m) und betreten Tessiner Boden.* Damit gelangen wir in einen Kanton, der erst seit zweihundert Jahren als freier Teil der Eidgenossenschaft besteht. Kulturhistorisch betrachtet, beginnt hier bereits die Lombardei.

Unser Weg führt nun auf einer Brücke über die junge Reuss und weiter zwischen alter und neuer Straße. In dem Felsen geradeaus versteckt sich das Artilleriewerk San Carlo aus dem Zweiten Weltkrieg. Weiter oberhalb der Straße überschreiten wir die ***Passhöhe*** *(2108 m).* Dieser Pass bildet eine der großen Wasserscheiden Europas. Vor uns liegen das Gotthardhospiz mit den Bergseen

◀ Blick in Andermatt auf den Spitziggrat

▼ Militärisches ist in Andermatt allgegenwärtig

und in der Ferne grüßt die Bergwelt der Leventina. Der Gotthard regte und regt zu vielen Fantasien an. Er bekam Titel wie »heiliger Pass«, »König der Alpenpässe«, »Via Helvetica«, »Berg der Mitte«, »Steinerne Seele der Schweiz«. Mythen und religiöse Überhöhungen machten ihn zum Berg des Heils bzw. zum Schweizer Berg Zion.

Unser Weg führt auf Nebenstraßen hinab zum Lago della Piazza und zum Ensemble des ***GOTTHARD-HOSPIZES*** *(2091 m).*

Kampf, Schutz und Trutz am Gotthard

Das heutige »Hospiz« entstand 1866 und beherbergt das Nationale Gotthard-Museum. Die frühesten Spuren stammen von einer karolingischen Kapelle aus dem 7./8. Jahrhundert. Die damalige Besiedlung erfolgte von Süden her. Die Bewohner lebten u. a. vom Sammeln und Verkaufen buntfarbener Bergkristalle. Um 1200 erwachte der Pass zum Leben. Ursache bildete der sich stark entwickelnde Handel mit Italien und darüber hinaus mit den arabischen Ländern – eine friedliche Folge der Kreuzzüge. Von diesem Handel wollten die Bewohner im Gebiet des Gotthardmassivs (Walser im Urserental, Urner und in Uri sesshafter zähringischer Gefolgsadel) profitieren. Daher erschlossen sie die bis dahin hinderliche Schöllenenschlucht für den Saumverkehr.

Der in der Folge stark zunehmende Gotthardverkehr bot eine gute Einnahmequelle. Das weckte Herrschaftsgelüste weltlicher und kirchlicher Herren. Am stärksten engagierten sich zunächst die Zähringer, die jedoch 1218 ausstarben. Danach kassierte das aus dem Aargau stammende Geschlecht der Habsburger, das beim Gotthardverkehr verstärkt das Zepter schwingen wollte. Dagegen lehnte sich ein Bündnis von lokalem Adel, Bauern und Säumern sowie Stadtbürgern in der Innerschweiz auf. Der

◄ Abstieg in die Tremolaschlucht

Rest der Geschichte mit der Gründung der Eidgenossenschaft ist bestens bekannt. Dazu gehört auch die Schlacht von Sempach.

Die Gotthardachse blieb über Jahrhunderte Objekt der Begehrlichkeiten und der baulich-militärischen Schutzmaßnahmen. Man fürchtete, dass fremde Armeen über den Gotthard marschieren würden. Der Kampf französischer und russischer Truppen um den Pass 1799 und die Folgen für die Zivilbevölkerung boten dazu besonders schlimmen Anschauungsunterricht.

Eine dieser Schutzmaßnahmen bestand im ab 1893 erbauten Hospizwerk, das flach am Rande der Pass-Hochebene liegt. Inzwischen wurde es teilweise zu einem Museum umgestaltet. Vom Hospiz gelangt man in nur fünf Minuten dorthin.

(15) DIE ETAPPE DURCH DIE TREMOLASCHLUCHT ist kurz. Doch es gibt genügend Gründe, sich einen Tag Zeit zu nehmen.

Die alte Straße führt uns hinab zur Totenkapelle, bei der der alte Saumweg rechts abzweigt. Nach dem Fossbach erreichen wir wieder die alte Passstraße durch die Tremolaschlucht. Nun folgt gut markiert ein Wechsel von holprigen Abkürzungen und Straßenpartien. Vom Ponte di Mezzo aus lässt sich ein schöner Blick in die Tremolaschlucht werfen. Dabei geht fast vergessen, dass die Schlucht ihren Namen von Angst-Zittern (tremare = zittern) bekam. *Auf gepflasterter Straße bei einem technischen Betongebilde, das von weitem wie eine moderne Kapelle aussieht, steigen wir zu einer Brücke hinab und gehen dann ein geteertes Sträßchen zum Weiler Motto di dentro. Von hier überblickt*

▼ Blick aus der Tremolaschlucht gegen die Strassengalerien unterhalb des Fibbiamassivs

man nicht nur das Geschlingsel verschiedener Gotthardstraßen, sondern auch die Festungsanlage **Motto Bartola** *(1527 m), zu der wir auf markiertem Weg hinabsteigen.* Die Anlage wurde im Zweiten Weltkrieg als Artilleriewerk ausgebaut. Sie nutzte dafür eine Welle im sonst abschüssigen Gelände. Darin befinden sich diverse Geschützstellungen und Versenkpanzertürme. Ein unterirdisches Stollensystem verbindet verschiedene Teile der Anlage. Zudem gibt es eine unterirdische Stollenverbindung hinab zum Fort Airolo. Auch in der Nachkriegszeit wurde das Festungswerk laufend modernisiert. Die letzten Baumaßnahmen dienten dem heutigen Zweck als Kasernenunterkunft.

Unser markierter Wanderweg verläuft direkt über der Geländewelle mit den militärischen Installationen. Wir steigen dann hinab in Richtung Airolo. Dabei queren wir mehrfach die alte Gotthardstraße und nutzen diese teilweise auch. Alsbald gerät die wie eine Schildkröte ausschauende Anlage des Forte Airolo ins Blickfeld. Nachdem wir die Schnellstraße in einem Tunnel unterwandert haben, überschreiten wir die alte Gotthardstraße, nutzen einen Pfad abwärts und stoßen wieder auf diese Straße. Statt hier links auf dem Pfad direkt nach Airolo weiterzugehen, bleiben wir auf dieser gepflasterten Straße und erreichen in einer Haarnadelkurve die ersten Gebäude der Kaserne Foppa. Vorbei an den Festungsanlagen mit Versenkpanzertürmen gelangen wir auf einem Sträßchen zur neuen Kasernenanlage »Caserma Bedrina«. Diese halbkreisförmige große Anlage in typisch moderner Tessiner Architektur wirkte auf uns sehr monumental. Die Architektur beeindruckt zwar, wirkt aber irgendwie unmenschlich. *Von dieser Kasernenanlage aus gehen wir auf einem Sträßchen und auf Fußwegen hinab zum* **Fort Airolo** *(1300 m).*

Fort Airolo

Diese große Anlage wurde 1886 bis 1890 mit einem gewaltigen Kostenaufwand gebaut. Sie galt bis zum Ersten Weltkrieg als modernste Festung Europas. Errichtet wurde sie zum Schutz des Gotthardpasses und speziell des neuen Gotthardtunnels. Die Planung und Ausführung bildeten fast ein europäisches Gemeinschaftswerk. Die ersten Skizzen stammten vom Österreicher Daniel von Salis. Weiter wirkte daran der belgische Festungsbauspezialist Alexis de Brialmont mit. Die Bauarbeiter rekrutierte man überwiegend aus Italien und Österreich. 1889 waren dort 800 Arbeiter tätig, die gewaltige Granitblöcke zur Schildkröte zusammenfügten. Die Kanonen kaufte die Eidgenossenschaft in Deutschland (Krupp). Die Anlage kann besichtigt werden, was sich sehr lohnt, aber auch Gänsehaut bereitet.[1]

◄ Weiter Blick von der Festung Motto Bartola in die Leventina

[1] Als weiterführende Literatur sei empfohlen Visconti, F.: Forte Airolo als Teil der Gotthard-Befestigung, Airolo o.J. (zu beziehen im Forte Airolo)

Vom Fort aus gelangen wir hinauf zur Straße, durchschreiten den modernen Ausgang des Kasernengeländes und gehen dann halb links die Kantonsstraße ein Stück hinauf, vorbei am Restaurant »Fondo del Bosco«. Nach ca. 200 m erreichen wir den ausgeschilderten Wanderweg. Später geht es ein Sträßchen hinab nach ***AIROLO*** *(1141 m).* Dieser Ort erlebte sehr markante Wechsel. Schon in vorgeschichtlicher Zeit besiedelt, blühte Airolo mit dem Gotthardpassverkehr auf. Der Bau des Gotthardeisenbahntunnels brachte nochmals wirtschaftliche Hochkonjunktur. Nach der Eröffnung folgte ein totaler wirtschaftlicher Absturz. Viele Familien wanderten in der Folge nach Kalifornien aus. Einen weiteren Einschnitt brachte der Bau des Gotthardstraßentunnels.

▼ Moderne Kasernenanlage Foppa bei Airolo

»ALPENFESTUNG« – UND WAS NUN?

Die **Bauten der »Alpenfestung«** begegnen den Wandernden vom Vierwaldstättersee an bis nach Airolo und noch weiter bis Lugano. Wir erinnern uns insbesondere an:

- militärische Anlagen nach Attinghausen
- im Reusstal immer wieder Sicht auf militärische Installationen auf den Bergen und im Bereich von Felswänden
- ausgedehnte Militäranlagen in Andermatt
- die Festung San Carlo am Gotthard
- das Hospizwerk
- die Sperrstelle Motto Bartola
- die Kaserne Foppa
- das Fort Airolo
- die Bunker am Eingang des Gotthardeisenbahntunnels
- die Militärs sprachen nicht von »Alpenfestung«, sondern ab 1940 von »Zentralraumstellung« oder »Réduit«.

Interessanterweise entstanden die Befestigungen des Gotthards und seines Vorfeldes erst mit der Gründung des Schweizer Bundesstaates 1848.[1)] Zuvor war das Festungswesen völlig kantonalem Gutdünken überlassen. Fünf Jahre nach Gründung des Bundesstaates wurden die ersten Mittel für die Martello-Türme südlich von Bellinzona gesprochen. Sie entstanden aus Sorge vor Übergriffen aus Italien.
Danach gab es zahlreiche Vorstöße und Planungen, die Schweiz allgemein und den Gotthard im Speziellen zu befestigen. Doch immer wieder scheiterten solche Pläne an konzeptioneller Uneinigkeit, Geldmangel oder an Widerständen in der Schweizer Bevölkerung gegen diese Ausgaben.
Von etwa 1880 an nahmen die Sicherheitssorgen zu, und das Trauma der französischen Besetzung und der Kämpfe mit russischen Truppen um 1800 wurde wieder wach. Drei Ursachen führten dazu:

- die Eröffnung des Gotthardtunnels
- die völlige Einkreisung der Schweiz durch die großen Nationalstaaten Deutschland (neu), Italien (neu), Österreich und Frankreich
- bekannt gewordene Planungen des italienischen Generalstabes, nötigenfalls mit einem Vorstoß durch die Schweiz den damals verbündeten Deutschen zu Hilfe zu eilen.

So entstand 1882 der **Landesverteidigungsplan des Obersten Alphons Pfyffer.** Dieser sah eine »Zentralraumstellung« vor, die bereits wesentliche Elemente des »Réduits« von 1940 umfasste.

Der Bundesrat wertete diesen Plan zwar gesamthaft als finanziell untragbar, beschloss aber 1885 die partielle Befestigung mit ersten Maßnahmen an der Südseite des

Gotthards. Denn von Italien her rechnete man zu dieser Zeit ganz konkret mit der Möglichkeit eines Angriffes.

In der Folge wurde vor allem das Fort Airolo (Fertigstellung 1889) gebaut. Oberhalb des Forts entstanden die ersten Bauten des Werkes auf Motto Bartola. Zudem sicherte man speziell den Eingang des Eisenbahntunnels. Unterirdische Tunnelsysteme verbanden diese Anlagen. Gleichzeitig entstand auf dem Gotthardpass das Hospizwerk. Zudem baute man die ersten Befestigungsbauten in Andermatt, um das als zentralen Stützpunkt ausersehene Urserental auch gegen Norden abriegeln zu können.

In der **Periode bis zum Ersten Weltkrieg** verschlangen die Befestigungsbauten große Teile des Etats der Eidgenossenschaft. Die Gotthardbefestigungen kosteten bereits bis 1900 fünfmal soviel, wie aufgrund des Pfyfferplans beschlossen worden war. Wegen der hohen Kosten entstand in der Öffentlichkeit erheblicher Unmut.

Im Ersten Weltkrieg gingen die Ausbauarbeiten in der »Alpenfestung« kräftig weiter. Dabei bemühte man sich vor allem um rasche Verbesserungen der vorhandenen Anlagen und um deren Flankenschutz.

Nach Kriegsende bestand keine Bereitschaft mehr, Geld in Festungen zu stecken. Nach den Erfahrungen im Ersten Weltkrieg erwachten starke Zweifel am Wert solcher Befestigungen. Später erfuhr man indes, dass diese Anstrengungen den Militärstäben des Auslands durchaus Eindruck machten und die Lust an Durchmarschplänen in Grenzen hielt.

Dementsprechend investierte man, als am Ende der **Zwischenkriegszeit** die Angst vor

[1] Weiterführende Literatur zu diesem Thema: Mittler, M. (Hrsg.): Die Geschichte der Schweizerischen Landesbefestigung, Zürich 1992; Stiftung Pro St. Gotthard (Hrsg.): Nationales Gotthard-Museum, Airolo 1989; Eidg. Militärdepartement/VBS (Hrsg.): Militärische Denkmäler im Tessin, Bern 1996

einem neuerlichen Krieg in Europa zunahm, wieder stark in die Befestigungen. Vor allem sollten Durchmarschversuche deutscher oder französischer Truppen verhindert werden. Das fügte sich gut zum Bestreben, für Arbeitsbeschaffungsprogramme geeignete Objekte zu finden.

Mit Ausbruch des **Zweiten Weltkrieges** wurden die Modernisierungs- und Ausbauarbeiten in der »Alpenfestung« und speziell auch im Gotthardgebiet verstärkt fortgesetzt.
Da die Schweiz ab 1940 nur noch von Achsenmächten umgeben war – Frankreich war inzwischen von Deutschland erobert worden –, entschloss sich General Henri Guisan zu einem Rundumdispositiv. Dieses Konzept sah nötigenfalls einen Rückzug der Armee auf die so genannte »Zentralraumstellung« vor. Diese folgte im Norden einer Linie vom Genfersee über den Thuner-, Vierwaldstätter- und Walensee bis nach Sargans. Von dort verlief die Linie südlich bis zum Splügenpass, nach Airolo und weiter der Schweizer Südgrenze entlang bis zum Genfersee.
Im Zentrum dieses auch »Réduit« genannten Verteidigungssystems standen die Befestigungen im Gotthardgebiet. Dieses wurde in den Kriegsjahren zum Symbol für Freiheit und Unabhängigkeit sowie für Widerstand und Kampfbereitschaft der Schweiz.
Man baute zahlreiche neue Artilleriewerke wie z. B. San Carlo beim Gotthardpass, 1000 Unterstände und Beobachtungsstände/Kommandoposten, eine große Anzahl von logistischen Anlagen im Fels von teils riesigen Ausmaßen, 20 Luftseilbahnen etc. Die Kosten erreichten, zu heutigen Preisen, die Höhe von mehreren Milliarden Franken. Dabei gab der General die Devise heraus: »Was wir jetzt bauen, muss noch jenen dienen, die 1960 oder später berufen sind, die Schweiz zu verteidigen.«[1] Er reagierte damit bedauernd auf die weitgehend ver-

schwundenen und unbrauchbar gewordenen Befestigungen aus dem Ersten Weltkrieg (vgl. Spezialthema »Streit um die Hauensteinbefestigungen«).

In diesem Geist erfolgte der **Weiterbau nach 1945.** Der »Kalte Krieg« und die Ansicht, dass die Zentralraumstellung wesentlich zum Schutz der Schweiz im Zweiten Weltkrieg beigetragen habe, motivierte zu weiteren Anstrengungen. Die Maßnahmen wurden schließlich von einer eigenen gewichtigen Behörde, dem Bundesamt für Genie und Festungen, geplant und durchgeführt. Als neue Herausforderungen kamen der Atom- und Gasschutz hinzu. Es entstanden auch aus diesem Grunde weitere unterirdische Gebirgsunterkünfte, Logistik- und Kampfanlagen teils gewaltigen Ausmaßes. Große technische Leistungen wurden vollbracht.

Ende der 80er-Jahre setzte ein **Umdenken** ein. Solch umfassende und vielfältig vernetzte Komplexe wie die Gotthardbefestigungen verschlangen nicht nur immer mehr Geld für Unterhalt und Bedienung – sie galten zunehmend auch als sehr verwundbar.
Mit der Schweizer Armeereform 95 wurde in der Folge der Akzent weg vom Zentralraum (Réduit) hin zu beweglichen Truppen v. a. im Mittelland verlegt. Man beschloss auch, sämtliche überholten Festigungsanlagen aufzugeben.
Inzwischen zeichnen sich die Konturen der Schweizer Armeereform XXI ab. Diese dürfte den Wert der »Alpenfestung« weiter herabsetzen. Daher heißt heute das Schlagwort auch im Gotthardgebiet: »Liquidation« von Befestigungsanlagen.

◄ Vor sich hin rostende Tarnungen einer militärischen Anlage bei Andermatt

[1] Zitiert nach Senn, W.: Zwischenkriegszeit, Zweiter Weltkrieg und Gegenwart, in: Mittler, M. (Hrsg.): Die Geschichte der Schweizerischen Landesbefestigung, Zürich und Köln 1992

▼ Befestigte Gräben des Fort Airolo

Doch wie soll das vor sich gehen? Was kann man mit diesen zahlreichen unter- und überirdischen Anlagen, die ihren militärischen Wert verloren haben, anfangen? Hier bieten sich als **grundsätzliche Maßnahmemöglichkeiten:**

- Verkauf oder Abtreten an Private, an Gemeinden und Kantone
- Zumauern bzw. Schleifen
- Herrichten als mehr oder weniger große Biotope
- Unterhalt als Objekte des Denkmalschutzes
- Herrichten und Betrieb als Museen

Der Verkauf kann mancherorts stattfinden, wird aber vermutlich im Gebiet der »Alpenfestung« auf wenig Interessenten stoßen. Auch Champignonzüchter werden nicht allzu häufig an die Türen der militärischen Verkäufer klopfen. Die Lust von Gemeinden und Kantonen an der Übernahme von Festungsbauten für öffentliche Zwecke dürfte sich ebenfalls in Grenzen halten.

So wird als eine der häufigen Maßnahmen wohl nur das Zumauern bzw. Schleifen bleiben. Doch Letzteres ist oft sehr schwierig. Man hatte im Zweiten Weltkrieg die oben zitierte Mahnung von General Henri Guisan, dauerhafte Anlagen zu bauen, sehr ernst genommen.

Manches belässt man daher lieber so, wie es heute ist. Dabei können Ökologen zu Verbündeten der militärischen Eigentümer werden. Denn es sind schon viele inzwischen nicht mehr betriebene militärische Anlagen zu Biotopen geworden. Diese lassen sich oft mit relativ kostengünstigen Maßnahmen als ökologische Ausgleichsflächen erhalten oder umwandeln. Seltene Heuschreckenarten, Gelbbauchunken und sogar Nachtigallen als neue Nutzer von Kampf- und Führungsbauten?

◄ Geschützstellungen im Fels am Zugang zum Gotthardpass

Längst schon erkannten die Denkmalpflegeämter von Bund und Kantonen ihre Verpflichtung, sich um die militärischen Festungsbauten zu kümmern.
In diesem Sinne wurden bereits etliche militärische Anlagen inventarisiert und als erhaltenswert eingestuft. Im letztgenannten Fall schließen sich evtl. bauliche und sonstige Erhaltungsmaßnahmen an.

Eine dieser Maßnahmen kann so weit gehen, dass man aus geeigneten Anlagen **Museen** macht. Das Fort Airolo erreichte schon vor längerer Zeit diesen Status. Neu eröffnet wurde 1998 das Festungsmuseum St. Gotthard Hospizwerk (Museo Forte Ospizio San Gottardo). Ein Besuch dieses Museums empfiehlt sich ganz besonders, weil verdienstvollerweise dem Leben der Soldaten in den Festungsbauten ein breiter Raum gegeben wurde. Es ist für uns kaum mehr vorstellbar, unter welch beengten Verhältnissen sich hier die Besatzungen aufhielten und übten. Hinzu kamen die Kälte (Heizungen waren meist nicht vorgesehen) und die allgegenwärtige Feuchtigkeit (an allen möglichen Ecken und Enden tropfte es). Die sanitären Verhältnisse waren in älteren Festungsbauten oft katastrophal.
Und doch hegten und hegen viele Festungssoldaten fast romantisch verklärte Erinnerungen an ihre gute Kameradschaft und all das, was sie unter schwierigen Bedingungen auszuhalten und zu leisten vermochten.

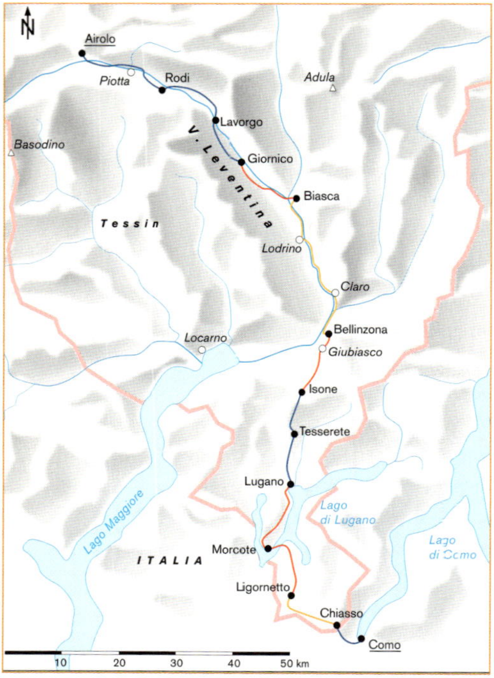

Charakter: Von der hochalpinen Welt zu mit Palmen gesäumten Seepromenaden
Anforderungen: Überwiegend alte Saumwege mit relativ milden Steigungen
Beste Jahreszeit: Leventina Frühjahr und Herbst. Ab Lugano auch im Winter möglich

mäßig	Airolo–Piotta (2 Std.)–Rodi 2½ Std.)	4½ Std.	14,2 km
mäßig	Rodi–Calpiogna (3 Std.)–Lavorgo (2½ Std.)	5½ Std.	18,3 km
mäßig	Lavorgo–Chironico (1¼ Std.)–Giornico (1½ Std.)	2¾ Std.	9,3 km
höher	Giornico–Personico (4 Std.)–Biasca (1¾ Std.)	5¾ Std.	16,1 km
leicht	Biasca–Lodrino (2¼ Std.)–Bellinzona (4¾ Std.)	7 Std.	24,9 km
höher	Bellinzona–Giubiasco (1¼ Std.)–Isone (4 Std.)	5¼ Std.	13,0 km
mäßig	Isone–Gola di Lago (2 Std.)–Tesserete (2¼ Std.)	4¼ Std.	12,7 km
mäßig	Tesserete–Comano (1¾ Std.)–Lugano/Paradiso (2¼ Std.)	4 Std.	12,4 km
höher	Lugano/Paradiso–Carona (3½ Std.)–Morcote (2 Std.)	5½ Std.	13,0 km
höher	Brusino/Arsizio–Meride (3¾ Std.)–Ligornetto (1½ Std.)	5¼ Std.	14,0 km
leicht	Ligornetto–Novazzano (2¼ Std.)–Chiasso (1½ Std.)	3¾ Std.	11,8 km
mäßig	Chiasso–S. Fermo (2¼ Std.)–Como (1 Std.)	3¼ Std.	8,1 km
	Total Airolo–Como	*56¾ Std.*	*167,8 km*

(16) DURCH DIE OBERE LEVENTINA gewinnen wir zwei starke Eindrücke: Tessiner Orte an alten Saumwegen und die enormen Umweltbelastungen durch die Bahn und vor allem durch die Autobahn. Deren Lärm und optische Verunstaltungen sind auf der Wanderung zeitweilig unüberhörbar bzw. unübersehbar. Das ist der Preis dafür, dass wir im Gegensatz zur Strada Alta dem alten Saumweg folgen.

Am Bahnhof Airolo leiten uns die Wegweiser in Richtung Piotta Rodi. Nach einem Weg zwischen Bahn und Straße unterqueren wir die Autobahn und folgen einem Pfad, der auf einer neuen Metallbrücke über den noch jungen Ticino führt. Danach steigt unser Weg am Berghang hinauf und führt zur Verzweigung ***Torre Pagani*** *(1191 m).* Hier bestehen Reste zweier Türme und der Umfassungsmauer einer Burg. Diese stammt wohl aus dem 13. Jahrhundert, also aus der Anfangszeit des aufblühenden Gotthardverkehrs. Ein weiter Blick in die Leventina belohnt den Aufstieg.

Auf einem Pfad über den Bahn- und Autobahntunnel gelangen wir hinab zur Mündung der Stalvedro-Schlucht, durch die sich einst der Ticino fraß. Wir überqueren den Fluss nicht (auf der anderen Seite steht die kitschig bemalte Kapelle Sta. Maria Vergine von 1766), sondern gehen den beschilderten Weg rechts auf einem Sträßchen. Nach dem Passieren von einigen Häusern zweigt unser Weg links ab und folgt dem Flusslauf. Nun wechseln sich reizvolle Uferpartien mit weniger reizvollen Autobahnunterquerungen und -begleitungen ab, bis wir das ***Kraftwerk Piotta*** *(1005 m) erreichen.* Vom Kraftwerk aus startet das Ritom-Bähnli – die steilste

▼ Eingang in die Stalvedro-Schlucht – ein Durchbruch des Ticino

Standseilbahn Europas (bis zu 88% Steigung). Von der Bergstation Piora aus lässt sich ein Abstecher zum Lago Ritom machen. Dieses ganze Gebiet wird als Pioramulde bezeichnet und steht unter Naturschutz. Es erreichte in der Schweiz im Zusammenhang mit dem Gotthardbasistunnel einige Berühmtheit. Die Mulde reicht tief hinab und ist mit einem zuckerförmigen Sand gefüllt. Die Frage war, ob und mit welchen Kostenfolgen diese Mulde mit dem neuen Gotthardbasistunnel zu durchqueren ist.

Unser markierter Weg folgt nun dem alten Saumpfad. Er führt uns in geringer Höhe über dem Talgrund mit dem ausgedehnten Militärflugplatz (militärisch nicht mehr genutzt) nach ***Quinto*** *(1004 m).* Dieser Ort erlangte seinerzeit in seinem Kampf für eine unterirdische Führung der Autobahn eine gewisse Bekanntheit. Immerhin konnte wenigstens eine kurze Tunnelstrecke durchgesetzt werden. Quinto strahlt noch einiges vom Charakter eines alten Säumerdorfes aus. Bemerkenswert sind der alte romanische Kirchturm aus dem 12. Jahrhundert und in der Kirche die ausgestellten alten romanischen Kapitelle mit ihren verschlungenen Formen.

Von Quinto aus gehen wir ein besonders gut erhaltenes Stück Saumweg, zeitweilig zwischen alten Mäuerchen, hinab. Nacheinander werden Autobahn, die Bahnlinie und die Kantonsstraße auf einer Höhe von ca. 950 m unter- bzw. überquert. So gelangen wir zur Talenge Tre Capelle (eine gefürchtete Lawinenecke) und steigen von dort den Hang bis auf eine Höhe von 1040 m hinauf. Schöne Waldwege führen uns nun den Hang entlang. Nach einem sanften Abstieg gelangen wir zum oberen Teil des Dorfes Fiesso und von dort weiter hinab ins Dorf ***RODI*** *(952 m).* Besonders sehenswert ist hier die palastähnliche, ehemalige Sust der Urner, der

Dazio Grande. Das Gebäude entstand parallel zum Bau der Strada Urana. Inzwischen wurde die Sust von der Stiftung »Dazio Grande« mustergültig renoviert. Das Gebäude wird für kulturelle Veranstaltungen und als Gasthaus genutzt. Man kann hier also übernachten.

◄ Blick vom alten Saumweg (Strada Bassa) auf den Militärflugplatz bei Ambri-Piotta

(17) DIE STRADA URANA, DIE PIOTTINO-SCHLUCHT UND EIN STÜCK STRADA ALTA bilden die Höhepunkte dieser siebzehnten Etappe.
Vom Dazio Grande aus folgen wir ein kurzes Stück der Kantonsstraße. Direkt vor dem Straßentunnel führt rechts ein Weg, an einer Kapelle vorbei, hinunter. Nun gelangen wir auf der Strada Urana in die ***Piottino-Schlucht*** *(ca. 900 m) hinein.* Die Urner bauten etwa 1560 dieses ca. 500 m lange Stück durch die Schlucht, ein kühnes Unterfangen, um eine einträgliche Einnahmequelle zu gewinnen. Damit diese Quelle voll sprudelt, wurden die anderen Saumwege zur Umgehung der Piottino-Schlucht bei Strafe verboten. Mit ihrer Tat kamen die Urner zwar zu einer guten Kassierstelle, verprellten aber gleichzeitig die Leventiner, denen sie ein altes Recht und eine gute Verdienstmöglichkeit entzogen. Die Strada Urana befand sich 1999 noch in Renovation durch den Fonds Landschaft Schweiz (FLS), ist aber bereits gut begehbar.
Nach der Schlucht wandern wir wieder auf die Kantonsstraße, biegen aber nach ca. 200 m rechts ab und überqueren auf einer älteren Brücke (Ponte di Mezzo) den Ticino. Wir folgen nun halb links einem Sträßchen über die Bahnlinie, das in einer Schlangenlinie hinab zur Kantonsstraße führt. Diese

▼ Die Strada Urana – ein dramatisches Wegstück durch die Piottino-Schlucht

links gehend, gelangen wir nach ca. 80 m zur rechts abzweigenden Straße nach Freggio. Wir überqueren die Brücke über den Ticino (hier stand die alte Saumweg-Brücke Ponte della Vicinanza). Nun steigen wir das Sträßchen durch einen lichten Wald an, zunächst wie auf einer Rampe und dann in Serpentinen hinauf. Zwischendurch genießen wir schöne Blicke vor allem in Richtung Piottino-Schlucht und Dazio Grande. So gelangen wir nach Brusgnano und dann wieder auf ausgeschildertem Weg nach ***Freggio*** *(1037 m).* Hier stoßen wir auf die Strada Alta, einen alten lokalen Verbindungsweg zwischen den Dörfern auf den Sonnenterrassen über dem Valle Leventina.

Von der renovierten, etwas außerhalb gelegenen Kirche von Freggio aus folgen wir bergan einem sich schön durch die Landschaft schlängelnden Feldweg. Viele alte Trockenmauern erinnern daran, dass hier früher intensiv Ackerbau betrieben wurde. *Unterhalb von Vigera erreichen wir auf 1203 m den höchsten Punkt dieser Etappe und wandern ein Asphaltsträßchen hinab zunächst nach Modrengo und dann weiter nach* ***Osco*** *(1157 m).*

Vom Säumerwesen zur Eidgenossenschaft

In Osco fand man ein Pergament aus dem Jahre 1237 mit einer Säumerordnung – die älteste, die wir kennen. Fälschlicherweise wurde daraus gefolgert, dass ein wichtiger Teil des alten Gotthardhandelsweges durch Osco verlief. Doch vom frühen Mittelalter an bis ins 19. Jahrhundert waren Gemeinden wie Osco Teil einer hierarchischen Gemeindestruktur mit einer klaren Aufgabenteilung. Die Alpweiden sowie Saum- und Transportrechte wurden beispielsweise von einer Degagna verwaltet, zu der 3 bis 5 Vicinati wie das Dorf Osco gehörten. Übergeordnet waren Vicinanze.[1)] Daher war Osco am Säumerwesen beteiligt, ohne selber an einem Saumweg zu liegen.

An diesem System beeindruckt, dass bereits im frühen Mittelalter großräumige Schicksalsgemeinschaften entstanden, die überlokal ihre Probleme lösten – und das durchaus bereits mit Elementen einer demokratischen Ordnung.

Eine wichtige Ursache dafür lag in den Besonderheiten der Landwirtschaft in diesen Tälern sowie im Säumerwesen. Denn erstens erlaubten Böden und Wettereinflüsse (z. B. Lawinenniedergänge) keine ausgedehnte, ertragreiche Landwirtschaft, sondern erforderten großräumige Nutzungen der Weiden. Zweitens waren die Säumer stark darauf angewiesen, dass ihre Tiere genug zu fressen bekamen. Auch ließ sich der Unterhalt der Säumerwege sowie der Susten nur größerräumig regeln. Hinzu kam, dass die Herrschenden in Mailand sich zunächst nur wenig um die für sie unattraktiven Täler kümmerten, was Freiräume für Selbstorganisation öffnete. Interessanterweise führten der Gotthardverkehr und die topografischen Gegebenheiten neben der Leventina auch im Kanton Uri zu sehr ähnlichen Formen der überregionalen Selbstorganisation mit erheblichen erworbenen Freiheitsrechten.

Als aber der Gotthardverkehr finanziell immer attraktiver wurde, gerieten diese regionalen Organisationen in Konflikt mit den Mächten einerseits in Mailand und andererseits v. a. der Habsburger. Infolge ihrer gemeinsamen Abwehrinteressen waren in der Schlacht von Giornico 1478 die Urner und Leventiner Verbündete.

Sicherlich stark vereinfachend kann man sagen: Die Landschaft des Gotthardgebietes

◄ Aussicht von der Strada Alta bei Osco

[1] Vertiefend behandelt dieses Thema und weitere Themen der Leventina die Revue Schweiz »Leventina«, Heft 4, 1998

▼ Trockenmauern als Zeugen früheren Ackerbaus

beiderseits der Alpen und die spezifischen Lebens- und Überlebensbedingungen führten zu überlokalen Genossenschaften und dann später zur Eidgenossenschaft. Diese Bünde mit Treueschwur dienten der Bewahrung der gewonnenen Freiheitsrechte und der Verdienstmöglichkeiten.

Von Osco aus folgen wir zunächst der Straße nach Faido und biegen dann bei der ersten Straßenkehre auf einem Pfad ab. Unsere Route führt überwiegend durch Wald den Hang entlang, umrundet zwei tief eingeschnittene Bachtäler, passiert das Maiensäss Targnett und durchquert die Runse des Ri Formiéi. So gelangen wir nach ***Calpiogna*** *(1143 m).* Wir entdecken hier viele Holzbauten mit ihrer typischen schwarzbraunen Farbe und, im Kontrast dazu, den weiß oder in anderen hellen Farben gestrichenen Klappläden.

Weiter wandern wir auf gut markiertem Weg den Hang entlang zum Tobel des Ri Bassengo. Vorher zweigt eine Umgehung ab, weil die Flussüberquerung bei Hochwasser schwierig oder sogar unmöglich werden kann. (Auch wir hatten nach Regenfällen Mühe, von Stein zu Stein springend, einigermaßen trocken zum anderen Ufer zu gelangen.) Vom Weiler Figgione aus können wir entweder die Straße nehmen oder einen Weg direkt darüber verlaufend wählen. Beide Varianten münden in ***Rossura*** *(1056 m).* Hier beeindruckte uns die Kirche San Lorenzo. Sie steht außerhalb des Ortes auf einer vorstehenden Kuppe. Über dem Beinhaus sind Reste eines frühmittelalterlichen Christophorusgemäldes zu sehen. In der Kirche faszinieren Fresken aus dem 15. Jahrhundert, die z. T. erst in den letzten Jahren freigelegt wurden. Von der Kirche aus genießt man großartige Blicke in das Tal der Leventina.

Weiter folgt unser Weg der Strada Alta, nun auf einem alten Saumpfad, der von der Straße nach Tengia halb links abzweigt und vor der Bachrunse des Froda wieder in die Straße mündet. Auf dieser erreichen wir ***Tengia*** *(1099 m).* Dieser Ort weist noch eine Einheit von Steindächern auf. Bemerkenswert erscheint in diesem Gebiet auch die Flora. Hier auf gut 1000 m ü. M. mischen sich die alpine und die südliche Pflanzenwelt. Diese Flora gedeiht auf ausgesprochen saurem Urgesteinsboden mit auch im Sommer reichlichem Regen bei gleichzeitig großer Wärme auf den Sonnenterrassen.

Von Tengia aus wandern wir zunächst eben auf einer Geländeterrasse. Dann folgen wir dem Feldweg aufwärts, passieren den Ri di Sassengo und gelangen hinauf zu den Häusern von Paschirolo (1208 m). Von dort zweigt ein Pfad ab, der uns nach Calonico (961 m) hinabführt. Unterwegs sehen wir die außerhalb des Ortes auf einer Felsnase stehende Kirche S. Martino. *In vielen Serpentinen geht es nun auf einem Pfad hinab nach* ***LAVORGO*** *(615 m), unserem Etappenort.*

(18) GROSSARTIGE ROMANISCHE KIRCHEN UND FRESKEN geben unserer nächsten Etappe bis Giornico ihren besonderen Reiz. Unser Weg folgt dem alten, weitgehend erhaltenen Saumweg über Chironico, der die Biaschinaschlucht umgeht.

Vom Bahnhof in Lavorgo aus führt unser beschilderter Weg zu einer Staustufe des Ticino. Nach der Brücke über den Fluss und die Autobahn erreichen wir das Dörfchen Nivo

(623 m). Wir steigen mitten durch das Dorf hindurch an der Kirche vorbei zum Waldrand hinauf. Weiter geht es in einer Geländefurche angenehm durch Wald und Lichtungen aufwärts. Der Weg mündet zunächst in die Hochebene Campagna di Sotto. Von dort gelangen wir auf einem Feldweg nach ***Chironico/Lavatoio*** *(782 m).* Hier, über dem Tal der Leventina, überrascht die Größe des Dorfes mit seinen reizvollen Stein- und Holzbauten. Mehr noch setzt uns die Kirche SS. Ambrogio e Maurizio, die schon 1227 erwähnt wird, ins Staunen. Sie ist vollständig mit großartigen Fresken ausgemalt. Die Fresken stammen aus verschiedenen Epochen, sind aber überwiegend mittelalterlich bzw. byzantinisch geprägt. An die frühere Bedeutung des Ortes als Zwischenstation der Säumer erinnert auch der Torre di Pedrini.

Auf der Straße überqueren wir den Ticinetto und steigen zur außerhalb des Ortes gelegenen Kirche S. Maurizio hinauf. Ca. 200 m danach zweigt halb links unser Pfad ab und führt aussichtsreich den Hang hinab. Kontinuierlich absteigend erreichen wir nach einer Weile die mitten im Wald gelegene Wallfahrtskirche ***San Pellegrino*** *(541 m).* An der Eingangsfront fällt das riesige Gemälde mit Uristier und Wappen der Leventina auf. Im Innern enthält die Kirche – sie wurde 1345 geweiht – eine reiche Ausstattung mit Fresken.

Weiter durch Wald und dann durch Weinberge gelangen wir in das Dörfchen Altirolo (490 m). Im Herbst begegneten wir hier etlichen Einheimischen, die Kastanien sammelten. Daran ist zweierlei bemerkenswert: Wir sind nun so weit im Süden, dass die Wälder mit Edelkastanien durchsetzt

▼ Fresko in der Kirche SS. Ambrogio e Maurizio in Chironico

sind. Zudem werden diese Kastanien wieder deutlich mehr gesammelt als vor einigen Jahren. Das ist schön, bilden doch die von den Römern eingeführten Edelkastanien fast ein Markenzeichen des Tessins. Ihre mehligen Früchte dienten als Hauptnahrungsmittel, die Sprösslinge als Winterfutter für Ziegen und das Holz als Bau- und Brennstoff.

Von Altirolo aus führt uns der markierte Weg hinab zur Straße, dann unter der Autobahn hindurch zur Burg und Kirche Sta. Maria. Einen Abstecher auf den Hügel sollte man sich nicht entgehen lassen, um den Blick auf Giornico und das Valle Leventina zu genießen. Die Burg stammt noch aus der Zeit der Mailänder Herrschaft, wurde von den Urnern zum Teil zerstört, anschließend aber als Landvogteisitz genutzt. *Auf der Straße, der alten Via Francesca der Römer (!), überqueren wir die Bahnlinie und kommen nach* ***GIORNICO*** *(391 m) hinein.*

Begeisternde Baukunst in Giornico

Drei Sehenswürdigkeiten darf man sich in diesem bereits im Frühmittelalter bedeutsamen Ort nicht entgehen lassen: die elegante Steinbogenbrücke über den Ticino, die ehemalige mittelalterliche Taverne »Casa Stanga« (heute ein Museum) und die Kirche San Nicolao.

Diese Kirche bildet den beeindruckenden Rest einer Klosteranlage. Sie gilt als bedeutendste romanische Kirche im Tessin. Um 1120 errichtet, zeigt San Nicolao reine lombardische Romanik. Das Mauerwerk blieb unverputzt, anders als das Gros der romanischen Kirchen nördlich der Alpen, die ursprünglich meist verputzt und bemalt waren. In hoher handwerklicher Meisterschaft wurden die Granitblöcke fugenlos aufeinander gesetzt. Es entstand so ein Baukörper von großer Klarheit und Reinheit mit schönen Proportionen. Im erhöhten Chor befindet sich eine 1478 ausgemalte Apsis. Die Ähnlichkeit im Stil mit den Fresken in Chironico ist unverkennbar. Darunter liegt eine Hallenkrypta. Hier, aber auch an anderen Orten der Kirche, üben die plastischen Tierdarstellungen eine magische Kraft aus: Löwen, Steinböcke und Hasen. Wir werden diesen Tiermotiven auch in der Kirche San Pietro in Biasca begegnen.

◄ Kirche Sta. Maria del Castello oberhalb von Giornico

(19) SCHÄUMENDES WASSER UND MAIENSÄSSE prägen die Etappe bis Biasca. Wir wandern auf alten, gut ausgebauten Verbindungs- und Saumwegen, die teils dramatisch (aber ungefährlich) an Felswänden entlangführen.

Von Giornico aus lassen wir uns von den Wegweisern in Richtung Catto und Faidàl leiten. Unser Weg verläuft auf einer Straße, welche die Bahn unter-, den Ticino über- und dann die Autobahn unterquert. Danach führt ein gut ausgebauter älterer Treppenweg, teils mit Metallgeländer, am Felsrand hinauf. Der Blick weitet sich. Zu Füßen liegt Bodio mit dem stillgelegten Stahlwerk. Gegenüber auf der Sonnenterrasse, durch die sich die Strada Alta zieht, erkennen wir Sobrio. *Wir queren den schäumenden Riale di Scontra und steigen weiter an und erreichen als erste Maiensäss* ***Catto*** *(625 m).*

Weiter aufwärts, teils auf einem Pfad durch einen besonders schönen Birkenwald, dann wieder auf einem Treppenweg, gelangen wir zu einer alten Steinbogenbrücke über das tief eingeschnittene Valle Cramosina. Tief unten gurgelt der Bach. Taleinwärts schießt er als Wasserfall in die Tiefe. *Danach kommen wir an der Maiensäss Magianengo (800 m) vorbei. Unser Weg steigt weiter durch Wald an und führt uns an einer Wasserstelle (Trinkwasser) vorbei, zur Maiensäss*

▼ Auf altem Passweg hinauf nach Catto

Faidàl *(912 m), die inmitten einer größeren Lichtung liegt.* Hier sind wir am höchsten Punkt dieser Etappe angelangt. Wie schon bei den Häusergruppen zuvor, vollzieht sich bei der Gebäudenutzung ein Wandel von der bäuerlichen Nutzung zum Freizeitdomizil für Wochenenden.

Unser Weg senkt sich nun wieder in Richtung Tal und bleibt gut. Wieder überqueren wir auf einer schönen alten Bogenbrücke einen schäumenden Bachlauf, den Riale di Nèdro. Darüber hängt das Druckrohr für ein neu erstelltes Kleinkraftwerk kombiniert mit Wasserversorgung, so die Auskunft des Bauleiters auf unsere Frage. Nach den Häusern von Venn und der Überquerung der Margarasca stoßen wir, den rot-weißen Markierungen folgend, auf ein Sträßchen. Dieses verlassen wir aber gleich wieder, treffen weiter unten abermals darauf und gelangen so nach Personico Sopra. Hier lassen wir uns vom Wegweiser in Richtung ***Personico*** *(322 m) und Grotti leiten.*

Die Grotti erreichen wir auf der südöstlich von Personico wegführenden Straße zum Kraftwerk. Es handelt sich hier um eine recht große Ansammlung von Häuschen, die vor kühle Felskeller gesetzt wurden. *Beim Kraftwerk überqueren wir auf der Werkstraße den Ticino und folgen dem Uferweg.* Auf der anderen Seite sehen wir einen der vielen Steinbrüche. In ihnen wird seit alters Granit, Gneis und Marmor gebrochen. *Wir lassen Pollegio links liegen und bleiben an diesem Ufer des Ticino, bis uns die Mündung des Brenno aus dem Bleniotal zu einem Linksschwenk zwingt. Unser beschilderter Weg unterquert die Autobahn, später die Eisenbahn und mündet bei einem Kreisel in die Kantonsstraße. Von dort wandern wir auf der alten Straße über den Brenno und weiter nach* ***BIASCA*** *(293 m).*

Biasca mit einer der schönsten Kirchen des Tessins

Dieser alte Handelsort ist geografischer Mittelpunkt der drei ambrosianischen Täler Leventina, Blenio und Riviera. Sie werden so nach der klugen Regierungszeit der ambrosianischen Domherren in Mailand genannt. Ambrosius war noch unter der Herrschaft der Römer Gründer des Bistums von Mailand.

Zu den schönsten romanischen Kirchen des Tessins gehört neben San Nicolao in Giornico auch die am Hang gelegene San Pietro, in deren Nähe auch ein Wasserfall zu Tale braust. Den Hang spürt man nicht nur beim Zugang, sondern auch in Form der geneigten Bodenfläche im Inneren.[1] S. Pietro wurde um 1100 auf den Mauern einer Vorgängerkirche errichtet. Die Außenwände blieben wie in S. Nicolao in Giornico unverputzt und zeigen makellos gefügtes Mauerwerk. Teils noch romanische und teils barocke Formen schmücken die Wände im Inneren. Die Bedeutung der ältesten Fresken oben im Chorgewölbe blieb bis heute unklar. Auf einem Rautenmuster tummeln sich Pferd, Wolf, Hahn und Pfau. Ein Löwe kämpft gegen die Schlange. Uns erinnerten diese Tierdarstellungen, die auch in S. Nicolao auffielen, an frühchristliche Mosaiken aus römischer Zeit in Aquileia im heutigen Friaul und früheren Kerngebiet der Langobarden.

◄ Deckenmalerei der frühromanischen Kirche S. Pietro in Biasca

[1] Der Schlüssel hängt aussen am Haus Salita delle Chiese 13.

(20) DURCH DIE RIVIERA STETS AM UFER DES TICINO, gesäumt von Auenwäldern und Feldern, aber auch etlichen Hässlichkeiten, führt uns diese lange Etappe nach Bellinzona. Man kann sie aber dank paralleler öffentlicher Verkehrsmittel jederzeit abkürzen.

▼ Reste einer Panzersperre bei Lodrino

Vom Bahnhof Biasca aus folgen wir den Wegweisern nach Bellinzona zunächst in nördlicher Richtung und biegen dann, weiterhin auf einer Straße, ca. 300 m weiter gen Westen ab. Nach etwa 1 km wenig attraktiver Wanderung unterquert unsere Route die Autobahn, überquert dann den Ticino und schwenkt bei der Mündung in die Kantonsstraße nach Süden. Hier führt sogleich ein Pfad zum Fluss hinab. Nun folgen wir etwa 8 km dem Uferweg, der teils in Granitplatten der Uferbefestigung besteht. Doch sorgen immer wieder Blicke auf den Fluss und durch Nischen im Auenwald in die Landschaft sowie verschiedene Formen des Waldes für Abwechslung. *Nach Iragna rücken die Bergflanken näher. Nun häufen sich Zeugen militärischer Anlagen.* Wir kommen in den Bereich der Sperrstelle LONA (Lodrino-Osogna). Sie wurde im Zweiten Weltkrieg errichtet und umfasst ca. 100 Befestigungsobjekte. Diese verbanden teilweise unterirdische Gänge. LONA bildete einen Sperrriegel beim Zugang zur »Alpen-Festung«. *Sobald wir die Mündung des Riale di Mercori aus dem Valle di Lodrino erreichen, weist uns ein Hinweisschild nach* **Lodrino** *(270 m, spätbarocke Kirche S. Ambrogio, mittelalterliche Kirche S. Martino).*

Wir überqueren den Riale di Mercori auf einer neuen Fußgängerbrücke und folgen links dem Uferweg an einem Spielplatz vorbei. Dahinter liegen Sportanlagen und mittendrin eine ehemalige Artilleriestellung. Nach dem Unterqueren der Autobahn erreichen wir auf einem Pfad eine lokale Straßenbrücke, auf der wir den Ticino überqueren. Danach biegen wir rechts ab und nehmen die Straße zum Bahnhof von **Osogna/Cresciano** *(284 m).*

Kurz nach dem Bahnhof schwenkt unser Wanderweg zum Ticino-Ufer und setzt sich dort als »Sentiero Riviera« fort. Es folgt eine 7 km lange Fußwanderung überwiegend durch Auenwald bis **Claro** *(268 m).* Hier lockt ein Abstecher und Aufstieg auf markiertem Weg zum Kloster Sta. Maria Assunta oberhalb von Claro (621 m, hin und zurück ca. 2 Std.). Zu dieser Klause in Kastanienwäldern gehört eine Kirche aus dem Jahre 1490. Sie ist teilweise noch mit spätgotischen Fresken ausgeschmückt. Von der Klosteranlage aus genießt man einen weiten Blick in die Leventina.

Wir wandern den »Sentiero Riviera« weiter, kommen an einer modernen Fußgängerbrücke über den Ticino vorbei und schwenken, sobald wir die Mündung der Moesa erreicht haben, nach links. Nun unterquert unsere Route die Bahnlinie und überquert dann die Moesa. Weiter führt der Weg rechts zum Ticino, über ein kurzes Straßenstück und dann wieder am Ufer des Ticino an ***Arbedo*** *(240 m) vorbei.* Dieser Ort ist vor allem durch die Schlacht von 1422 bekannt. In dieser erlitten die Eidgenossen eine schwere Niederlage. Damit verloren sie für gut 40 Jahre die Herrschaft über das Gebiet südlich des Gotthards (vgl. Spezialthema »Bellinzona – die umgedrehte Festung«).

Weiter den Fluss entlang und dann links auf einem Steg durch ausgedehnte Bäder- und Sportanlagen erreichen wir ***BELLINZONA*** *(238 m).* Zu dieser Hauptstadt des Tessins gibt es ebenso wie zu Luzern derart viel zu berichten, dass hier eine Beschreibung den Rahmen sprengen würde. Wir verweisen daher auf die reichlich vorhandene Literatur sowie Broschüren der Tourismusorganisation. Einen Besuch legen wir jedoch den Wandernden speziell ans Herz: das Castelgrande (vgl. Spezialthema »Bellinzona – die umgedrehte Festung«).

◄ Klosterkirche Sta. Maria Assunta oberhalb von Claro

▼ Innenhof im Palazzo Cirico in Bellinzona

(21) DER LETZTE GROSSE PASS DIESER WANDERUNG, CIMA DI DENTRO, fordert uns heraus. Der Weg führt von Giubiasco in die Flanke der Alpe del Tiglio, die das Sottoceneri vom Sopraceneri trennt.
Vom Bahnhof in Bellinzona führt unser Weg die lange Viale Stazione entlang zur Altstadt und zur Piazza Collegiata. Weiter folgt, flankiert von Arkaden, die Via Camminata Nosetto bis zur Piazza Indipendenza. Von dort zeigt uns ein Wegweiser nach links aufwärts die Richtung nach Giubiasco. Bald bewegen wir uns am Rand eines Berghangs etwas erhöht über Bellinzona und seinen Vororten. Der aussichtsreiche Weg verläuft teils auf Nebenstraßen, teils auf Pfaden, überquert zwei Bäche und führt an Grotti und Kapellen vorbei. So gelangen wir zum großen, zentralen Platz von ***Giubiasco*** *(242 m).* Dort fanden früher bedeutende Viehmärkte statt, was die Ausdehnung des Platzes erklärt. Der heutige Vorort von Bellinzona hatte früher sehr eigenständige und wichtige Funktionen. Hier verzweigten sich die Wege im Gotthardverkehr: Der eine führte über den Monte Ceneri bzw. Monte Cima nach Lugano, Como und Mailand, der andere über die Magadino-Ebene nach Locarno, von wo die Reise in den Süden auf Schiffen weiterging. Daher weist Giubiasco auch zwei sehr alte Kirchen auf, Sta. Maria Assunta (929 erstmals erwähnt) sowie die spätromanische Bartholomäuskirche.
Dem Wegweiser nach Isone folgend nehmen wir die Straße in südlicher Richtung und überqueren dann eine alte, schön geformte Brücke über die Morobbia. Auf einem Sträßchen gelangen wir nach ***Camorino*** *(256 m). Dort biegen wir links in das aufsteigende Sträßchen entlang dem kanalisierten Bach aus dem Val Grande, welches zu einer Seilbahnstation führt.* Auf diesem Weg entdecken wir linker Hand nacheinander zwei

Rundtürme, der eine restauriert und mit Dach versehen, der andere ruinenhaft. Sie bilden Teil einer Befestigungslinie, die 1853 von dem noch jungen Bundesrat beschlossen und im Schnellverfahren errichtet wurde. Vorausgegangen waren Unruhen in der Lombardei, deren Rädelsführer die damals dort regierenden Österreicher unter den 6000 Tessiner Gastarbeitern vermuteten. Daher wurden diese kurzerhand ausgewiesen. Die Schweizer Regierung befürchtete Strafaktionen der Österreicher im Tessin. *Nach einem Rechtsschwenk der Straße gelangen wir zu einem ebenen Gelände, das auf dem Wegweiser mit »Camorino Biotopo« bezeichnet wird. Neben einem Teich befindet sich hier ein markanter Ring von Bäumen. Nun beginnt ein teils steiler Aufstieg überwiegend auf Pfaden. Dabei müssen wir die rot-weißen Markierungen gut beachten, um nicht, wie es uns passierte, auf verwirrliche Umwege zu geraten. Auf der Höhe von etwa 540 m biegt rechts ein Waldweg zur Lichtung Gramosetto mit einer Gebäudegruppe ab. Ein Abstecher dorthin lohnt, um prächtige Blicke auf die Magadino-Ebene zu werfen. Unser Weiterweg bleibt im Wald. Wir passieren den Wegweiser am Punkt Bedrina (580 m) und gelangen hinauf zur Maiensäss* ***Stabbiello*** *(701 m).* Hier reicht der Blick bis zur Mündung des Riviera- und Mesolcina-Tales bei Arbedo.

Weiter steigen wir in vielen Kehren überwiegend durch Wald den alten Passweg hinauf und erreichen die Einsattelung von ***Cima di dentro*** *(1005 m).* Dieser Übergang war einerseits ein uralter Handelsweg und andererseits von militär-strategischer Bedeutung. Auf ihm ließ sich in Verbindung mit dem Passweg Gola di Lago der Ceneri-

◄ Blick zurück auf Bellinzona beim Anstieg zum Pass Cima di dentro

▼ Türme als Teil einer Befestigungslinie aus dem Jahr 1853

pass umgehen, was immer wieder auch Truppen taten. Diese Möglichkeit veranlasste die Schweiz zu umfangreichen militärischen Befestigungen in den Gebieten Cima di dentro und Gola di Lago. Nicht von ungefähr durchquert unser Wanderweg in der Folge auch einen Truppenübungsplatz (welcher bei Schießübungen zu Umwegen zwingen kann). In Isone begegnen wir dann einer großen Kasernenanlage.

Auf rot-weiß markiertem Weg steigen wir auf einem alten schönen Passweg hinab nach ***ISONE*** *(743 m, Kirche S. Lorenzo mit Turm aus dem 12. Jahrhundert) im oberen Vedeggiotal.*

(22) ÜBER GOLA DI LAGO UND DANN AUF AUSSICHTSREICHEM HÖHENWEG gelangen wir nach Tesserete.

Bei der Kirche zeigt uns ein Wegweiser den Weg nach Gola di Lago und Tesserete. Später auf einem Asphaltsträßchen wandern wir hinab zu einer Brücke über den Vedeggio (698 m). Von dort beginnt unser bequemer Aufstieg auf Pfaden durch Wald zum Punkt Calanchetto (800 m). Er setzt sich fort über Weiden und dann wieder durch Wald zur Maiensäss ***Muricce*** *(947 m).*

Von dort folgen wir einem Alpweg, der drei Bachrunsen überquert und durch schöne Birkenwälder führt. Weiter im Auf und Ab einem Pfad den Berghang entlang erreichen wir eine Schotterstraße, die zur Alpe di Zalto führt. Auf diesem Sträßchen gelangen wir nach ***Gola di Lago*** *(972 m).* Seinen Namen erhielt der Pass von einem See, von dem nur noch ein ausgedehnter Sumpfboden zeugt. Viele militärischen Installationen und Geländehindernisse auch aus jüngster Zeit zeigen seine militärische Bedeutung.

Wir folgen nun dem Wegweiser nach Condra und nehmen in westlicher Richtung das As-

phaltsträßchen zur Alpe Santa Maria di Lago. Etwa 350 m vom Pass entfernt zweigt links ein Schotterweg ab. Wir wählen gleich danach bei einem Parkplatz den halb rechts leicht ansteigenden Weg nach Condra. An einer Metallschranke vorbei wandern wir das Schottersträßchen in etlichen Windungen leicht aufwärts, bis nach gut einem Kilometer ein markierter Weg links abzweigt. Dabei öffnen sich Blicke auf Gola di Lago, Isone, Cima di dentro und die Tessiner Alpen sowie auf die markanten Zacken der Denti della Vecchia. *Leicht abwärts gelangen wir nach* ***Portico*** *(1025 m), einem zur Wochenendsiedlung umfunktionierten Maiensäss.*

Weiter dem Wegweiser in Richtung Condra/Tesserete folgend wandern wir nun auf Pfaden durch eine Bachmulde und dann vorbei an den Häusern von Moei. Danach verläuft unser Pfad entlang dem Osthang des Monte Bigorio. In einem wunderschönen Landschaftsbild wechseln Weideflächen mit Wäldchen. So erreichen wir die ehemalige Maiensäss und heutige Wochenendhaussiedlung ***Condra*** *(989 m).*

Zunächst noch fast eben über eine Weide gelangen wir zu einem Pfad, der in vielen Kehren abwärts führt. Nach der Lichtung und Häusergruppe Sciss di fuori mündet unser Weg nach abermals vielen Serpentinen direkt beim ***Convento Santa Maria*** *(729 m, Kapuzinerkloster gegründet 1535, im Innern berühmtes Marienbild aus der Renaissance).*

Auf einem Stationenweg mit modernen Darstellungen und später auf einem alten Schottersträßchen erreichen wir das Dorf Bigorio (609 m). Zunächst auf der Straße, dann auf Resten des alten Saumweges, auf Treppenwegen und wieder auf einer Straße gelangen wir hinab nach ***TESSERETE*** *(522 m).* Die-

◄ Auf dem Weg zum Pass Gola di Lago nach Muricce

▼ Lichter Birkenwald vor Alpe di Zalto

ser Ort an der Mündung der Täler Val Capriasca und Val Colla ins Val Cassarate war schon seit Urzeiten besiedelt. Lange bildete Tesserete ein regionales Zentrum und profitierte auch vom Passweg über Gola di Lago und Cima di dentro. Die Probsteikirche Santo Stefano wurde bereits 1078 erwähnt. Vom alten romanischen Bauwerk ist der große Glockenturm übrig geblieben, während die Kirche aus dem Jahr 1444 datiert. Später folgten barocke Ausschmückungen. Zur sehr reichen Ausstattung gehören spätgotische Fresken, einige Kreuzigungsgruppen aus Holz und vorzügliche Gemälde. Tesserete ist heute ein Wohnort für Luganeser und in bescheidenem Masse Fremdenverkehrsort.

(23) AUF DEN HÜGELN UND IN DER BUCHT VON LUGANO wird deutlich, warum dieses Gebiet als südliche Traumlandschaft gilt. Nicht wenige Deutschschweizer und Deutsche suchen in ihrem Traumgebiet zu leben und bauen hier ihre Villen. Unser Wanderweg verläuft trotz der vielen Siedlungsgebiete weitgehend in Wäldern, vor allem durch ausgedehnte Kastanienwälder.

Beim ehemaligen Bahnhof von Tesserete zeigt der Wegweiser nach San Clemente, San Bernardo und Lugano zunächst südlich zur Straße nach Lugano. Noch vor der Brücke lässt uns jedoch überraschend ein Richtungsanzeiger scharf rechts ein Quartiersträßchen hinaufgehen. Bei der renovierten kleinen Kaserne, die wie ein Schulhaus aussieht, biegt unser Weg links ab und folgt einem teilweise unter Gras verschwindenden Feldweg aufwärts. Die Weide geht dann in Wald über. Beim Wegweiser Punkt Narbeno (540 m) schwenken wir leicht nach links. So gelangen wir durch Wald- und Wiesengebiete später auf Asphaltsträßchen aufwärts in ein Ein-

familienhausgebiet östlich des Dorfkerns von ***Vaglio*** *(549 m).*
Weiter den Markierungen folgend wandern wir in südöstlicher Richtung auf einem Sträßchen den Hang von Campi Altano hinauf. Zurückschauend überblicken wir nochmals das Gebiet des Monte Bigorio und das Capriascatal hinauf nach Gola di Lago. *Unser Weg schwenkt nun halb links in den Wald und zweigt dann bei der Lichtung Vorio halb rechts ab. Die folgende Route führt durch große Kastanienwälder, ist gepflegt und Teil eines Vita Parcours. Nach der vierten Holzbrücke (inkl. kurze Stege) steht wieder ein Wegweiser nach Clemente. Ca. 30 m vor dem Wegweiser folgen wir rechts einem Pfad oberhalb des Bachlaufes aufwärts. So kommen wir direkt, ohne Umweg, nach* ***San Clemente*** *(620 m).* Hier steht eine Kapelle in einer Lichtung des bewaldeten Hügelrückens. An dieser Stelle befand sich früher das Dorf Redde, von dem bis auf den westlich gelegenen Torre Viscontea, Reste einer Burg aus dem 12./13. Jahrhundert, sonst nur wenig Spuren übrig blieben. Warum Dorf und Burg verlassen wurden, ist unbekannt. War es die Pest?
Von San Clemente aus gehen wir in südlicher Richtung leicht abwärts, kommen zu einer Wegkreuzung und folgen dem Weg nach San Bernardo. Der schöne Weg durch Wald verläuft zunächst eben und steigt dann, teilweise auf Holzstufen, zur ehemaligen Einsiedelei und Kapelle ***San Bernardo*** *(707 m, Fresko von 1574) hinauf.* Vom Metallkreuz über dem senkrechten Felsabbruch hoch über dem Val Cassarate genießt man einen großartigen Blick in das Tal und auf die Denti della Vecchia.
Weiter auf Wegen durch Kastanienwald,

◄ Felsen oberhalb des Passes Gola di Lago – Orte militärischer Befestigungen

▼ Die ehemalige Maiensäss Condra, heute eine Wochenendhaussiedlung

dann auf einem Asphaltsträßchen und schließlich auf Treppenwegen gelangen wir ins Zentrum des stattlichen Dorfes **Comano** *(505 m).* Die bemerkenswert große Kirche aus dem Mittelalter bietet Fresken, Stuckaturen, Illusionsmalereien und anderes Kunstgut. Erwähnenswert erscheint auch die 1627 erbaute Casa San Carlo Borromeo mit ihrer fünfjochigen Loggia. Unterhalb des Dorfes befindet sich das Zentrum des Fernsehens der italienischen Schweiz.

Aus dem Dorf führt uns die Straße nach Porza, erst abwärts, dann nach einer Kreiselkreuzung mit der Kantonsstraße wieder aufwärts. Vor dem Ortskern von Porza steht linker Hand eine kleine Kapelle. Hier biegen wir links ab. Unser aussichtsreicher Weg (Blicke vor allem auf Lugano und den See) mündet in die Via Poggiolo. Diese mündet in die Via Bosari Welti, der wir talabwärts folgen. Nach einer Linkskurve bei einer roten Ruhebank zweigt unser Weg auf einem Sträßchen rechts ab. Wir passieren den umgebauten Bauernhof Vira und dann das Centro bioanalitico. Durch ein Tälchen auf einem parkartigen Fußweg und dann ein asphaltiertes Sträßchen hinauf führt unsere Route ins Dörfchen **Rovello** *(414 m), ein stilvoll restaurierter kleiner Tessiner Ort. Am südlichen Ende des Örtchens biegen wir links in die Via Rovelli, die in die Via Sione und dann in die Via Solaro mündet. Bei einer Kreuzung führt unser Weg die Kantonsstraße hinab und geradeaus in Laufrichtung weiter zum* **Bahnhof** *von* **Lugano** *(334 m).* Für diese größte Stadt des Tessins gilt, wie bei Luzern und Bellinzona, dass der Versuch einer kurzen Beschreibung zur Willkür in der Auswahl der Sehenswürdigkeiten führen würde. Wir verweisen daher auf die Literatur und auf gute Broschüren der Touristikinstitutionen. Nur einen Tipp möchten wir anfügen: Wer an moderner Architektur

interessiert ist (z. B. Bauten von Mario Botta), findet am Standort dieses berühmten Architekturbüros reiche Gelegenheiten sowie Spezialprospekte dazu.
Wir steigen auf Fußgängertreppen hinab in die Altstadt von Lugano und zum Ufer des Luganersees. Von dort promenieren wir südwärts durch einen abwechslungsreichen Uferpark und genießen die prachtvollen Blicke auf die Stadt, den Monte Brè, den See und das italienische Ufer. Rechter Hand folgt ein großes Gebäude, das von Mario Botta entworfen wurde. In ***LUGANO PARADISO*** *(272 m) beenden wir diese Etappe.*

◄ Blick von Lugano Paradiso auf den Monte Brè

(24) IN VOLLEN ZÜGEN DAS SÜDTESSIN GENIESSEN wir auf der Etappe bis Morcote.
In Lugano Paradiso führt uns die Via Carona hinauf zur Bahnunterführung (rechts Abzweig zur Bahnstation Paradiso). Bei der Rechtskurve der Straße sehen wir einen Wegweiser »San Salvatore« und folgen ihm in die Via Guidino. Von dieser führt durch ein Tälchen ein Fußweg bergan. Weiter auf gut markiertem Weg erreichen wir, zeitweilig neben der Standseilbahn ansteigend, den Waldrand. Etwas unterhalb der Zwischenstation Pazzallo biegt der Weg dann nach links. In vielen Serpentinen über dem steilen Felsabbruch zum Luganersee erreichen wir einen Sattel bei Pt 820 m. Von dort steigen wir, weiterhin durch Wald, auf das Plateau des ***San Salvatore*** *(912 m) hinauf.* Wir bestiegen diesen Berg sicherlich mehr als zehnmal, und jedes Mal überwältigte uns die Rundsicht: der Luganersee mit seinen Armen, die Lombardei, der Lago Maggiore und in der Ferne das weiße Massiv des Monte Rosa. Als hier noch nicht so viele

▼ Ein typischer Rundbau von Mario Botta in Lugano Paradiso

Gipfelstürmer hinkamen, befand sich auf dem Berg eine Einsiedelei, zu der das Kirchlein San Salvatore gehörte. Später erlangte der Berg Bekanntheit als Blitzforschungsstation.

Auf der Nordseite beginnt unser Abstieg durch niedrigen Wald. Der Weg ist gut unterhalten und besteht teilweise aus Knüppelstufen. Auf einem Sattel erreichen wir ein Sträßchen, das uns wieder leicht aufwärts zum reizvollen Dörfchen Ciona (612 m) führt. Als Fortsetzung wählen wir die aussichtsreiche Straße nach ***Carona*** *(597 m).*

Carona und sein Künstlerexport

Infolge der klimatisch wie auch strategisch geschützten Lage auf dem Sattel zwischen Monte San Salvatore und Monte Arbòstora wurde das Gebiet von Carona bereits früh besiedelt. Im Mittelalter etablierte sich der Ort als eine eigene kleine Republik, die auch unter eidgenössischer Herrschaft einiges an Sonderrechten genoss.

Der Ort besteht aus drei Hauptgassen und der Piazzetta, an denen sich zahlreiche Palazzi und die Kirche S. Giorgio aufreihen. Es sind teilweise bedeutende Kunstdenkmäler, besonders die mittelalterliche Casa Andreoli, die Casa Costanza mit ihren barocken Balkonen, die Casa Cataneo und die Casa Solari – alle mit reicher Freskenmalerei geschmückt. Auch die Kirche gilt als ein beachtenswertes Kunstwerk, komponiert in den Stilen verschiedener Jahrhunderte. Die ursprünglich romanische Kirche wurde 1598 im Stil der Spätrenaissance umgebaut und erweitert. Am Kirchenvorplatz entstand eine schöne Loggia. Den Turmhelm gestaltete man schließlich im Barockstil.

Voraussetzung für den Reichtum an Bauten und Kunstwerken bildete der Wohlstand der Bürger von Carona. Dazu führte bereits vor

600 Jahren ein Exportartikel spezieller Art: das künstlerische und handwerkliche Können seiner Bewohner. Hier lebten berühmte Künstlerdynastien (Aprile, Casella, Della Scala, Solari etc.), die v. a. in Russland und in Österreich wirkten.

Auf der Straße gehen wir in südwestlicher Richtung zum Centro Sportivo (Badegelegenheit). Von dort führt eine breite Sand- und Kiesstraße zur Wallfahrtskirche ***Madonna d'Ongero*** *(630 m, Kirche 1515 erbaut, 1650 bis 1750 von Caroneser Künstlern zu einem Meisterwerk barocker Architektur umgestaltet).*

Vor dem rampenartigen Aufgang zur Kirche mit Kreuzwegkapellen zweigt halb rechts ein breiter Waldweg ab. Alsbald kommen wir zu einer Gabelung und wählen geradeaus den Weg zur Alpe Vicania und nach Morcote. (Das ist nicht die klassische Route über den Cima Pescia, wohl aber eine bequeme und im Sommer schattenreiche Variante.) Nun folgen wir diesem gut ausgebauten Weg den Hang entlang bis zum Einschnitt des Val di Soresello. Danach setzt sich dieser Feld- und Waldweg teilweise etwas schmäler fort, bietet im Herbst wunderschöne Blicke auf den Luganersee und das Gebiet von Ponte Tresa. Im Frühjahr blüht Ginster am Wegrand. So umrunden wir bequem den Monte Arbòstora und gelangen zur Verzweigung ***Alpe Vicania*** *(650 m).* Hier lädt ein Grotto zur Rast ein. *Am unteren Rand der Lichtung beginnt ein steiler Abstieg auf einem Treppenweg. Dieser führt auf ca. 470 m Höhe am (umzäunten) Castello di Paleari aus dem 12. Jahrhundert vorbei. Auf dem weiteren Abstieg gelangen wir zu einer fantastisch gelegenen Aussichtskanzel und dann zur Kirche* ***S. Maria del***

◄ Südtessiner Gartenpracht zwischen Ciona und Carona im Spätherbst

▼ Die Kirche S. Giorgio in Carona

***Sasso** und zum **Friedhof von Morcote** (338 m).* Die große Pfarrkirche von Morcote am Steilhang stammt ursprünglich aus dem 13. Jahrhundert. 1462 wurde die frühere Kirche durch einen Renaissancebau ersetzt und 1758 barockisiert. Auf dem prachtvoll gelegenen Friedhof sieht man neben pompösen Grabhäusern reicher Morcoter Familien die Gräber ausländischer Künstler.

*Die Friedhofsmauer entlang und dann einen Treppenweg hinab erreichen wir **MORCOTE** (292 m) am Ufer des Sees.* Ursprünglich ein Fischerdorf, erlangte Morcote im 14. Jahrhundert erhebliche Bedeutung als Handelsplatz. Hier wurden auf den verschiedensten Handelsrouten (z. B. vom Gotthard herkommend) Waren umgeschlagen. Ein spezielles Monopol erlangte der Ort als Frischfischlieferant. Der Ort expandierte und erreichte unter der Herrschaft Mailands umfangreiche Privilegien, die ihm auch die späteren Herren, die Eidgenossen, beließen. Aufgrund des Reichtums entstand ein wunderschönes Ortsbild, das sich am Ufer des Sees entfaltet. Besonders sehenswert ist auch der Parco Scherrer, den ein reicher Basler Tuchhändler ab 1930 anlegen ließ.

(25) SAURIER, DIE SICHT VOM HEILIGEN GEORGSBERG UND LÄNDLICHE BAUKUNST nehmen uns auf dieser Etappe gefangen. Erstmals können wir eine Strecke nicht unter die Füße nehmen, sondern müssen ein Schiff benutzen.

*Wir setzen von Morcote nach **Brusino-Arsizio** (274 m, alter Fischerort, weiße Kirche S. Michele mit klassizistischer Fassade) über. An der Uferpromenade nahe bei der Kirche starten wir und folgen dem Hinweisschild Serpiano/Monte San Giorgio. Rasch gelangen wir aus Brusino heraus und wandern nach* *der Straße auf einem gepflegten Pfad (streckenweise Holzgeländer) zum Waldrand hinauf. Im Wald bei einem beschilderten Kreuzungspunkt wählen wir halb links den Weg, der v. a. mit Mt San Giorgio und Alpe Brusino angegeben ist. Wir steigen auf gutem Waldweg, teilweise auf Knüppeltreppen, relativ steil an. Auf der* **Höhe von 610 m** *folgt ein Wegweiser. Hier entscheiden wir uns wegen der Aussicht für den Weg über den Monte San Giorgio, was noch 500 m Anstieg bedeutet. (Es besteht auch eine wesentlich bequemere Variante über Cave und Crocifisso.)*

Eine kurze Spange leitet uns zu einem breiteren Waldweg, den wir links zur Alpe Brusino (673 m, zeitweilig offene Alpwirtschaft) ansteigen. Weiter geht es auf Pfaden durch Wald recht steil bergan, bis wir den Punkt 925 erreichen. Dort leitet uns der Wegweiser halb links hinauf zum **Monte San Giorgio** *(1096 m).* Der Ausblick von hier ist atemberaubend. Zu Füßen liegt der Luganersee mit seinen Armen. Bei klarer Sicht breitet sich zudem ein breites Alpenpanorama aus. Auf dem Gipfel befindet sich die Kapelle San Giorgio aus dem 13. Jahrhundert. An diesem Ort hauste der Einsiedler Beato Manfredo. In die Kapelle integriert ist ein Rast- und Schutzraum.

Der Abstieg verläuft zunächst über die Alpe Forello zur Waldwiese von **Cassina** *(903 m, St.-Hubertus-Kapelle, Aufenthaltsraum).*

Ein ehemaliger Pilger- und Saumweg führt uns danach einen Grat entlang nach Alboree. Später steigen wir auf einem grob gepflasterten Weg teils recht steil weiter hinab, bis wir die Kirche San Silvestro (606 m, erstmals genannt 1483, beachtenswerte Barockmalereien im Chor, schöne Holzkanzel, interessant gestaltete Gräber) erreichen. Weiter geht

◄ Der berühmte Friedhof von Morcote

▼ Überfahrt von Morcote nach Brusino

*es auf direktem geradem Weg schräg den Hang hinab nach **Meride** (580 m).*

◄ Im Innenhof des Rathauses von Meride – Zugang zum Fossilien-Museum

Das Stadt-Dorf Meride und die Fossilien

Der charaktervolle, intakte mittelalterliche Ort Meride steht unter Denkmalschutz. Er besteht aus einer lang gestreckten Hauptgasse, einem Platz mit Brunnen und kurzen Stumpengässlein, die hinaus in die landwirtschaftlichen Gebiete führen. Das entspricht der alten Mischung von landwirtschaftlichen Betriebs- sowie Handelshäusern. An der Hauptgasse fallen etliche Bürgerhäuser mit herausgeputzten Portiken, schönen Innenhöfen und mehrstöckigen Loggien auf. Erwähnenswert sind speziell die Casa Oldelli, die Casa Monti und die Casa Tettamanti. Mitten im Dorf steht die barock ausgestattete Kirche San Rocco.

Im Innenhof des an einer Seitengasse liegenden Rathauses befindet sich das »Museo dei Fossili del Monte San Giorgio«. Das Museum enthält Originale, Kopien und Abbildungen von Sauriern, Fischen und Wirbeltieren, die am Monte San Giorgio gefunden wurden. Die Ausstellung ist einfach gestaltet, aber sehenswert.

Diese und viele andere Fundstücke stammen aus ehemaligen Abbaugruben von bituminösem Schiefer, den Cave Boscaccio. Der Schiefer wurde abgebaut, um daraus medizinisches Öl zu gewinnen (in Spinolo steht noch das Gebäude der ehemaligen Ölfabrik). Inzwischen wurden ca. 200 fossile Fundstücke katalogisiert. Ihre besondere Berühmtheit erlangten sie, weil sie in der Datierung Jahrmillionen auseinander liegen und so Evolutionsschritte von Sauriern verfolgen lassen.

Zu den Fundstellen führt von Fontana bei Meride aus ein Naturlehrpfad als Rundweg.

Er macht mit typischen Südtessiner Biotopen bekannt: ein Hainbuchen-Hopfenbuchen-Wald bei Fontana, ein Geißbart-Eschen-Mischwald um Cassina (hier folgt unser Wanderweg dem Naturlehrpfad) sowie ein Lindenmischwald beim Fossiliensteinbruch Cave. Zudem sind prächtige Kastanienbäume zu bewundern. Wer jedoch Einblick in die Ausgrabungen von Cave gewinnen will, wird enttäuscht.

Wir verlassen das Dorf auf der Hauptgasse in östlicher Richtung. Etwa 100 m nach dem Dorfrand biegen wir bei einer Verzweigung vor einer Kapelle rechts und dann vor einem Gehöft nach links ab. Bei einer Weggabel folgen wir dem Richtungsanzeiger Cantine di Tremona. Dieser gepflegte Waldweg führt zu den Grotten (Cantine) von Tremona. Diese liegen in einem Gebiet mit Felsschluchten und -höhlen. Sie laden im Sommer zur Rast ein. Von einer nahen Felsnase aus genießen wir einen Blick auf den Luganersee und einige Dörfer wie Riva San Vitale und Capolago. *Weiter wandern wir auf breiter werdendem Wald- und Feldweg und dann asphaltierten Sträßchen in das gepflegte Dorf* ***Tremona*** *(574 m, Barockkirche Santa Maria Assunta, auf einem Hügel die gotische Kapelle Sant'Agata).*

Von der Dorfkirche aus wählen wir die südlich hinausführende Gasse, die später durch ein Einfamilienhausgebiet führt. Bei einem Rechtsschwenk des Sträßchens leitet uns ein Wegweiser (Richtung Besazio) nach links hinab. Zunächst auf einem Feldweg, später auf einem Pfad gelangen wir, an Weinbergen vorbei und durch Wald, auf aussichtsreicher Strecke zum Dorf ***Besazio*** *(493 m, barocke Pfarrkirche Santa Maria Immacolata, etwas oberhalb mittelalterliche Kirche Sant'Antonio).*

Von der barocken Pfarrkirche aus gehen wir auf einem Sträßchen in südwestlicher Richtung bis zur Hauptstraße. Diese überqueren wir und folgen dem Wegweiser in Richtung Ligornetto Museo Vela auf einer Quartierstraße durch ein Einfamilienhausgebiet. Der markierte Weg führt nun durch einen Weinberg, Waldstücke und Lichtungen hinab. Den Wegweisern folgend kommen wir in ***LIGORNETTO*** *(362 m) direkt zum Museo Vela.*

In Stein und Gips geformte Mythen

Das Museo Vela wurde in der Villenanlage der Bildhauerbrüder Vincenzo und Lorenzo Vela eingerichtet. Berühmt wurde v. a. Vincenzo (1820–1891), weil er geschichtliche Freiheits- und Kriegshelden, dem Geschmack der Zeit entsprechend, in heroischer Form darzustellen wusste. Seine Plastiken schmücken viele Plätze, insbesondere in Italien. Das Museum wird daher fast mehr von Italienern als von Schweizern besucht.

Ein Besuch lohnt sich aber, auch wenn einem der pathetische Stil der Plastiken nicht gefällt. Sie geben ein eindrucksvolles Zeugnis vom Geist der zweiten Hälfte des 19. Jahrhunderts, in der auch die Schweizer Mythen zur vollen Blüte gelangen. Man sieht nationale Mythen gewissermaßen gegenständlich vor sich. Zudem erhält man Hinweise, wie die Plastiken in Serie produziert wurden. Neben den Plastiken bietet das Museum auch Wechselausstellungen. Sehenswert ist zudem die schön in einem Park gelegene, von Mario Botta frisch renovierte Villa.

Ebenfalls sehenswert ist der Ort Ligornetto selbst. Hier befinden wir uns in einem dichten Siedlungsgebiet der Römer, was zahlreiche Münzfunde, Grabsteine etc. bezeugen. An Stelle eines Merkurtempels baute man im Mittelalter eine Kirche – heute Standort der Friedhofskapelle. Die Pfarrkirche San Lorenzo im reizvollen Südtessiner Ort wurde bereits 1209 erwähnt. Später erfolgte eine barocke Umgestaltung.

(26) DIE TESSINER TOSKANA nimmt uns nun gefangen und lässt die Wüstenei im Tal zwischen Mendrisio und Chiasso vergessen.
In Ligornetto folgen wir der Hauptstraße in Richtung auf das südwestlich gelegene Stabio. Doch bereits ca. 100 m nach dem Platz mit einem römisch angehauchten Denkmal zweigen wir in die Via Girivel links ab (keine Markierungen). Nach einer Partie auf einer Straße, die in einer Schlangenform durch lockere Villenbebauung (teils mit Beispielen typischer moderner Tessiner Architektur) führt, gelangen wir über einen Feldweg zu einem rosa gestrichenen Fabrikgebäude und zum Straßenschild Via Lazzaro Ruvioli. Dort wählen wir rechts den Feldweg, der in südwestlicher Richtung verläuft und in eine Straßenkreuzung mündet. In Laufrichtung über die Kreuzung hinweg geht es fast 100 m die Hauptstraße entlang und dann halb rechts auf der alten, parallel verlaufenden Straße bis vor ***Stabio*** *(344 m).* Auch dieser Ort weist viele römische Spuren auf (z. B. den vor dem Municipio aufgestellten Merkurstein). Unter anderem dürften die kalten Schwefelquellen die Römer, die große Anhänger von Heilkuren waren, herbeigelockt haben. Möglicherweise gab es hier auch eine römische Kavalleriekaserne, weil der Name vermutlich auf das römi-

▼ Das Museo Vela in Ligornetto

sche Wort für Stall (stabulum) zurückgeht. Der Ort schmiegt sich um einen Burghügel, eine ehemals große Festung, auf dem heute die Kapelle San Rocco steht. Freunden moderner Tessiner Architektur klingt Stabio ganz besonders in den Ohren, gestaltete doch hier Mario Botta 1981 die berühmte Casa Rotonda (Via Pretane 12).

Beim begrünten Parkplatz noch vor Stabio schwenken wir nach links, überqueren die Hauptstraße in Richtung auf das große Lager- und Industriegebiet und setzen unseren Weg auf der Via Prella fort. Vorbei an ausgedehnten Fabrikanlagen, unter Bahngeleisen hindurch gelangen wir zum kanalisierten Laveggiobach. Nun durchquert unsere Route gut beschildert die »Tessiner Toskana«, so genannt wegen des Hügellandes und der guten Weine. Wir wandern, an Weinbergen vorbei, leicht aufwärts nach ***Prella*** *(360 m).*

Bei der großen Gutshofanlage folgen wir dem Wegweiser in Richtung Novazzano. Wir wandern nun durch Wald einen Hohlweg leicht hinauf (Zeichen einer Gasleitung) und beschildert weiter zum Zoll Valletta. Überraschend machen wir hier, markiert durch einen Zaun, Bekanntschaft mit der italienischen Grenze. Zwischen italienischer Grenze und Schweizer Zollgebäude weist uns das Schild »Pignora/Mte Morello/Novazzano« den Hang hinauf. Wieder durch schönen Wald und dann in einer großen Lichtung den Hang ansteigend, gelangen wir nach Pignora (469 m), einem ehemaligen großen Gutshof. Von dort führt unser Weg in östlicher Richtung auf einem Asphaltsträßchen kurz hinab und bei einer Verzweigung in östlicher Richtung hinauf zum ***Monte Morello*** *(495 m).*

Auf dem Weg dorthin weitet sich der Blick und schweift vom Monte Generoso hinüber bis zu den Tessiner Alpen und zum Massiv des Monte Rosa. Auf dem Monte Morello selber befindet sich ein hoher Sendemast.

Von dem asphaltierten Sträßchen biegt in ge-

rader Richtung die Via Monte della Croce ab, die dann nach links schwenkt und in einen Waldpfad übergeht. Später einem Kreuzweg hinab folgend, gelangen wir in Villengebiete, dann durch eine moderne Großüberbauung in den Kern des großen Dorfes **Novazzano** *(341 m, Kirche S. Quirico mit einem sehr schönen Campanile).*

In Novazzano folgen wir zunächst der Hauptstraße nach Norden. Bei einer Straßengabel entdecken wir wieder einen Wegweiser (den wir im Ortskern vermissten). Für uns gilt die Richtung Chiasso, und dementsprechend biegen wir sogleich in einen Feldweg. Dieser führt durch Weinberge leicht abwärts, wobei wir weite Blicke in Richtung Valle di Muggio, Chiasso und Gebirgszüge am Comersee genießen. Bei einem kleinen Industriegebiet angekommen, verweigern wir uns den gelben Richtungsanzeigern und gehen deutlich abkürzend auf einem Feldweg rechts und dann gleich wieder bei einem Wassergraben links. Diesem Graben an Fabrikbauten vorbei folgend, kommen wir zu einem kanalisierten Flüsschen, an dessen Ufer wir rechts weiter wandern. Wir befinden uns nun wieder auf offiziellem markiertem Weg, der in eine Straße mündet. Auf dieser rechts und bei den Zollgebäuden von Bresciano links in den breiten Fußgängerweg abbiegend gehen wir entlang der kanalisierten Faloppia parallel zu Bahnanlagen in Richtung Chiasso. Nach einem Werkhof, nun auf asphaltiertem Sträßchen, kommt rechts eine Quelle, bei der die Einheimischen kanisterweise Wasser zapfen. Bei einem Grotto mündet unser Weg in eine Straße, die wir zunächst geradeaus weiterwandern. Knapp 400 m weiter schwenkt die Straße nach links und verschwindet in einer Unterführung. Hier zweigt in Laufrichtung

◄ In der »Tessiner Toskana« südlich von Stabio

▼ Der schöne Kirchturm von Novazzano

unser Weg nach Como ab. Wenn wir zum Bahnhof von **CHIASSO** *(238 m) wollen, müssen wir der Straße durch zwei Unterführungen folgen.* Mit dem Namen der Stadt verbindet sich vor allem der Grenzübergang nach Italien, der sich in umfangreichen Bahnanlagen (ca. 100 km Gleise sind hier verlegt) und vielen Speditionsfirmen manifestiert. Zu denken gibt im Bahnhof das Wandgemälde »Die Auswanderer« von Francesco Chiesa, ist Chiasso doch heute Ziel von zahlreichen Einwanderern, die von Italien her kommen. Zu besichtigen sind zudem zwei Bürobauten von M. Botta und eine Reihe schöner Jugendstilbauten.

(27) DIE AUSGEDEHNTEN WÄLDER DES MONTE OLIMPINO UND DAS GEBIET VON COMO bilden die Höhepunkte unserer letzten Etappe – ein nach dem Anblick von Chiasso überraschend schöner Wanderweg. Er führt uns aber auch einen Schleichweg vor Augen, auf dem Asylanten in die Schweiz gelangen.

Vom Bahnhof in Chiasso aus gehen wir den gleichen Weg durch die Bahnunterführungen zurück, den wir am Schluss der Etappe 26 gekommen sind. Vor der zweiten Bahnunterführung steigen wir zunächst rechts die Straße leicht an und schwenken dann gleich wieder nach links in die Via Sottopenz, dem Wegweiser nach Gasparina/Pedrinate folgend. Bei der Häusergruppe Gasparina überquert unser Weg die Straße nach Pedrinate (die südlichste Schweizer Gemeinde) und steigt als Pfad weiter an. Sobald dieser Pfad in einen querenden Weg mündet, folgen wir dem Wegweiser links nach Maiocca/Laghetto. Nun führt ein Feldweg, der den Blick auf das Siedlungsband zwischen Chiasso und Como freigibt, bergan. Am Ende der Lichtung mit Weinbergen passieren wir das Gebäude ***Cà dei Ladri*** *(340 m).*

Ein alter Schmuggler- und ein neuer Asylantenweg

»Cà dei Ladri« heißt auf Deutsch wenig schmeichelhaft »Haus der Diebe« und deutet darauf hin, dass wir uns auf einem alten Schmugglerweg befinden. Als wir hier durchwanderten, sahen wir lauter Kleidungsstücke, v. a. Kinderkleider, herumliegen. Ferner fanden wir mehrere weggeworfene Billette, die klar machten, woher die Eigentümer der Kleider herkamen: aus Brindisi und Bari. Von Mailand aus waren diese Personen, wie ebenfalls weggeworfene Billette zeigten, mit dem Bus nach Como chauffiert worden. Wir befanden uns also auf einer Route von Menschen, die in der Schweiz Asyl suchten und wohl ihre Identität vertuschen wollten. Später sahen wir auch persönlich solche Gruppen, die uns aber auswichen.

»Schutz und Trutz«, das Motto dieser Route Basel–Como, bekommt hier einen anderen Klang: Schutz und Arbeit suchende Menschen sowie trutzige Abwehr dieser Invasion. Die Grenzkontrolle ist notwendig, kann doch die Schweiz aus sozialen und damit zusammenhängenden politischen Gründen jeweils nur eine begrenzte Zahl an Asylanten aufnehmen. Der Zielkonflikt zwischen humanem Helfenwollen und einer zu hohen Zahl an Asylanten bleibt unlösbar.

Etwas können wir jedoch auf jeden Fall tun: nicht abschätzig von Wirtschaftsflüchtlingen sprechen. Denn was waren die Menschen auf dem großen pathetischen Bild »Die Auswanderer« in der Bahnhofshalle von Chiasso denn anderes?

Unser Weg führt nun in den Wald, schwenkt später nach rechts und verläuft entlang dem Bacheinschnitt des Riale della Maiocca. Der Bach bildet hier die Grenze. Markierungen bzw. Hinweisschilder gibt es keine mehr. Etwa 500 m nach Cà dei Ladri kommt eine scharfe Rechtskurve. Etwa 100 m danach biegen wir bei einer Verzweigung links ab. Unser Weg steigt weiterhin oberhalb des Bachbettes an, trifft auf einen querenden Waldweg und folgt diesem wieder nach links. Wir gehen nun in östlicher Richtung und erreichen den ***Grenzstein von 1921 Schweiz/Italien*** *(480 m). Hier verlässt die Grenze den nur noch sehr flachen Bacheinschnitt und verläuft rechts den Berg hinauf. Wir erkennen den Ort auch an einigen senkrechten Metallpfosten, die wohl den Zaun fortsetzen sollten, der weiter oben besteht.*

Weiter geradeaus gehen wir nun problemlos über die Grenze und gelangen wenige Meter danach zu einem Forststräßchen. Diesem folgen wir rechts in den kleinen Taleinschnitt hinein. Nach der Rechtskurve des Forststräßchens, das zu einem Gehöft weiter oben führt (evtl. hört man die Hunde kläffen), zweigt linker Hand ein gut ausgebauter Pfad ab. Diesem folgen wir leicht ansteigend. Kurz nach einer Kuppe mündet der Pfad wieder in einen breiteren Waldweg. Diesen wandern wir geradeaus leicht aufwärts. Bald überqueren wir eine Gasleitung. Etwa 100 m danach gabelt sich unser Weg, und wir gehen halb links. Nach dem Umrunden eines Taleinschnittes kommen wir wieder zu einer Gabelung. Nun leiten uns gelbe Markierungen geradeaus weiter. Diese bleiben den Abhängen des ***Monte***

▼ Spuren von illegalen Einwanderern an der grünen Grenze oberhalb von Chiasso

Olimpino *(ca. 500 m) entlang wegweisend, streckenweise ergänzt durch blaue und rot-weiße Markierungen.* Dieser Bergrücken besteht aus einer Anhäufung von grobem Granitgeröll, das vor Jahrmillionen aus dem Gebiet des Bergell hier abgelagert wurde. Immer wieder begegnen wir daher Granitbrocken am Wegrand. Der weitgehend bewaldete Monte Olimpino weist verschiedene Bergkuppen, aber keine überragende Bergspitze auf. Wir bewegen uns v.a. dem Abhang des 614 m hohen Sasso di Cavallasca entlang. In diesem Gebiet wurden im Ersten und Zweiten Weltkrieg von den Italienern Schützengräben in die Felsen geschlagen. Man sieht sie teilweise vom Wanderweg aus. Vor wem wollten sie sich hier verteidigen?

Nach etlichen Taleinschnitten und Gabelungen senkt sich der gelb markierte Weg sanft den Hang hinab und trifft schließlich auf ein Sträßchen. Dieses mündet bei einem großen **alten Landsitz** *(407 m) auf eine querende Straße.*

Wir bleiben den gelben Markierungen treu und nehmen die Straße rechts in südlicher Richtung. (Die rot-weißen Markierungen leiten nach links hinab ins Tal.) Auf dieser Asphaltstraße genießen wir Blicke auf den Comersee und die umliegende Bergkulisse. Beim Landsitz Moncucco durchqueren wir ein Gebiet, in dem vorgeschichtliche Gräber gefunden wurden (Nekropole »Cà Morta«). *Unsere Straße, gesäumt von Villen, mündet in eine von Como kommende Hauptstraße in der Ortschaft* **S. Fermo** *(400 m) – heute ein Villenvorort von Como.*

Wir überqueren die Hauptstraße und folgen schräg gegenüber dem Sträßlein »Via Cardano«. Dieses mündet in die Quartierstraße »Via Giuseppe Garibaldi«, die wir links hinabgehen. Nach wenigen Schritten gelangen wir zu einer Kreuzung im alten Dorfkern. Wir schwenken abermals nach links (weiterhin in

◄ Rathausturm und Teile des Doms von Como

der »Via Giuseppe Garibaldi«), gehen an einer wunderbar duftenden Pasticceria vorbei und kürzen 100 m weiter eine Straßenkehre über einen (1998 recht vergammelten) Treppenweg ab. Die Straße unterquert die Autobahn und führt hinab in Richtung Como. Zwischendurch können wir zweimal Straßenkehren abkürzen, zuerst auf einem Pfad links und später rechts abzweigend. Kurz vor Como bei einer Linkskurve der Straße nehmen wir einen in Laufrichtung hinabführenden kurzen Treppenweg. Danach müssen wir der lärmigen Hauptstraße rechts folgen, um nach gut 200 m auf einem separaten Fußweg die Bahnlinie links unterqueren zu können. An der anschließenden Piazza Sta. Teresa können wir wählen: Rechts führt eine Straße hinauf zum Bahnhof von ***COMO*** *(216 m), geradeaus gelangen wir in die Altstadt und zum Seeufer.*

Am Zielpunkt Como

Wir sind am Ziel einer langen Wanderschaft von Basel aus angelangt: Die Seidenhandels- und Seestadt Como. Und was für ein prächtiges Ziel – eine Beschreibung würde wieder unseren Rahmen sprengen oder zu lückenhaft ausfallen. Für die Gestaltung einer persönlichen Erkundungstour bestehen Informationsbroschüren des Tourismusbüros oder auch etliche Bücher.[1]

Zu den sehr empfehlenswerten Sehenswürdigkeiten zählen wir den Dom mit dem angefügten alten Rathaus und der Torre del Commune, die Kirche San Fidele, die Porta Vittoria, die Kirche vor den Mauern Sant'Abbondio und die Villa Olmo am See.

Como und Mailand stritten jahrhundertelang um die Vorherrschaft im heutigen Tessin. Die Eidgenossen waren dann bis zu einem gewissen Grad die lachenden Dritten.

[1] Um Beispiele zu nennen: Editoriale Lombarda (Hrsg.): Como. Fremdenführer der Stadt, Como 1995; Hüsler, E. E.: Rund um den Comer See, Rother Wanderführer, München 1994 (eher für Touren in der Umgebung)

BELLINZONA – DIE UMGEDREHTE FESTUNG[1)]

Es muss einst ein grandioser Anblick gewesen sein: die mächtige Sperrfeste Bellinzona mit den drei Burgen Castelgrande, Castello di Montebello und Castello di Sasso Corbaro sowie mit der Murata. Alle diese gewaltigen Bauwerke überragten die kleine Stadt zu ihren Füßen.

Heute besteht Bellinzona aus einem sich das Tal entlangziehenden Siedlungsbrei, der leider den **Gesamteindruck** schmälert. Trotzdem beeindruckt die alte Sperrfeste immer noch. Mit all den Mauern, Türmen, Zinnen und Schießscharten lässt sich die Schutz- und Trutzwirkung von Bellinzona auch heute nachempfinden.[2)]

Dass es zu dieser mächtigen Sperrfestung kam, geht auf ein **geschichtliches Wechselspiel** im **Mächtedreieck** Eidgenossen, Mailänder und Franzosen zurück.

Die Eidgenossen, vor allem Uri (immer wieder in Koalition mit den sinnverwandten Leventinern), kannten im ausgehenden Mittelalter drei wichtige Motive für ihr Handeln:[3)]

- gesicherter und kostengünstiger Handelsverkehr über den Gotthard
- Wertsachen und Landgebiete erbeuten
- Kriegerehre und kriegerischen Übermut ausleben können

Entscheidend war das erst genannte Motiv. Uri konnte durchaus eine starke Mailänder Herrschaft im Tessin akzeptieren, wenn diese für gesicherten Handel sorgte und beim Zoll nicht übermäßig zugriff. Denn eines fürchteten die Eidgenossen am stärksten: dass die gute Einkommensquelle des Transitverkehrs über den Gotthard versiegen könnte, weil die Handelsreisenden auf sichere und kostengünstigere Routen ausweichen. Dabei gehörte zum Handel nicht nur der durchziehende Fernhandel, sondern auch der Viehexport der Innerschweiz nach Italien sowie der Import von Salz (für die Käseherstellung), Eisen und Getreide.

Mailand war ebenfalls stark am Handel über die Alpenpässe interessiert. Um seine wichtigste Handelsroute nach Norden zu sichern, unterwarfen die Mailänder um 1350 Como (Splügen und Malojapass) und Bellinzona (Gotthard- und San-Bernardino-Pass).

Wenn möglich suchten sie sich auch mit den Eidgenossen im Sinne eines gesicherten Passverkehrs zu arrangieren, schlossen Verträge ab und zahlten immer wieder Tribute und Pfand.

Die Herrschaften in Frankreich verfolgten groß angelegte Machtansprüche auf Ober- und Süditalien. Dagegen stellten sich Koalitionen von Papst, Venedig, Mailand und deutschen Königen.

Die Eidgenossen paktierten mal mit der einen und dann wieder mit der anderen Seite – je nach Beuteaussichten (inkl. Land) und Aussichten auf ungestörten Handel.

Aus dem Wechselspiel in diesem Mächtedreieck ergab sich folgender **historischer Ablauf:**

- 1331 erfolgt ein erster Kriegszug der Urner, unterstützt von anderen Eidgenossen, um von Como mit militärischem Nachdruck eine Sicherheitsgarantie für den Passverkehr zu verlangen.
- Ab 1350 wird Mailand auf Kosten von Como die dominierende Macht.
- 1402 zeigt Mailand einen Schwächeanfall (Tod des Mailänder Herzogs G.G. Visconti). In ihrer Sorge um den sicheren und einträglichen Passverkehr besetzen die Urner und Obwaldner die Leventina. Später kaufen sie Stadt und Herrschaft Bellinzona dazu.
- 1422 wollen die inzwischen wieder erstarkten Mailänder Bellinzona wegen seiner beherrschenden Stellung für zwei Pässe zurückerhalten. Sie versuchen, Bellinzona den Eidgenossen zunächst abzukaufen. Nach deren Ablehnung wenden die Mailänder unter Führung von Herzog F.M. Visconti Gewalt an. Die Mailänder stoßen schließlich bis zur Piottinoschlucht (auf Deutsch Platifer genannt) vor. Die Eidgenossen belagern Bellinzona erfolglos und werden schließlich bei Arbedo vernichtend geschlagen. Ein Grund für diese Niederlage könnte gewesen sein, dass ein Teil der Eidgenossen während des Angriffs der Mailänder abwesend, besser: auf Beutezug im Misox waren. Mailand herrscht für gut 40 Jahre bis zum Platifer.
- 1478 (und etliche Jahre bereits zuvor) zahlt Mailand wieder den Eidgenossen Tri-

[1] Textteile von Reiner Müller, Adliswil

[2] Als Vertiefung zur Befestigungsanlage von Bellinzona sei empfohlen: Meyer, W.: Die Burgen von Bellinzona, hrsg. von der Gesellschaft für Schweizerische Kunstgeschichte, Bern 1994

[3] Als Literatur zur Geschichte sei empfohlen: Schneider, P.R., Arbedo 1422, Giornico 1478, in: Militärgeschichte zum Anfassen, hrsg. von H.R. Fuhrer, Militärische Führungsschule Au, Heft 6/1995; Meyer, W. und Finck, H.D.: Die Schweiz in der Geschichte 700–1700, Band 1, Zürich 1995

▼ Die Murata – imposanter Sperrriegel zwischen Castelgrande und Ticino

but bzw. Pacht als Honorar für ihr Wohlverhalten. Als jedoch versprochenes Geld ausbleibt, die Urner Gesandtschaft ehrverletzend behandelt wird und Mailand in der Herrschaft geschwächt dasteht (Herzog G. M. Sforza ist ermordet worden), schlagen die Eidgenossen im Spätherbst los. Doch die technisch schlecht vorbereitete Belagerung von Bellinzona bleibt erfolglos. Die Eidgenossen ziehen wieder nach Norden ab, weil ihre Versorgung wegen der winterlichen Verhältnisse schlecht ist und weil sie fürchten, nicht mehr über den verschneiten Gotthard zurückkehren zu können. Die Mailänder setzen ihnen mit großer Streitmacht nach, geraten aber in tiefen Schnee. Eine kleine zurückgelassene Schutztruppe der Eidgenossen verbündet sich angesichts der anrückenden Mailänder mit den Leventinern. Beide vollbringen das Wunder von Giornico. Sie greifen außerordentlich mutig die Vorhut der Mailänder an und treiben sie in die Flucht. Da die Mailänder wegen des hohen Schnees nur in einer schmalen Kolonne marschieren können, verursacht die flüchtende Vorhut ein Chaos, und das ganze Heer gerät in Auflösung. Die Eidgenossen gewinnen die Schlacht. Nun treten erstmals die Franzosen auf die Bühne, denn König Ludwig XI. vermittelt einen Frieden.

- 1500 verliert Mailand im europäischen Mächtespiel zunehmend an Stärke. Es muss seine Kräfte vor allem zur Abwehr von Angriffen in Oberitalien einsetzen. In das neu entstehende Machtvakuum im Tessin dringen die Eidgenossen schrittweise ein, wobei für sie aber die Sperrfeste Bellinzona zunächst unüberwindbar bleibt. In dieser Zeit verdingen sich eidgenössische Söldner an die Krieg führenden Parteien in Oberitalien. Als solch ein Söldnertrupp heimkehrt, öffnet ihnen die Stadt

Bellinzona die Tore. Mit Hilfe der Söldner erhoffen sich die Stadtbürger eine Vertreibung der Franzosen, welche die Festungen besetzt halten. Die für das gewaltige Ausmaß der Festungsanlagen viel zu kleine französische Besatzung zieht es vor, die Burgen kampflos zu verlassen. Bellinzona fällt, nach vielen früheren blutigen Versuchen, den Eidgenossen nun in den Schoß.
- 1521 erhält die Eidgenossenschaft nach verlustreichen Kriegen in wechselnden Koalitionen mit Frankreich, Venedig und dem Papst vom französischen König Franz I. das ganze heutige Tessin.

In den fast 500 Jahren seit diesem Ereignis gelang es der Eidgenossenschaft, diesen territorialen Zugewinn zu behaupten bzw. später das Tessin als Kanton zu gewinnen.

Bellinzona spielte von nun an die Rolle einer **umgedrehten Festung.** Errichtet wurden die Kastelle und Mauern mit großem Aufwand gegen die von Norden vordringenden Eidgenossen. Neu diente der Festungsriegel von Bellinzona zur Sicherung des Herrschaftsgebietes der Eidgenossen und als Ausgangsbasis für südliche Vorstöße.

Baulich bereitete dieses Umdrehen keine großen Aufwendungen, weil die Befestigung von Bellinzona ambivalent angelegt war. Von den Burgen und Mauern konnte man sich nach der Mailänder Baukonzeption bereits nach zwei Seiten, nach Norden und nach Süden, verteidigen.

Diese Besonderheit, die ja den Mailändern unter den Visconti und vor allem den Sforza erhebliche zusätzliche bauliche Aufwendungen abverlangte, hatte ihren Grund im Kriegsverhalten der Eidgenossen: Diese lie-

◄ Blick vom Castello di Sasso Corbaro gegen die Magadino-Ebene und den Lago Maggiore

ßen sich zwar eher mit ungeordneten, wilden und schlecht ausgerüsteten Haufen denn mit geordneten Heeresverbänden auf der technischen Höhe der damaligen Zeit vergleichen. Doch die Eidgenossen waren im Gelände sehr flexibel und konnten über Bergpfade Festungen gut umgehen. Die Umgehungsgefahr zwang die Mailänder einerseits zu einer Verlängerung des Sperrriegels bis hinauf in die Bergflanke (Castello di Sasso Corbaro). Andererseits rechneten sie trotz des Flankenschutzes mit der Möglichkeit einer Umgehung und sicherten die Festung Bellinzona auch gegen Süden.

Daraus ergab sich die heute noch sichtbare **Struktur der Gesamtanlage** mit den Teilen

- Castelgrande
- Castello di Montebello
- Castello di Sasso Corbaro

◀ Mächtig überragt das Castelgrande die neu gestaltete Piazza del Sole

- Murata
- Befestigte Stadtanlage

Der schroffe Burgberg von Castelgrande diente bereits den Römern als Stützpunkt. In der Periode 1242–1503 herrschten dann die Mailänder Herzoge über die Burg. Die Visconti und Sforza bauten Bellinzona schließlich zu einer mächtigen Talsperre aus. (Wir kommen auf Castelgrande noch einmal zurück.)

Schon im 13. Jahrhundert wurde die Festung Castelgrande durch die Burg Montebello in der östlichen Flanke an der Berglehne verstärkt. Um 1470 bauten die Mailänder das Castello di Montebello zu einer Renaissancefestung aus. Diese wurde beidseitig mit der Stadtmauer verbunden.
Wenig später (1479) errichteten die Mailänder noch weiter östlich das Castello di Sasso Corbaro. Das war eine hastige Reaktion auf die verlorene Schlacht bei Giornico. Man wollte eine Umgehung der Feste über die Höhen durch die Eidgenossen verhindern können.
Danach (1486–1489) entstand in fast fieberhaftem Befestigungseifer gegen Westen zwischen Castelgrande und dem Fluss Ticino die Murata. Sie basierte auf älteren Fundamenten, wurde aber in dieser Periode massiv ausgebaut und gegen zwei Seiten (s. o.) nutzbar gemacht. Die mit zwei Rundtürmen verstärkte Mauer besteht im Inneren in zwei übereinander liegenden Galerien zur »Bedienung« der »Verteidigungs-Werkzeuge« (Feldschlangen und Bombarden, leichtkalibrige Geschütze, Armbrust und Hakenbüchse, Pech, Steine und Brandsätze zur Abwehr von Leiterangriffen). Oben auf der Mauer befindet sich eine fünf Meter breite Wehrstraße für die Verschiebung von Mannschaften und für die Logistik.
Infolge der Befestigungswerke und der guten Verkehrslage gewann die mittelalterliche Stadt Bellinzona an Bedeutung. Man schützte sie daher durch eine Stadtmauer.
Die Ironie der Geschichte wollte es, dass die nach den Ausbauten kaum bezwingbare Talsperre der Mailänder gut zehn Jahre später fast kampflos den Eidgenossen in die Hände fiel. Die drei Burgen wurden Sitze der Landvögte der verbündeten eidgenössischen Kantone Uri (Castelgrande), Schwyz (Castello di Montebello) und Unterwalden (Castello di Sasso Corbaro).

Die gesamte Befestigungsanlage ist außerordentlich sehenswert. Ganz besonders allerdings empfehlen sich das **Castelgrande** und die Murata.
Das Castelgrande beeindruckt durch seine Mächtigkeit, großzügige Weitläufigkeit, die gekonnten Anpassungen an die Topografie sowie durch die klare, ablesbare Formensprache. Obwohl bereits die Römer, die mittelalterlichen Langobarden sowie die Herrscher von Como eine Festung unterhielten und diese immer wieder erneuerten, geht die heutige Erscheinungsform doch klar auf die Mailänder Herrscher zurück. Zwar nutzten diese bestehende Bauteile. Doch legten die Visconti und dann die Sforza im 15. Jahrhundert Neubauten und Erneuerungen wie alles bedeckende Girlanden um die bestehenden Anlagen. Zu den Mailänder Bauten zählen u. a. der Torre Bianca mit dem Ridotto sowie der Torre Nera. Die ungeheuren Bauanstrengungen, insbesondere nach der Schlacht bei Giornico ab 1479 bis etwa 1490, erklären das im Stil so einheitliche Aussehen der Anlage.
Nur ein gut durchorganisierter Staat mit einem hohen staatlichen Finanzaufkommen war zu solchen Leistungen in relativ kurzer Zeit fähig. Dabei bediente man sich bestausgewiesener Festungsingenieure und Baumeister, darunter solcher aus Carona.

So wie sich Castelgrande heute zeigt, stellt die Anlage allerdings das Produkt moderner Eingriffe dar. In der Zeit von 1982 bis 1992 erfolgte eine schonende **Neugestaltung** der Burg durch den Architekten Aurelio Galfetti. Er versuchte, das Besondere der Anlage noch dramatisch zu steigern. Damit man beispielsweise gut sieht, wie das Mauerwerk aus den Felsen herauswächst, wurden die Felsen von allem Erdreich und Pflanzenwuchs gesäubert. Galfetti und die Bauherrschaft scheuten sich auch nicht, eine andersartige Denkmalpflege als sonst üblich zu betreiben: nicht nur Altes bewahren, sondern auch betont und unübersehbar Neues hinzufügen. Das geschah in der Absicht, die Anlage aus ihrem Dornröschenschlaf herauszuholen und zu einem Teil der Stadt werden zu lassen. Daher wurde z. B. eine neue zentrale Erschließungsanlage erstellt. Dieser Idee entsprechen auch die heutigen Nutzungen als Tagungsstätte, gastronomisches Zentrum sowie als Museum.

Das Resultat dieser Bemühungen führte zu einem Baukomplex, bei dem von der Gesamtkonzeption bis zum kleinsten Detail alles stimmt. Galfetti gelang damit ein Monument von eindrücklicher Kraft.

▼ Von Aurelio Galfetti gestaltetes Detail auf Castelgrande

KULTUR-GRENZSCHLÄNGELN

BASEL–BIEL–BULLE–VAL D'ILLIEZ/ SAMOËNS/FORTSETZUNG BIS ANNECY

Basel–Biel (6 Etappen)	29 Std.	83 km
Biel–Bulle (5 Etappen)	29 Std.	94 km
Bulle–Samoëns (5 Etappen)	39 Std.	118 km
Total Basel–Samoëns (16 Etappen)	*97 Std.*	*295 km*
Fortsetzung bis Annecy	33 Std.	93 km
Total Basel–Annecy	*130 Std.*	*388 km*

3

Genuss und Lebensfreude – sie gehören in der Regel zu unserem Bild von der französischsprachigen Schweiz. Unsere Wandereindrücke geben zu Differenzierungen Anlass. Auch innerhalb der Romandie bestehen diverse Kulturgrenzen. Zudem wechseln wir einige Male die Sprachgrenze, was Gemeinsamkeiten und Unterschiede der Kulturen deutlich macht.

SERVICEANGABEN

Museen/Sehenswürdigkeiten

Fribourg
Espace Jean Tinguely – Niki de Saint Phalle, Rue de Morat 2, 1700 Fribourg, Tel. 026 305 51 70

Bulle
Musée gruérien, Place du Cabalet, 1630 Bulle, Tel. 026 912 72 60

Gruyère
Château de Gruyère, 1663 Gruyère, Tel. 026 921 21 02

Montreux
Musée du Vieux-Montreux, Rue de la Gare 40, 1820 Montreux 3, Tel. 021 963 13 53

Chillon
Château de Chillon, 1820 Veytaux, Tel. 021 966 89 10

Aigle
Le Château d'Aigle, 1860 Aigle, Tel. 024 466 21 30

Hotels

Muntelier/Murten
Bad Muntelier am See, Hauptstrasse, 3286 Muntelier-Murten, Tel. 026 670 22 62

Champéry
Hotel Beauséjour, 1874 Champéry, Tel. 024 479 17 01

Barmaz (b. Champéry)
Cantine de Barmaz, Case postale 57, 1874 Champéry, Tel. 032 479 11 63

Restaurants

Lüscherz
Gasthof 3 Fische, 2576 Lüscherz, Tel. 032 338 12 21

Muntelier/Murten
Bad Muntelier am See, Hauptstrasse, 3286 Muntelier-Murten, Tel. 026 670 22 62

Barmaz (b. Champéry)
Cantine de Barmaz, Case postale 57, 1874 Champéry, Tel. 024 479 11 63

Jugendherbergen

Fribourg
Rue de l'Hôpital 2, 1700 Fribourg, Tel. 026 323 19 16

Montreux
Passage de l'Auberge 8, 1820 Montreux, Tel. 021 963 49 34

Campingplätze

Vermes
Camping Vermes, Champ Juan 68, 2829 Vermes, Tel. 032 438 87 46

Biel/Bienne
Camping des Œuchettes, L. Voisard, Rue du Midi 57, 2504 Biel/Bienne, Tel. 032 342 63 07

Aigle
Camping TCS, av. des Glariers, 1860 Aigle, Tel. 024 466 26 60

3 SERVICE-ANGABEN

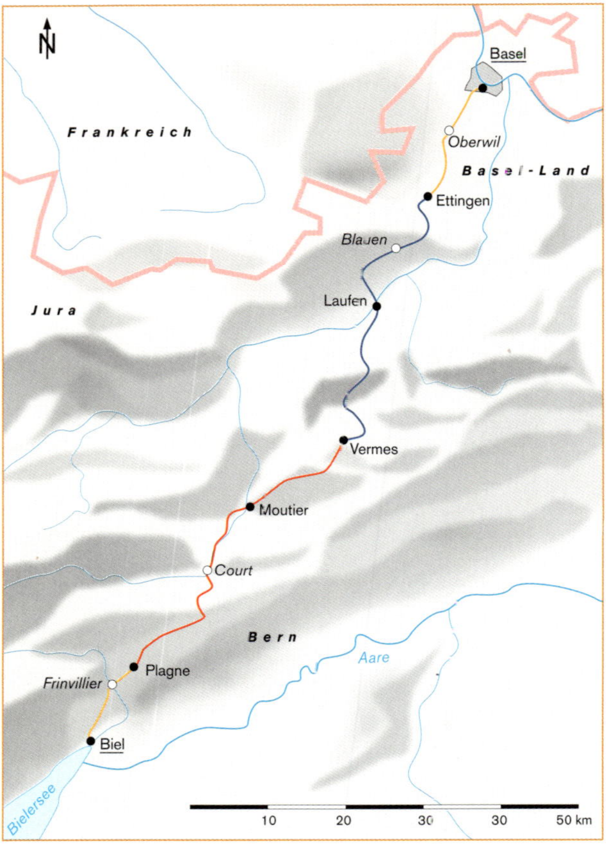

Charakter: Durchquerung des westlichen Kettenjuras mit vielen Aussichtsbergen und mit Wechseln zwischen deutsch- und französischsprachigen Gebieten
Anforderungen: Diverse kleine und größere Pässe, gute Wege und Pfade
Beste Jahreszeit: April bis November

leicht	Basel–Oberwil (2¼ Std.)–Ettingen (2 Std.)	4¼ Std.	13,3 km
mäßig	Ettingen–Blauen (2½ Std.)–Laufen (1¾ Std.)	4¼ Std.	12,3 km
mäßig	Laufen–Grindel (2 Std.)–Vermes (3½ Std.)	5½ Std.	15,5 km
höher	Vermes–Raimeux (4 Std.)–Moutier (2 Std.)	6 Std.	14,4 km
höher	Moutier–Court (2 Std.)–Plagne (4½ Std.)	6½ Std.	18,9 km
leicht	Plagne–Frinvillier (1 Std.)–Biel (1¾ Std.)	2¾ Std.	8,7 km
	Total Basel–Biel	*29¼ Std.*	*83,1 km*

BASEL–BIEL

(1) LA-HAUT SUR LA MONTAGNE ETAIT UN VIEUX CHALET… – ein lebensfrohes Lied besingt die Berge und die Kraft des Lebens. Doch bevor wir auf unseren Wanderungen diese Lebensgeister direkt zu spüren bekommen, genießen wir architektonische Höhepunkte in Basel und später die abwechslungsreichen Aussichten im Leimental bis nach Ettingen.

Am Bahnhofsvorplatz auf der City-Seite (nördlicher Ausgang) biegen wir nach links in die Centralbahnstraße. Wir befinden uns nun auf der wichtigsten Achse neuer Architektur in Basel. Der Bahnhofsplatz wird bis zum Jahre 2005 völlig umgestaltet. Links am Gleisfeld des französischen Bahnhofs entsteht ein Neubau des weltbekannten Basler Architekturbüros Herzog und de Meuron. Das weiße, fast barock anmutende, Gebäude nach der Kreuzung wurde vom amerikanischen Architekten Richard Meier entworfen. Das dazu kontrastierende, kantige Backsteingebäude – ein Ausbildungszentrum – stammt vom ebenfalls berühmten Basler Architekturbüro Diener und Diener. *Direkt nach dem Ausbildungszentrum zweigen wir links ab in den Flamingosteg. Über eine anschließende Passerelle gelangen wir hinab zum bekannten* ***Basler Zoo*** *(266 m).*

Nun wandern wir zwar bequem das Leimental dem Birsig entlang aufwärts. Doch leider ist der schöne Weg außer am Anfang nicht markiert. Man orientiere sich daher an der Kartenskizze auf der folgenden Seite. Entlang dem Birsig und dann halb rechts haltend gelangen wir ins Zentrum des Basler Vororts ***Binningen*** *(302 m).*

Weiter geht es nach der Kartenskizze zum

▼ Fassadendetail eines Verwaltungsgebäudes von Richard Meier in Basel

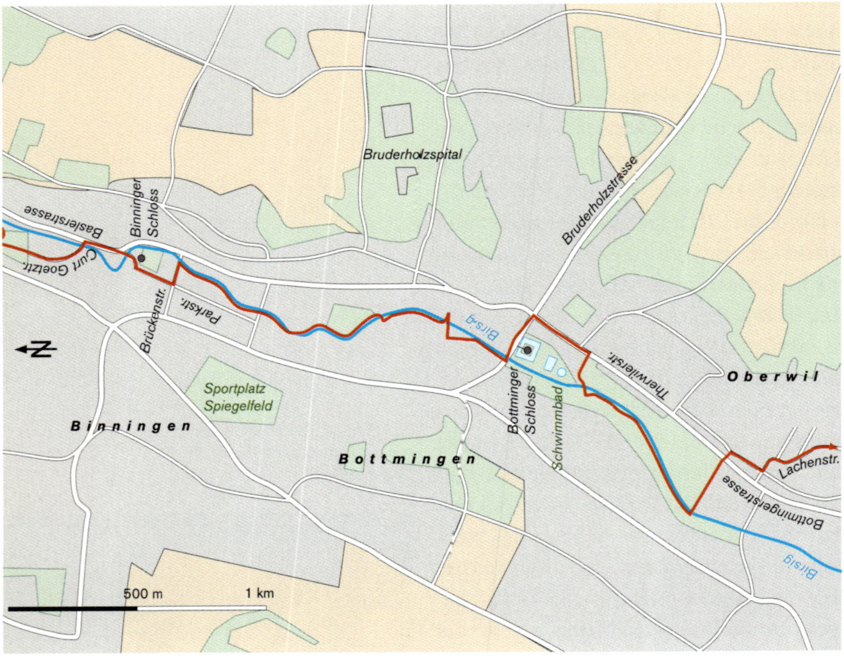

Binninger Schloss (ehem. Weiherschloss aus dem 13. Jahrhundert, heute Nobelrestaurant) und dann zum Anfang eines lauschigen Uferweges dem Birsig entlang. Auf dem Bachweg und dann über Straßen erreichen wir beim Bottminger Schloss (noch gut erhaltenes Wasserschloss aus dem 13. Jahrhundert, heute ebenfalls ein gehobenes Restaurant) das Zentrum von **Bottmingen** *(293 m).* Hier begegnet man einer Fehlplanung: Man wollte großstädtisch und autogerecht werden. Daher wurde ein Autobahnzubringer mitten durch den Dorfkern geführt. Später milderte man die Bausünde ein wenig durch einen Kreisel.

Vom Kreisel im Dorfkern aus wandern wir entlang der Hauptstraße in Richtung Oberwil, vorbei an einigen Resten alter Dorfbauten. Etwa 300 m nach dem Kreisel zweigen wir in die Straße rechts ab und wandern auf schönem Weg gemäss Kartenskizze, bis wir wieder die Hauptstraße erreichen. Hier liegt eine größere landwirtschaftliche Fläche, die ein Vollblutbauer noch fleißig bestellt. Ernst Siegrist stimmte sogar der Rückzonung dieses ehemaligen Baugebiets in eine Landwirtschaftszone zu. *Oben weiter gemäss Kartenskizze treffen wir auf die Bruderholzstraße, an die sich die Lachenstraße anschließt. Nach wenigen Schritten aufwärts kommt das Haus* **Lachenstraße 16, Oberwil** *(320 m).* Klingeln Sie bitte, denn dort sind Sie herzlich zum Kaffee oder zu einem Schluck Wein einge-

laden – dort wohnen die Autoren dieses Buches in einem schmalen, hohen Reihenhaus. Auch Oberwil gehört zu den Vororten von Basel. Die große Siedlungswelle, ausgehend von der Stadt Basel, erreichte dieses Dorf in den 70er-Jahren und zerstörte leider auch den alten Ortskern. Oberwil wollte wie Bottmingen großstädtisch werden.
Die Lachenstraße weiter hinauf, einen markierten Wanderweg kreuzend, gelangen wir zu einem Ausläufer des Waldes auf dem Bruderholz. Der Weg steigt zwischen Waldrand und Feld auf einem asphaltierten Sträßchen weiter an und biegt oben nach links. Bei gutem Wetter genießt man hier einen weiten Blick auf Basel, ins Rheintal und in den Schwarzwald mit dem Kegel des Blauen. Von der französischen Grenze sind wir an diesem Punkt nur 3,5 km entfernt. *Bei einem Parkplatz biegen wir nach rechts und steigen zwischen Waldrand und einer Gartenkolonie (»Familiengartenverein Lettenmatt«) gemächlich an. Weiter oben geht es links und 200 m weiter rechts in den Wald. Wir folgen dem Waldweg, der zunächst ansteigt und dann abfällt. Nach einer Rechtskurve zweigen wir links in einen weiteren Waldweg. Später sehen wir ein Holzschild mit der Angabe »Schnäggenweg«. Von links münden im spitzen Winkel zwei weitere Waldwege. Nach einer abfallenden Partie und dem Holzschild »Frolooweg« biegen wir links in den querenden Waldweg. Weiter unten verlässt unsere Route den Wald. Wir zweigen hier abermals links ab und gehen zwischen Waldrand und Weiden hinauf zum sichtbaren Bauernhof Vorderberg (Pt. 359).* Hier genießen wir die weite Sicht ins obere Leimental und nach Frankreich

▼ Lauschiger Birsig-Uferweg zwischen Binningen und Bottmingen

hinein in Richtung »Burgundische Pforte«. Durch diese »Pforte«, eingerahmt von Jura- und Vogesenhöhen, verliefen mehrere Verbindungswege zwischen Burgund bzw. Mittelfrankreich und dem Rheintal. Die vielen Burgen, wie z. B. die sichtbare Landskron, zeugen von der ehemaligen Bedeutung dieser Verbindung. *Oben auf dem Kamm biegen wir nach links (Wasserstelle) und bei einem Schuppen der Forstverwaltung gleich wieder nach rechts (»Fiechtenrainholzweg«). Bei einer Kreuzung von Waldwegen gehen wir in Laufrichtung den Weg »Im Sörlibrunnen« weiter, schwenken gleich nach rechts und gelangen nach ca. 600 m bei einer Wasserstelle zur* ***Brücke über die Straße Therwil–Reinach*** *(337 m). Hier finden wir linker Hand einen Wegweiser, der unser nächstes Etappenziel Ettingen ankündigt. Nach der Brücke steigen wir auf den Bergrücken »Grüt« (367 m). Die Kette des Jura liegt nun vor uns. Nach einer Wanderung auf dem Bergrücken geht es rechts durch Neubaugebiete hinab zur Tramhaltestelle von* ***ETTINGEN*** *(325 m). Dieser Ort mauserte sich in den 80er-Jahren von einem abgelegenen Dorf zu einer Vorortsgemeinde von Basel. Von Ettingen aus können wir mit dem Tram zum Übernachten nach Bottmingen, Binningen oder Basel fahren.*

(2) ÜBER DEN FRÜHER BEDEUTENDEN BLATTENPASS INS LAUFENTAL führt die zweite Etappe.

An der Tramhaltestelle zeigt uns ein Wegweiser bereits die Richtung zum nächsten Etappenziel, der Stadt Laufen. Der Weg ist gut markiert. Wir steigen links an der bewaldeten Flanke des Blauen aufwärts und erreichen den ***Blattenpass*** *(577 m).* Dieser Pass spielte bereits zur Römerzeit eine erhebliche Rolle als schnellste Verbindung zwischen Laufen, dem Leimental und Basel. Östlich des Blattenpasses plant pro natura mit Unterstützung des Kantons Basel-Landschaft eine Art Wildnispark von 5 km² Größe. In diesem Gebiet soll die Natur sich selbst überlassen werden. Alle menschlichen Eingriffe werden möglichst vermieden. Man betreibt einen »Naturschutz durch Nichtstun«. *Abwärts durch Wald und nach der Überquerung eines Bacheinschnittes erreichen wir das Gasthaus Bergheim. Dort weisen uns die Markierungen auf einen Pfad rechts durch den Wald aufwärts. Weiter oben wandern wir den Hang des Gebietes Räben entlang und durchqueren dann das Oberfeld mit seinen vielen Kirschbäumen. Dabei bietet sich uns ein breiter Panoramablick in das Laufener Becken sowie zu den Höhen des Passwangs und des Fringeli. Nach der Gebäudeanlage der Schweizer Baudokumentation gelangen wir auf markierten Wegen nach* **Blauen** *(531 m, malerischer Dorfkern, Kirche St. Martin mit gotischem Turm).*

Dort folgen wir dem Wegweiser nach Dittingen. Unsere Route führt durch Wald auf das Plateau des Ritterberges. Alsbald kommen wir zu einer Stelle, von der wir wie von einem Balkon aus auf Dittingen blicken können. Auf bequemem Weg, vorbei an einem Spielplatz, steigen wir nach **Dittingen** *(405 m, gotische Kirche) hinab.*

Beim doppeltrögigen Brunnen zweigen wir rechts in ein ansteigendes Asphaltsträßchen ab. Unser Weg führt am Rand des Dittinger Tales auf die Höhe des Vorderfeldes (483 m). Hier genießen wir einen schönen Blick auf das Städtchen Laufen und das Birstal. Weiter geht es hinab zum Eingang des Schachentales, vorbei am Spital und durch das Baslertor mit angrenzendem Turm der Katharinenkirche hinein in das Städtchen **LAUFEN** *(355 m).*

◄ Blick von Oberwil auf Basel und den Schwarzwald

▼ Baslertor und Turm der Katharinenkirche in Laufen

Politischer Kampf um Laufen

Laufen zeigt noch recht unverfälscht die mittelalterliche Stadtanlage, die nach der Erteilung des Stadtrechts 1295 auf freiem Gelände in rechtwinkliger Form errichtet wurde. Schon früher entstand hier als Flößerquartier die »Vorstadt«. Über die Birs wurde Basel mit Holz versorgt. Ein größerer Birsfall, früher »Lauffen« genannt, zwang die Flößer zu einer Unterbrechung, die sie oft mit einer längeren Rast verbanden. Noch heute bestehen aufgrund dieser geschichtlichen Entwicklung zwei verschiedene Einwohnergemeinden: Laufen-Stadt und Laufen-Vorstadt.

Schweizweit bekannt wurden Laufen und das Laufental durch den Kantonswechsel. Als der neue französischsprachige Kanton Jura gebildet wurde, entschied sich das Laufental 1983 für ein Verbleiben im Kanton Bern. Als bernische Insel umgeben von den Kantonen Jura, Solothurn und Basel-Landschaft fühlte sich ein Teil der Laufentaler jedoch in der Folgezeit nicht ganz wohl. Gleichzeitig umwarben die Kantone Solothurn, Basel-Stadt (!) und Basel-Landschaft das Gebiet. Es folgte ein harter politischer Kampf, der viele Menschen bös entzweite. Man benötigte zwei Abstimmungen (die erste fiel knapp zu Gunsten eines Verbleibs im Kanton Bern aus, wurde aber für ungültig erklärt), bis das Laufental 1994 zum Kanton Basel-Landschaft stieß. Der Kantonswechsel erwies sich in der Folge als unglaublich arbeitsaufwändig. Dabei zeigte sich, wie komplex heute öffentliche Belange geregelt sind und wie schwierig es ist, z. B. aus bernischen Polizisten basellandschaftliche zu machen.

(3) IM ZICKZACK DURCH DEN KETTENJURA HINEIN INS FRANZÖSISCHE SPRACHGEBIET führt diese Route nach Vermes.

In Laufen folgen wir dem Wegweiser zum Planetenweg und unterqueren dafür die Bahnlinie. Zunächst auf Straßen, dann auf einem Feldweg mit Mergelbelag geht es den flachen Hang Uf Sal hinauf. Dabei kommen wir an ausgedehnten Fabrikarealen vorbei. Teile davon gehören noch zur Keramik Laufen – ein ehemaliges Weltunternehmen, das mehrere Umstrukturierungen und Verkleinerungen hinter sich hat. *Den Planetenweg erreichen wir bei der im Maßstab 1:1Milliarde verkleinerten Sonne. Beim Mars am Waldrand auf 453 m Höhe werden wir dem Planetenweg wieder untreu. Unsere Route schlängelt sich, nun gut markiert, durch den Wald. Nach dem Umrunden des Rüdlingerberges führt uns ein Feldweg hinab nach* ***Grindel*** *(577 m).* Gegründet wurde der Ort als burgundische Siedlung und hieß Grendelle. Heute ist das Dorf deutschsprachig – ein typisches Beispiel der vielen Verschiebungen der Sprachgrenze von Deutsch und Französisch, denen wir noch begegnen werden. *In Grindel nehmen wir den markierten Weg in Richtung Corban.* Dabei genießen wir einen sehr speziellen Blick über Grindel hinweg durch eine Einkerbung im Kettenjura auf das Laufental und den Höhenzug des Blauen. *Sobald wir den Fringelipass nahe bei einer Hochspannungsleitung erreicht haben, kreuzen wir den Jurahöhenweg. Weiter steigen wir auf markiertem Weg wieder ziemlich steil zum Hof Nider Fringeli hinab. Nun folgt eine Strecke durch ein enges Bachtobel, wobei wir gleichzeitig die Sprach-*

grenze überschreiten. Danach wandern wir auf einem Feldweg an mehreren Höfen vorbei auf einem asphaltierten Sträßchen abwärts. Im Süden zeigt sich bereits das Ziel der nächsten Tagesetappe, der Höhenzug des Mont Raimeux. Im breiten Val Terbi angelangt, setzt sich unsere Route über die Häusergruppe Sous Vassat zum Dorf ***Corban*** *(517 m) fort.* Im Mittelalter wurde hier deutsch gesprochen (damals hieß der Ort Battendorf), heute ist Corban von Basel aus gesehen die nächstgelegene rein französisch sprechende Gemeinde.

In Richtung Vermes wählen wir zunächst einen nicht markierten Weg. Wir gehen östlich an der rechten Seite der außerhalb von Corban gelegenen Kirche St.-Blaise (aus der Barockzeit) vorbei. Nach zwei rechts abzweigenden Feldwegen steigen wir rechts den Hang in Richtung des bewaldeten Bergrückens hinauf. Nach gut 200 m schwenkt der Feldweg nach links, leicht weiter aufwärts führend. Nun bietet sich uns ein schöner Blick in das sanft geschwungene Val Terbi. Links im Tal liegt das Dorf Mervelier. *Bei einer Kapelle erreichen wir ein Sträßchen, das zu einem auf 622 m Höhe liegenden Gehöft führt. Vor dem Gehöft folgen wir dem Sträßchen nach rechts. Nun befinden wir uns wieder auf einem markierten Wanderweg. Auf dem Sträßchen gelangen wir über einen kleinen Pass, um den Forêt du Droit herum und dann durch das Tal der Gabiare hinab nach* ***VERMES*** *(566 m). In diesem stattlichen Dorf am Fuße des Mont Raimeux können wir in einem Gasthaus im Dorf übernachten. Zudem erschließt uns eine Busverbindung (Kursbuch-Nr. 230.35 und 230.30) Übernachtungsmöglichkeiten in Delémont.*

▼ Sanfter Abstieg nach Grindel

(4) DER GROSSARTIGE AUSSICHTSBERG MONT RAIMEUX UND DRAMATISCHE BLICKE IN DIE KLUS VON MOUTIER stehen auf dem Programm der vierten Etappe.

In Vermes folgen wir der Beschilderung in Richtung Mt. Raimeux. Über Nebenstraßen, Wald- und Wiesenwege und dann wieder auf einer Straße gelangen wir aufwärts zu den Höfen Les Grands-Terras. Weiter der Straße folgend erreichen wir eine Gabelung mit einer Abzweigung zum ***Château de Raymontpierre*** *(938 m, gut erhaltenes Jagdschloss, erbaut 1596).*

Wir folgen weiter dem Sträßchen den Hang entlang bis zu einer weiteren Gabelung. Dort geht es links durch ein Weidegebiet den Hang hinauf. In mehreren Serpentinen durch Waldstreifen und Lichtungen der Prés des Auges gewinnen wir an Höhe und genießen Blicke in die Jurabergwelt, speziell hinüber zur Hohen Winde und nach Delémont. So erreichen wir auf 1302 m die Geländekante der Hochebene des Mont Raimeux mit einem Aussichtsturm. Wenig später gelangen wir zum Weiler ***Raimeux de Grandval*** *(1288 m), zu dem auch ein Berggasthaus zählt.* Hier bietet sich bei klarem Wetter ein großartiges Alpenpanorama. Wir staunten, dass wir diesen fantastischen Aussichtsberg erst durch unsere »Querungen« der Schweiz entdeckten. Liegt das an der Sprach- und Kulturgrenze? Und noch etwas ist erstaunlich: Über diesen Berg verlief eine wichtige Passstraße der Römer, denn damals war man gezwungen, die Klus von Moutier zu umgehen.

Auf gut markiertem Weg durchqueren wir die Hochebene und steigen dann auf einem Zickzackweg hinab.

Zerstückelungen im Jura

Auf etwa 850 m Höhe bietet eine Plattform

einen atemberaubenden Blick nicht nur auf Moutier hinab, sondern vor allem hinein in die Klusarena Gorges de Moutier. Diese wird eingerahmt von zackigen, schroffen Kalkfelsen. Unten schlängelt sich die Birs durch die Schlucht.

Der Jura bildete einst einen Meeresboden. Seine Faltung verdankt er der Funktion als Prellbock bei der Alpenauftürmung am Ende der Kreidezeit. Gehalten vom Urgestein der Vogesen, des Schwarzwaldes und des französischen Zentralmassivs, legte sich der weiche Jurakalk durch den Druck der Alpen in Falten (Kettenjura) oder in über- und untereinander geschobene Platten (Plattenjura). Die weiteren Ausformungen erfolgten durch Erosion. Eine Besonderheit neben anderem bilden die Klusen, Durchbrüche von Flüssen quer zur Jurafaltung.

Die Gorges de Moutier und andere Klusdurchbrüche durch den Kettenjura nutzte man schon früh zur Energiegewinnung. An diesen Engstellen siedelten sich daher Mühlen und Hammerwerke an – Keimzellen späterer industrieller Entwicklungen. Hinzu kamen später die Uhrenindustrie und feinmechanische Betriebe. So konnte der magere landwirtschaftliche Ertrag durch industrielle Arbeitsmöglichkeiten aufgebessert werden.

Abgesehen von den frühindustriellen Glanzzeiten gehörte der Jura in der Neuzeit dennoch nicht zu den wirtschaftlich und politisch besonders begünstigten Gebieten. Die Einheitlichkeit der großräumigen Entstehung und Form des Jura stand im krassen Gegensatz zur politischen Entwicklung. Das Gebirge gehörte nie zu einem einheitlichen Staatsgebilde, sondern war immer nur Randgebiet der umgebenden Staatenwelt. Diese

◄ Die wie auf einem Präsentierteller liegende Anlage des Château de Raymontpierre

▼ Herrlicher Panoramablick von der Hochebene des Mont Raimeux aus

nahm sich jeweils ein Stück heraus, v.a. Frankreich und der Kanton Bern. Diesem Gebieteklau konnte auch das zuvor weite Teile verwaltende Erzbistum Basel nichts entgegensetzen. Eine Folge der Zerstückelung bilden neben den diversen Staats- auch die Sprach-, Religions- und Kulturgrenzen. Diese sind teils so scharf, dass ein französischsprachiges Dorf kaum vom benachbarten deutschsprachigen Dorf Notiz nimmt. Auch die Methoden der Landwirtschaft können dies- und jenseits der Sprachgrenze völlig verschieden sein.
Selbst innerhalb der Sprachzonen driften die politischen Verwurzelungen auseinander. Das zeigten die Vorgänge bei der Gründung des Kantons Jura, dem einige Französisch sprechende Gebiete des Kantons Bern bei der Abspaltung die Gefolgschaft verweigerten.

Sobald wir am Waldrand das Sträßchen erreichen, folgen wir diesem hinein nach ***MOUTIER*** *(529* m). Der Ursprung dieses Siedlungsgebietes liegt in der Gründung des Klosters Grandval (grandis vallis) und den umfangreichen Rodungen um 640. Sehenswert sind in Moutier die Altstadt als Ensemble, das Schloss, die Stiftskirche St-Germain (Ersatzbau aus dem letzten Jahrhundert) und die Kapelle von Chalière (schöne Wandmalereien aus dem 11. Jahrhundert).

(5) DIE KLUS- UND FELSARENA VON COURT SOWIE DIE WEITE DER JURALANDSCHAFT beeindrucken auf dem Weg nach Plagne. Der Weg bis dorthin lässt sich bis Court durch eine Bahnfahrt abkürzen.
In Moutier wählen wir am Bahnhof die markierte Route nach Court. Zunächst wandern wir überwiegend auf Nebensträßchen, teils der Birs entlang, bis zum Punkt Moutier La

Foule. Dort zweigt unser Weg nach Court links ab. Nun folgen wir gepflegten und romantischen Wegen zunächst durch ein enges, von einem Bach durchflossenes Tal, dann über einen Grat hinweg in das Birstal. Parallel zur Straße und Bahn folgen wir einem neu angelegten Weg durch die wilde Felslandschaft der Gorges de Court. Am Ausgang der Klus im Vallée de Tavannes erreichen wir auf Straßen den Bahnhof von ***Court*** *(666 m, wichtige Station der Römer an der Straße von Aventicum nach Basel, heute eine Mischung von Industrieort und Bauerndorf).*

Von der Station Court aus folgen wir dem Wegweiser in Richtung Unter Bürenberg. Nach einem längeren Aufstieg auf guten alten Verbindungswegen durch Wald und Wiesen erreichen wir bei ***La Bergerie de Court*** *(1162 m) eine Hochebene und ein Berggasthaus. Nun empfängt uns die so typische Landschaft der hohen Jurarücken: Weideflächen, einzeln stehende Bäume und Baumgruppen, niedrige Trockenmauern aus Kalkbrocken, Weidezäune mit Holzpfosten sowie Dolineneinbrüche.*

Wir nehmen nun das Sträßchen südlich, queren die Sprachgrenze und gelangen zur Verzweigung beim Hof Oberbürenberg. Dort wählen wir die Richtung Unterbürenberg/Romont und wandern hinab zur Bergwirtschaft Unterbürenberg (956 m). Nach der Talsohle geht es überwiegend durch Wald wieder hinauf bis zur Geländekante auf 1151 m und dann weiter zur Bergwirtschaft ***Montagne de Romont*** *bzw. Romontberg (1120 m).*

Bis Plagne folgen wir dem Jurahöhenweg. Dieser verläuft in westlicher Richtung und nutzt ein Mergelsträßchen durch das parkartige Weide- und Baumland der Hochebene mit dem typischen Landschaftsbild des Hoch-

◄ Durch das lauschige Foule-Tal südlich von Moutier

▼ Längstal der Jurafaltung bei Plagne

jura. Auch hier bietet sich bei klarer Sicht ein herrliches Alpenpanorama. Nach dem Wochenendhausgebiet Prés de la Montagne führt die Route links in den Wald und auf einem Pfad steil hinab und später auf einem Feldweg weiter nach **PLAGNE** *(869 m). Dieses am Südhang liegende, stattliche Dorf bietet keine Übernachtungsmöglichkeiten, wohl aber eine Busverbindung nach Biel. Wer noch hinreichend bei Kräften ist, kann auch bis zu diesem nächsten Etappenort weiterwandern.*

(6) VON DEN JURAKETTEN INS FLACHE AARELAND – wir erleben auf dieser kurzen Etappe einen schroffen Wechsel des Landschaftsbildes.

Zunächst bleiben wir auf dem Jurahöhenweg (Richtung Frinvillier) und wandern hinab ins Tal zum Punkt Pâturage de Sagne (710 m). Weiter steigen wir durch Wald abwärts, durchqueren ein Autobahn- und Straßengeschlinge und erreichen den Bahnhof von ***Frinvillier*** *(555 m).* Dieser Ort liegt an einem topografischen Kreuzungspunkt zwischen der Achse Taubenlochschlucht/Klus von Rondchâtel und den Längstälern der Jurafaltung. Auch hier kurvte die alte Römerstraße von Aventicum nach Basel hindurch (wir erwähnten diese bereits in Court). Vom Verkehrskreuz und Bauerndorf entwickelte sich Frinvillier zur Wohngemeinde für Bieler. *Von Frinvillier aus bieten sich uns zwei Wegvarianten nach Biel: Mitten durch die dramatische Taubenlochschlucht mit ihren steilen Felswänden oder über den Höhenrücken mit dem Malewagwald. Wir entscheiden uns für die zweite Variante, um dem Verkehrslärm auszuweichen und einen Blick von oben auf Biel werten zu können. Dazu wandern wir von der Bahnstation ins Dorf hinab, überqueren die Suze und zweigen dann rechts vom Weg durch die Taubenlochschlucht ab. Von dort geht es auf einem gepflegten Weg im Zickzack den bewaldeten Hang bis zum Lyssersbrunnen auf 659 m Höhe (Rastplatz) hinauf. Von dort leiten uns Wegweiser weiter nach* ***BIEL*** *(437 m).* Diese zweisprachige Stadt bietet so viel Sehenswürdigkeiten, dass ein Beschreibungsversuch zu kurz greifen würde. Wir verweisen daher auf die Literatur[1] bzw. auf Prospekte der Tourismusbüros der Stadt.

◄ Lichtdurchfluteter Wald im Jura

[1] Empfohlen sei hier speziell Knoll, G. M.: Bern, Dumont Kunst-Reiseführer, Köln 1996, S. 117 ff.

WO VERLÄUFT DIE SPRACHGRENZE IN BIEL/BIENNE?[1]

Wer sich in Biel bewegt, erkennt auf einen Blick: Die Stadt ist zweisprachig. Alle Straßen sind auf Deutsch und Französisch beschildert, die öffentlichen Gebäude ebenso. In den Flaniermeilen der Stadt oder am See lassen sich abwechslungsweise berndeutsche und französische Gesprächsfetzen vernehmen.

Bei allem freudigen Staunen über die zweisprachige Vorzeigestadt schlechthin bleiben **offene Fragen**. Die Sprachgrenze, der Wanderer durch den Jura immer wieder begegnen, kann doch nicht einfach verschwunden und gänzlich verwischt sein. Wo finden wir in Biel also den viel zitierten Röstigraben? Führt er mitten durch die Stadt, Biel und Bienne strikte voneinander trennend? Verläuft die Grenze durch einzelne Stadtteile, führt sie durch Wohnblöcke, gar durch Familien? Oder trennt die Sprachgrenze gar nicht die Bewohnerinnen und Bewohner der Stadt, sondern führt womöglich mitten durch sie durch – durch Menschen, die die romanische und alemannische Lebensart allesamt kombinieren? Kurz: Ist Biel nur in seiner Gesamtheit zweisprachig oder sind es auch die Einwohner der Stadt?

Biels **Zweisprachigkeit ist nicht naturgegeben**. Sie geht auf einen Gemeinderatsbeschluss aus dem Jahre 1845 zurück. Unter dem Eindruck der serbelnden Textilindustrie beschloss die Stadt damals, Uhrmachern aus dem Berner und dem Neuenburger Jura Steuererleichterungen zu gewähren, wenn sie auf Bieler Boden Betriebe gründeten. Die umworbenen Feinmechaniker ließen sich nicht zweimal bitten und folgten dem Lockruf. So veränderte sich die Sprachstruktur der Stadt nachhaltig: Wies Biel 1793 noch einen verschwindend kleinen Anteil an Französischsprachigen von 1 % auf, waren es 1860 16 % und 1900 bereits 29 %.

Lange galt das Französische in Biel **als Sprache der Arbeiter und Handwerker**. Und doch sah sich die berndeutsch-bürgerliche Oberschicht der Stadt von der Nebenwirkung der als Wirtschaftsförderung verstandenen Maßnahme überrascht, denn die Minderheit forderte alsbald eine gleichberechtigte Behandlung. Ein vordergründiges Anliegen der »colonie des horlogers« (der selbstgewählte Ausdruck »colonie« belegt, dass sich die französischsprachigen Uhrmacher ursprünglich als isolierte Minderheit verstanden) bestand in der Einrichtung einer eigenen Schule. Dieser Forderung wurde 1860 mit der Eröffnung der französischsprachigen Primarschule stattgegeben.

Weitere Schritte folgten: 1869 nahm der erste offizielle Übersetzer der Stadt seinen

Dienst auf. 1920 begannen Biels Behörden, amtliche Publikationen sowohl auf Deutsch als auch auf Französisch zu drucken. Seit 1952 drückt die Stadt ihre Zweisprachigkeit auch auf Ortsschildern und Landkarten aus. Fortan trug sie offiziell den Doppelnamen Biel/Bienne. Schließlich folgte 1979 das für Wanderer wohl sichtbarste Zeichen der sprachlichen Doppelspurigkeit: Eine Motion aus dem Stadtrat setzt die zweisprachige Beschriftung der vormals ausschließlich deutschsprachigen Straßenschilder in Gang. Mit Ausnahme des »Ring« in der Altstadt tragen heute alle Straßen Biels auch ihren französischen Namen.

[1] Text von Remo Wiegand, Bern

Biel ist zweisprachig, ohne Zweifel. Die so genannte kollektive Zweisprachigkeit spiegelt sich heute in allen Zahlen wieder: Die Stadt im Seeland zählt etwas weniger als 50 000 Einwohner, davon waren **1997** rund die Hälfte deutschsprachig und rund **ein Drittel französischsprachig**. Der Rest verteilt sich auf verschiedene sonstige Sprachgruppen. Dabei nimmt Französisch in der Stadt selbst weiter zu und Deutsch ab. Ein Grund für den anteilsmäßigen Vormarsch der Romands liegt in der Tatsache begründet, dass seit den Fünfzigerjahren viele Gastarbeiter aus lateinischsprachigen Ländern – neben Italien auch Spanien und Portugal – den Weg nach Biel fanden. Deren Kinder besuchten in den meisten Fällen die französischsprachige Schule und verstärken so laufend den statistisch erhobenen Anteil der Romands der Stadt. Umgekehrt zog die deutschsprachige Mittelschicht vermehrt in die Vororte.

▼ Häuser mit französischen Anklängen in Biel

Alle **Sprachgruppen** wohnen heute **kreuz und quer über die ganze Stadt** verteilt.

Vorsicht
bissiger Hund

ATTENTION AU CHIEN

◄ Französisch und Deutsch Tür an Tür

Sprachghettos existieren also keine. Die Obergasse in der Altstadt auf unserem Weg zum Bahnhof gilt jedoch als Beweis dafür, dass dies nicht immer so war. Auf der einen Straßenseite stehen die hier massigen Herrschaftshäuser der Deutschschweizer, mit »Lauben« wie in Bern. Die Gebäude der anderen Straßenseite dienten ursprünglich den Romands als Bleibe: schmalere Häuser mit Treppeneingängen und Weinkellern. Auch an anderen Stellen kann der Wanderer eher welsche oder eher Deutschberner Architektureinflüsse entdecken. Neuere Bauten lassen sich jedoch kaum mehr bestimmten Sprachgruppen zuordnen.

Heute gibt sich das offizielle Biel jede erdenkliche Mühe, ein deutschlastiges Ungleichgewicht zu vermeiden. So soll die Attraktivität der Stadt für die Romands erhalten, wenn nicht sogar noch weiter gefördert werden.
Bildlich gesprochen sind **Biels politische Schaufenster paritätisch** dekoriert. Der Exekutive der Stadt, dem neunköpfigen Gemeinderat, gehören vier französischsprachige und fünf deutschsprachige Mitglieder an. In der Stadtverwaltung waren die Romands bis anhin zwar eher untervertreten. Mit einer 1994 eingeführten Quotenregelung soll der Anteil der Französischsprachigen aber bis auf einen Drittel der städtischen Beschäftigten anwachsen.

Die Gleichberechtigung der Sprachgruppen wird aber nicht nur offiziell gefördert bzw. praktiziert – sie wird auch hörbar von der Bevölkerung gelebt. So setzte sich in der Stadt die Gewohnheit durch, bei Begegnungen etwa auf der Straße jeweils diejenige Sprache zu verwenden, die die erste sprechende Person wählt. Solche Begegnungen entsprechen also dem Ideal völliger Sprachgleichberechtigung.

Doch wie wird die Zweisprachigkeit und das Nebeneinander der Kulturen von der Bevölkerung wirklich erlebt? Wie oft finden **Kontakte zwischen den Angehörigen der beiden Sprachgruppen** tatsächlich statt? Eine Umfrage kam zum Schluss, dass zufällige Kontakte beim Einkaufen und in der Nachbarschaft oder institutionalisierte Begegnungen bei der Arbeit noch sehr häufig vorkommen. Zwei Drittel der befragten Bieler gaben jedoch an, keine sprachübergreifenden Kontakte im engeren, privaten Kreis zu pflegen. Schließlich negierten zehn Prozent sogar die Frage, ob sie überhaupt mit der jeweils anderen Landessprache in Kontakt kämen.

Diese Zahlen korrigieren das bisher gepflegte Bild eines zweisprachigen Miteinanders zu Gunsten eines Nebeneinanders. Der Autor der besagten Umfrage entnahm den erhobenen Zahlen eine regelrechte »sprachliche Separation«. Gar von einer »totalen gegenseitigen Ignoranz« sprach eine Welschbielerin, die im Rahmen einer Forschungsarbeit von einer Gruppe der Universität Bern befragt worden war.

Sicherlich entsprang diese Aussage einer stark persönlichen Betrachtungsweise – und doch ist es kein Zufall, dass eine Romande das so gerne herangezogene Ideal des zweisprachigen Miteinanders in Zweifel zieht. Denn ein Großteil der französischsprachigen Minderheit fühlt sich in Biel immer noch benachteiligt. Dabei sticht vor allem ein Grund für diese Gefühle hervor: die häufige und immer selbstverständlichere Verwendung des Berner Dialekts unter den Deutschsprachigen. Die Romands erwerben ihre Deutschkenntnisse meist erst in der Schule – und dort wird Hochdeutsch gelehrt.

Es wäre wohl zu viel verlangt, zwecks besserer sprachübergreifender Verständigung Berndeutsch in den Fremdsprachunterricht aufzunehmen. Trotzdem könnten Biels Schulen wesentlich mehr zur Eindämmung der fortschreitenden sprachlichen Separation beitragen, als sie dies heute tun. Dabei lohnt sich ein kurzer Blick in die Geschichte. Im 19. Jahrhundert gab es in Biel zunächst nur eine Unterrichtssprache: Deutsch. Die französischsprachige Minderheit musste sich fügen. Doch dann setzte sich allmählich ihre Forderung nach französischsprachigen Schulen durch. Gegründet wurden: 1860 die erste Primarschule (s. o.), 1891 ein Progymnasium, jedoch erst 1955 ein Gymnasium.

Damit waren die Romands endgültig beruhigt; ihre Sprache hatte sich in Biel die **schulische Gleichberechtigung** erkämpft. Die Kehrseite der Medaille bestand nun in rapide abnehmenden Kontakten zwischen Romands und Deutschschweizern und zunehmenden, aus der Unkenntnis entstehenden Vorurteilen gegenüber der anderen Sprachgruppe.

Lange betrachtete man diese wachsende Separation als unausweichlichen Preis für die friedliche, weil gleichberechtigte Koexistenz der beiden Sprachgruppen. Allmählich schafften sich Stimmen Gehör, die diesen Zustand offen kritisierten und die Pflege der echten Zweisprachigkeit forderten.

Als ein Mittel zur Lösung des Problems sieht man heute **sprachübergreifende Schul-**

projekte. Nach anfänglicher Skepsis eröffnete in der Folge 1998 eine zweisprachige Abteilung der Bieler Gymnasien ihre Tore. Dort existieren derzeit mehrere zweisprachige Klassen, deren Schulstunden in Form der reziproken Immersion (halb französisch, halb deutsch) stattfinden. Damit wurde nach langem Hin und Her ein erster Schritt getan, Welsch- und Deutschbieler einander wieder ein Stück näher zu bringen.

Biel bezeichnet sich gern als »Anti-Bern« oder als kleines »Zürich des Kantons Bern«. Die Stadt pflegt einen Ruf als lebendige, zukunftsoffene und multikulturelle Kleinstadt. Das wichtigste **Markenzeichen**, quasi der Beweis für den Wahrheitsgehalt dieses Image, ist und bleibt die **Zweisprachigkeit Biels**. Doch diese bedarf der laufenden intensiven Pflege und Anstrengungen.

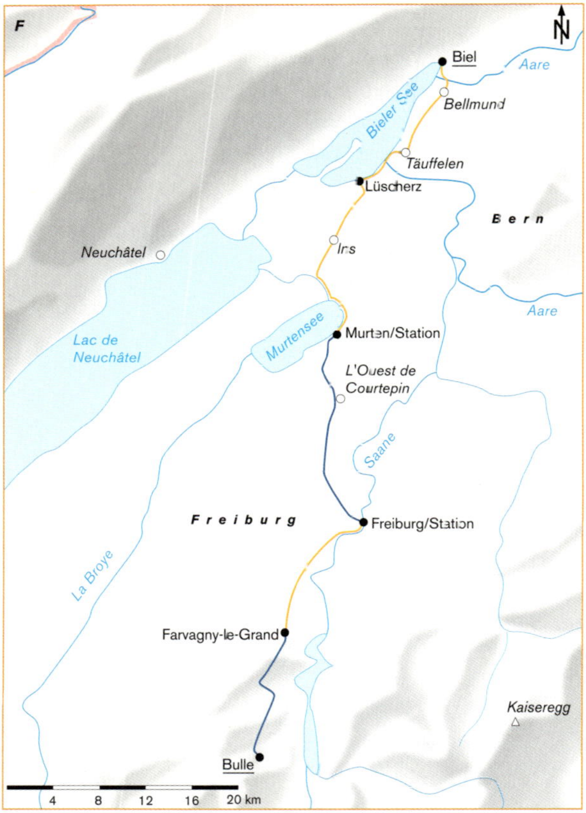

Charakter: Durch eine hügelige Landschaft, teils entlang von Seeufern und Kanälen, teils über bewaldete Höhenzüge

Anforderungen: Bequeme Wege, meist mäßige Steigungen

Beste Jahreszeit: Wenn es nicht geschneit hat, das ganze Jahr über begehbar. Alle Jahreszeiten haben auf diesen Wegen ihre speziellen Reize

leicht	Biel–Täuffelen (3½ Std.)–Lüscherz (1½ Std.)	5 Std.	17,1 km
leicht	Lüscherz–Ins (2½ Std.)–Murten/Station (3¼ Std.)	5¾ Std.	19,7 km
mäßig	Murten/Station–L'Ouest de Courtepin (3½ Std.)–Freiburg/Station (3¼ Std.)	6¾ Std.	22,4 km
leicht	Freiburg/Station–Ecuvillens (4 Std.)–Farvagny-le-Grand (2 Std.)	6 Std.	19,5 km
mäßig	Farvagny-le-Grand–Marsens (4 Std.)–Bulle (1¾ Std.)	5¾ Std.	14,9 km
	Total Biel–Bulle	*29¼ Std.*	*93,6 km*

(7) ÜBER DEM BIELERSEE UND AN SEINEN UFERN führt diese Etappe zum Fischerdorf Lüscherz.

Vom Bahnhofplatz in Biel aus wenden wir uns auf der J. Verresius-Straße nach Westen und nehmen beim Uraniaplatz links die Aarbergstraße. Nach der Bahnunterführung schwenken wir halb rechts in die Badhausstraße und folgen dieser geradeaus bis zur Schiffländte. Dort wandern wir links zur Brücke über die Zihl, den ehemaligen Abfluss aus dem Bielersee. Nun folgen wir dem Uferweg vorbei am alten Schloss mit der Bezirksverwaltung. Sobald wir die Geleise der Biel–Täuffelen–Ins-Bahn (BTI) erreichen, nehmen wir die Zihlbrücke links. Von da ab leiten uns Markierungen zur Mündung der Zihl in den Nidau–Büren-Kanal, zur Brücke über diesen Kanal und dann über die Lohngasse ansteigend nach ***Port*** *(442 m).*

Beim Dorfplatz zweigt unsere Route (trotz des geradeaus zeigenden Wegweisers) nach links in die Aegertenstraße und dann gleich wieder nach rechts in den Hüebliweg ab. Nun steigen wir auf dieser Nebenstraße durch ein Einfamilienhausgebiet zur Kreuzung vor dem Waldrand auf. Dort wenden wir uns nach rechts. Auf dem Bellevueweg, von dem aus sich der Blick auf Biel öffnet, gelangen wir ins Dorfzentrum von ***Bellmund*** *(504 m).* Dieser Ort hat trotz der Nähe zu Biel durch eine geschickte Planungspolitik noch einiges von seinem Dorfcharakter bewahren können. Neue Wohnsiedlungen wurden, teils als eigenständige Ortsteile, in klar abgesteckter Form gestaltet (speziell die Gebiete Stockacher/Oberfeldweg und Breiten). Damit ließ sich zumindest teilweise ein Ausufern des Dorfes vermeiden (vgl.

▼ Familienausflug auf dem Zihl-Kanal bei Biel

Spezialthema »Siedlungkleckse in der Landschaft«).

Vom Dorfkern aus wandern wir auf der Straße südlich den Hang hinauf bis vor den Ortsteil Breiten. Dort folgen wir dem Wegweiser nach rechts in Richtung Oberholz/Täuffelen. Auf einem Feldweg führt die Route zunächst am Waldrand entlang und dann in den Wald hinein. Bei der gleich folgenden Verzweigung wenden wir uns nach links und am Waldrand angelangt wieder nach rechts. Alsbald durchqueren wir das ausgedehnte Waldgebiet Oberholz. Nach dem Wolfsgraben, der Lichtung Ried (mit einem zur Villa umgebauten Bauernhaus) und einer abermaligen Waldpartie erreichen wir das Dorf ***Täuffelen*** *(492 m, ein ausgedehntes Industriedorf mit spätgotischer Dorfkirche).* Unterwegs genießen wir eine wunderschöne Sicht auf das gesamte Bielerseegebiet und die Juraketten.

Vom Bahnhof der Biel–Täuffelen–Ins-Bahn (BTI) aus orientieren wir uns an Hinweisen in Richtung Lüscherz, wandern durch das ebene Rütifeld und gelangen hinab zum Elektrizitätswerk sowie zum ***Aare-Hagneck-Kanal*** *(439 m).*

Ein falscher Name für eine gewaltige Kraftanstrengung

Der Aare-Hagneck-Kanal ist Teil der so genannten Juragewässerkorrektion, besser Aare-Korrektion genannt. Denn er leitet die Aare in den Bielersee, von dem aus sie über den Nidau–Büren-Kanal wieder in das ursprüngliche Flussbett gelangt. Diese Maßnahme sowie der Bau des Zihlkanals als Verbindung zum Neuenburgersee und des Broye-Kanals als Verbindung zum Murtensee dienen einem Zweck: Vermeiden von Überschwemmungen im Gebiet zwischen Solothurn und Yverdon, insbesondere im Seeland mit dem Großen Moos.

Die erste Juragewässerkorrektion wurde

1878 abgeschlossen und bedeutete damals eine gewaltige Kraftanstrengung. Sie erzeugte jedoch wieder neue Probleme (z. B. Absenkungen im Großen Moos), sodass von 1962 bis 1973 eine weitere Korrektur durchgeführt werden musste.

◄ Im Oberholz zwischen Bellmund und Täuffelen

Nach dem Überqueren des Aare-Hagneck-Kanals führt unser Weg parallel zum Seeufer über den Strandboden. Dieser war vor der ersten Juragewässerkorrektion Seeboden. Die Korrektion senkte jedoch den Wasserspiegel des Sees um etwa 2 m. Der Strandboden ist heute Naturschutzgebiet. *Etwa 450 m nach der Überquerung des Kanals führt der sehr schöne Weg am Ufer des Bielersees weiter nach* ***LÜSCHERZ*** *(434 m), unserem Etappenziel.* Dieser Ort weist eine Siedlungsgeschichte auf, die Jahrtausende zurückreicht. Durch die Absenkung des Bielersees kamen ausgedehnte Zeugnisse der früheren Pfahlbaukultur zum Vorschein. Einiges davon ist in einem privaten Museum zu sehen. In Lüscherz bestehen keine Übernachtungsmöglichkeiten. In 15 Minuten erreicht man jedoch mit dem Bus das Städtchen Erlach, wo Unterkunft zu finden ist (Kursbuch Nr. 270.30).

▼ Ehemaliger Seeboden des Bielersees, heute Naturschutzgebiet

(8) GROSSARTIGE SEEPANORAMEN UND DIE WEITE DES GROSSEN MOOSES bieten sich auf dem Weg nach Murten.
In Lüscherz überqueren wir die Staatsstraße und steigen in Richtung Gurzelen ein Fahrsträßchen in südwestlicher Richtung an. Nach dem Gehöft (hier stand schon zur Römerzeit eines) wandern wir auf einem grasigen Feldweg aufwärts und genießen nun nochmals einen großartigen Blick auf den Bielersee. Kurz nach dem Waldeintritt biegt

links ein Pfad ab, der hinauf zu einem Forststräßchen führt. Nach dessen Überquerung erreichen wir die Verzweigung beim Pt. 564. Weiter geht es in Richtung Ins über den bewaldeten Höhenzug des Schaltenrains. Linker Hand auf den bewaldeten Kuppen wurden etliche Gräber, die so genannten Fürstengräber, gefunden. Diese stammen aus der jüngeren Eisenzeit, genauer aus der Hallstattzeit. Zudem befinden sich hier ehemalige Muschelsand-Steinbrüche. Das Material wurde für Mühlsteine verwendet (daher der Flurname Muelere). *Nach etwa drei Kilometern fast ebener Waldwanderung kommen wir am Waldaustritt zur Verzweigung* ***Grafebrünne*** *(565 m).*

Der markierte Weg nach Ins verläuft nun rechts und dann links im Bereich des Waldrands. Vor dem ehemaligen Kapellenplatz St. Jodel genießen wir ein grandioses Halbrundpanorama. Geradeaus vor uns liegt der Neuenburgersee flankiert von der Jurakette. Halb links erspähen wir den Murtensee. Dazwischen liegt der Höhenzug des Mont Vully. In der Ferne werden die Freiburger und Berner Alpen sichtbar. Es gehört zu den historischen Perfiditäten, dass an diesem wunderschönen Ort auch die Galgen von Ins standen und die Delinquenten im Angesicht des herrlichen Panoramas ins Jenseits befördert wurden. *Wir steigen nun den Feldweg links hinab und nehmen rechts das von Grueben kommende Sträßchen hinein nach* ***Ins*** *(476 m, großes, behäbig wirkendes Dorf mit sehenswerten alten Bauernhäusern, darunter das Ankerhaus).*

Vom Bahnhof Ins an der Linie Bern–Neuenburg aus wandern wir zunächst ein kurzes Stück westlich und nach Überquerung der Bahnlinie ein weiteres Stück östlich. Dann zweigt unser Weg rechts ab und führt in süd-

licher Richtung schnurgerade auf den Staatswald zu. Wir durchwandern das topfebene Große Moos – ein ausgedehntes Gemüseanbaugebiet. Überall ziehen sich Entwässerungskanäle durch diese Landschaft. Sie wurden im letzten Jahrhundert nach der ersten Juragewässerkorrektion durch Häftlinge gegraben. Daher entstand hier die Berner Strafanstalt Witzwil, welche halb links am Waldrand liegt. *Beim Staatswald angelangt, wenden wir uns nach links und gleich wieder nach rechts in den Wald hinein. Auf abermals schnurgeradem Weg erreichen wir den Broye-Kanal. Wir folgen dem idyllischen Kanalufer nach links, passieren einen Campingplatz (hier verläuft die Sprachgrenze – theoretisch – mittendurch) und folgen der Zufahrtsstraße. Später schwenkt diese Straße nach links.* Geradeaus geht es zur Freiburger Strafanstalt Bellechasse – ebenfalls ein ehemaliger Sitz unfreiwilliger Moorarbeiter. *Wir biegen bei den nächsten Gebäuden nach rechts und gelangen zur* ***Brücke nach Sugiez*** *(438 m, sehenswerte Zeile von Weinbauernhäusern).*

Auf der anderen Straßenseite steigen wir wieder hinab zum Broye-Kanal, schwenken später nach links und wandern auf markierten Wegen durch den Wald von Le Chablais. Nach ca. 2 km schnurgeradem Waldweg und dem zweiten querenden Bach biegen wir in den rechts zum Seeufer führenden Weg. Nun bleiben wir in Seeufernähe, lassen den Campingplatz Löwenberg hinter uns und gelangen auf Seeuferpfaden und -wegen zum Strandbad von ***Muntelier*** *(435 m).*

Von dort wandern wir auf der breiten Seeuferpromenade, die von Bauten der Expo 02 verziert werden soll (Thema »Augenblicke und Ewigkeit«), weiter bis nach ***MURTEN*** *(448 m).*

◀ Oberhalb des Hofes Gurzelen bei Lüscherz

▼ Entlang der Sprachgrenze

Bijou Murten

Die alte Zähringerstadt ist von beeindruckender Geschlossenheit, umgeben von einer noch fast vollständig intakten Stadtmauer. Auf ihr zu spazieren, stellt ein ganz besonderes Erlebnis dar. Man genießt dabei einen weiten Blick ins Freiburger Land, auf den Murtensee und den Mont Vully mit den terrassierten Weinbergen. Bemerkenswert ist zudem, dass die Stadtmauer nicht wie andernorts von einer Ringstraße, sondern von schönen Gärten umsäumt ist.

Die Zähringer Stadtanlage weist eine klare dreiachsige Struktur auf, wobei die zentrale Achse die großzügige Hauptgeschäftsstraße bildet. In der Mitte verläuft quer dazu die Kreuzgasse. Besichtigenswert sind neben diesem beeindruckenden Ensemble die Befestigungstürme, die deutsche Kirche an der Ringmauer, die spätgotische französische Kirche, das klassizistische Rathaus sowie etliche spätgotische und barocke Fassaden von Bürgerhäusern. In der ehemaligen Stadtmühle befindet sich ein Museum.

Einen Kilometer südlich von Murten wurde 1476 die professionelle Armee der Burgunder von einer zusammengewürfelten Schar Zürcher und Thurgauer Burschen geschlagen. Dazu trug in starkem Masse auch die Panik bei, welche die Eidgenossen mit ihrem Ruf wilder, kriegerischer Draufgänger bei den burgundischen Soldaten verursachten. Dass ein Jahr später das Burgunderreich zerbrach, lag aber nicht an dieser verlorenen Schlacht, sondern hatte seine Ursache im Tod von Karl dem Kühnen in Nancy.[1)]

(9) EIN SCHÖNER WEG, EIN BETRÜBLICHER WEG führt uns nach Freiburg. Mehrmals überqueren wir die Sprachgrenze. Leider müssen wir viel Asphalt unter die Füße nehmen.

Wenig erbaulich beginnt zunächst der markierte Weg vom Bahnhof Murten in Richtung

Meyriez. Wir gelangen nicht zu einer erwarteten Seepromenade, sondern müssen die Lage am See einem mehrsternigen Hotel und Villen überlassen. Durch Wald- und Buschgebiete kommen wir zu einer Verzweigung. Hier biegen wir, dem Richtungsanzeiger folgend, nach links ab und erreichen eine Kreuzung an einem Bahnübergang. Jenseits der Bahn liegt das ***Schlachtdenkmal*** *(441 m, s. o.).*

Wir bleiben diesseits der Bahn und durchwandern die kleine Halbinsel Fin de Dy. Nach der Halbinsel schwenkt der Weg hinauf zur Bahn und Hauptstraße, die wir in einem Tunnel unterqueren. Wir tauchen bei einer Villengruppe, die sich um das Barockschloss Grancy schart, wieder auf. Weiter geht es in südöstlicher und nach dem Weiler in südlicher Richtung bis direkt vor den begrünten Wall parallel zur neuen Autobahn. Hier schwenkt unsere Straße nach rechts und überquert dann links die Autobahn. Vorbei an einem winzigen Friedhof erreichen wir das kleine Dorf ***Clavaleyres*** *(454 m).* Der französische Name lässt nicht erwarten, dass man hier deutsch spricht. Clavaleyres bildet eine Enklave des Kantons Bern auf Freiburger Gebiet.

Im Dorf leiten uns die Wegweiser nach Süden und dann gen Osten. Auf einem Asphaltsträßchen erreichen wir leicht ansteigend den prächtigen Wald Le Ban. Zurückblickend bewundern wir nochmals den Murtensee und die Kette des Jura. *Im Wald folgen wir links einer Forststraße mit Schotterbelag. Sie führt uns, später teils durch Lichtungen, nach* ***Chandossel*** *(457 m).*

Wir nehmen bei der Kreuzung im Dorf die Straße links und folgen ihr, vorbei an einer Kapelle, in südöstlicher Richtung aufwärts. Nach ca. einem Kilometer beim Weiler Les

◄ Bei Muntelier mit Blick hinüber zum Mont Vully

[1] Dazu mehr bei Meyer W. und Finck, H. D.: Die Schweiz in der Geschichte 700–1700, Band I, 1995, S. 106 ff.

▼ Die Hauptgasse in der farbenfrohen Altstadt von Murten

Baumes weisen uns die Markierungen nach rechts über die Brücke. Wir kommen zu mehreren Höfen, die teilweise verfallen. Dort folgen wir dem Weg nach links und zweigen dann gleich wieder rechts in den Wald ab (Achtung, leicht zu verfehlen). Zunächst steil auf einem alten Hohlweg hinauf gelangen wir über ein landwirtschaftlich genutztes Plateau und dann quer durch einen Golfplatz zur Verzweigung ***Ouest de Courtepin*** *(578 m).* In 15 Minuten lassen sich von hier Courtepin und der Bahnhof erreichen. Der Ort mit seinen die Silhouette dominierenden Silos gehört zu dem, was uns zunehmend Unbehagen bereitet: der sorglose Umgang mit dieser schönen Hügellandschaft.

Nach der Durchquerung der Ebene folgt eine sehr schöne Waldwanderung durch den Bois de l'Hôpital und anschließend durch den Bois de la Corbaz. Sobald wir auf einer Höhe von ca. 650 m aus dem Wald heraustreten, lohnt es sich, links ein paar Schritte einen Feldweg entlangzugehen und dort den weiten Blick in das Gebiet der gestauten Saane sowie in die Voralpenlandschaft zu genießen. *Auf einem Sträßchen erreichen wir wenig später bei einer Kapelle den alten, kleinen Dorfkern von* ***La Corbaz*** *(648 m).* Der Weiterweg und die Blicke in die folgende Ebene von Givisiez geben uns erneut den Eindruck einer üblen Landschaftsbekleckerung: hier eine Villa, dort Mehrfamilienhäuser und in der Ebene hässliche Hochhaussiedlungen im sonst noch ländlichen Raum.

Auf Straßen wandern wir weiter hinab und dann, die Bahn Murten–Freiburg (GFM) überquerend, durch eine Ebene. Bei einer Straßenkreuzung wenden wir uns nach rechts, um vor den Bauernhäusern von Formangueires nach links abzuzweigen. Auf einem Feldweg steigen wir geradeaus, später entlang einem Waldrand, an. Auf erkennbar alten, früher gepflasterten, Wegen geht es dann durch den Bois de la Faye. Sobald wir aus dem Wald treten, öffnet sich ein weiter Blick, der aber stark beeinträchtigt wird: Die vor uns liegende Ebene bietet das Bild eines Chaos aus hässlichen Wohnhochhäusern, Industriebauten, Hochspannungsmasten und Autobahn mit Zubringerarmen (siehe Spezialthema »Siedlungskleckse in der Landschaft«). *Wir gehen den Feldweg und dann die asphaltierte Straße hinab, kreuzen einen Verkehrskreisel und werden von Wegweisern zur Kreuzung mit der Bushaltestelle* ***Etang du Jura*** *(644 m) geleitet.*

Bei der Kreuzung biegen wir nach rechts in die Route de la Broye ein (Trolleybus) und nach 120 m links in den Park Etang du Jura. Dort wandern wir parallel zu einem Teich und an dessen Ende rechts hinauf. Wieder auf der Route de la Broye, folgen wir dieser durch ein Einfamilienhausgebiet bis zum höchsten Punkt. Links zweigt die Promenade du Guintzet und von dieser ein Weg hinauf zum Wasserreservoir ab. Nach kurzem Aufstieg auf 700 m Höhe genießen wir einen schönen Blick in Richtung Alpenvorland und Alpen. Die erhoffte Sicht auf den alten Stadtkern von Freiburg ist jedoch durch klotzige Bauten älteren und jüngeren Datums versperrt. *Über die Escaliers du Guintzet gelangen wir, mehrere Straßen kreuzend, durch Villen- und Schulgebiete hinab zum Bahnhof von* ***FREIBURG/FRIBOURG*** *(629 m).* Diese Zähringergründung zeichnet sich durch eines der schönsten Stadtbilder der Schweiz aus. Die Fülle an Sehenswürdigkeiten würde den Rahmen dieses Buches sprengen oder zur willkürlichen Auswahl zwingen. Wir

◄ Weiter Blick in das Gebiet der gestauten Saane und ins Voralpenland

▼ Mittelalterliche Häuser in der Unterstadt Auge in Freiburg

verweisen daher auf die Literatur und auf Prospekte, die man von der Tourismusinformation erhält.

(10) VERSCHIEDENE ANSICHTEN VON FREIBURG, DIE SAANE UND AUSSICHTSREICHE HOCHEBENEN bilden Akzente der Wanderung bis Farvagny-le-Grand.
In Freiburg machen wir einen Umweg durch die Altstadt und die Saanelandschaft zu ihren Füssen. Wir spazieren zur Kathedrale St. Nicolas (vom begehbaren Glockenturm aus interessante Aussicht) und dann weiter südöstlich abwärts die Grand Rue Stalden, die Rue de Samaritaine bis zum Place Petit St-Jean. Dort schwenken wir nach rechts und wandern über die alte Brücke Pont du Milieu. Nun befinden wir uns im tief eingeschnittenen Saanetal mit teils fast senkrechten Sandsteinwänden. Gegenüber bietet sich eine großartige Ansicht der oberen Altstadt von Freiburg mit dem überragenden Turm der Kathedrale. *Wir gelangen über die Planche Inférieure zum relativ weiten Platz* ***Planche Supérieure*** *(549 m).* In diesem alten Vorstadtquartier Planche befindet sich eine ganze Reihe historischer Bauten. Über dem Ganzen thronen oben über dem Felsabhang der Lorette-Turm und das Couvent de Monforge, ein Kapuzinerkloster. Übrigens: Wenn vom »Röstigraben« zwischen Welsch und Deutsch gesprochen wird, dann wird er hier sinnfällig. Die Saaneschlucht bildet hier die Sprachgrenze. *Wir steigen nun den Chemin de Lorette hinauf (Gelegenheit für einen Abstecher zum Kloster, Loretteturm und zur Lorettokapelle), zweigen dann halb rechts in den Chemin du Sonnenberg ab und gelangen zur Porte de Maigrange. Damit betreten wir das Areal des unten am Saaneufer liegenden gleichnamigen Klosters (auf Deutsch: magere Au). Nach einem Abstieg am Flussufer der Saane angelangt, lassen wir das Kloster*

rechts liegen und wenden uns nach links. Weiter geht es über den Saanesteg und dann durch Wald und einen Tunnel den Sentier Guillaume Ritter hinauf bis zur Kreuzung von ***Les Charmettes*** *(630 m) auf der Hochebene.*

◄ Über den Pont du Milieu im Saanegraben mit Blick auf den Lorette-Turm

Sentier Guillaume Ritter

Das Gebiet über dem Lac de Pérolles (ein kleiner Saanestausee) strahlt eine zauberhafte Atmosphäre aus. Man ahnt das Getriebe der Stadt oberhalb dieses Gebietes und ist doch ganz entrückt. In diesem Naturschutzgebiet nisten viele Vögel in kleinen Höhlen in den Sandsteinfelsen.

Hochinteressant sind daneben die Gründe, die zum Tunnelbau führten: Das gestaute Wasser der Saane des Lac de Pérolles trieb früher keine Turbinen an. Noch bevor man nämlich auf diese Weise Strom erzeugen konnte, wurde die Energie der Wasserräder über ein langes Drahtseil von der Saane hinauf zur Hochebene direkt übertragen. Dort trieb das Seil die Maschinen einer Waggonfabrik an. Um das Drahtseil möglichst gerade führen zu können, wurden die steil durch den Sandstein hinaufführenden Tunnel gebaut. Man sieht auch sonst noch Spuren des von Ingenieur Guillaume Ritter ausgetüftelten Antriebs.

Dort, wo früher die Waggonfabrik stand, befinden sich heute umfangreiche Neubauten des kantonalen Technikums.

▼ Tunnel des Sentier Guillaume Ritter

Wir schwenken in die Route de la Fonderie und folgen den Markierungen in Richtung St-Apolline durch diesen südlichen Teil der Stadt Freiburg zu einem steilen, felsigen und teils bewaldeten Hang über der Saane. Später mündet unser Weg in eine Hauptstraße, die Route

de la Glâne. Diese führt uns links hinab bis vor die Brücke über die Glâne, einen Nebenfluss der Saane. Hier lohnt ein kurzer Abstecher auf die Brücke, um in das 50 m tiefer liegende Tal dieses Flusses zu schauen. *Wir biegen am Brückenkopf rechts in das Sträßchen und wandern die Route du Vieux-Moulin hinab nach* ***Sainte-Apolline*** *(572 m).* Die geschwungene Brücke über die Glâne ist römischen Ursprunges. Auf der anderen Brückenseite befindet sich die Kapelle Ste-Apolline. Sie ist einer Heiligen aus Alexandrien gewidmet.

Nach der Brücke wandern wir weiter auf markierten Wegen, durchqueren den Wald Bois de Monterban und kreuzen später die Kantonsstraße. Weiter geht es auf der anderen Seite der Straße hinab und unter der Autobahn hindurch. Durch Wald und dann auf asphaltierten Feldwegen erreichen wir das seit einiger Zeit sichtbare ***Ecuvillens*** *(692 m).*

St.-Jakobs-Wege in Mode

In Ecuvillens und schon vorher begegnen wir den braunen Schildern, die den St.-Jakobs-Weg anzeigen. Wir befinden uns von Freiburg an auf einer der wichtigsten Teilstrecken des St.-Jakobs-Weges in der Schweiz. Viele Institutionen und Gebäude dienten hier dem Pilgerwesen. So weist die durchwanderte Rue de Samaritaine in Freiburg mit ihrem Namen darauf hin, dass dort früher eine Herberge für arme Reisende bestand.

Eine große Rolle spielte die Brücke von Ste-Apolline. Eine Variante des St.-Jakobs-Weges zweigte im Bois de Monterban ab, um in einem Bogen über die Zisterzienserabtei Hauterive nach Ecuvillens zu führen. Auf der weiteren Route bleiben wir dem Jakobsweg bis Posat treu. Von dort zweigt er dann nach Romont ab und führt weiter nach Lausanne. Der St.-Jakobs-Weg und das Pilgerwesen haben in ganz Europa wieder an Popularität gewonnen. Dazu kann die wunderliche Jakobuslegende kaum Anlass bieten. Steckt hinter dem Neopilgerwesen die Sehnsucht nach einer spirituellen Gegenwelt zu unserer (scheinbar) so rational orientierten Welt?

◄ Die Brücke Sainte-Apolline römischen Ursprungs

Bei der Kirche von Ecuvillens wandern wir rechts die lange Dorfstraße entlang, biegen dann halb links ab. An einem Flugfeld vorbei, durch Wald und wieder freies Feld gelangen wir zum kleinen Bauerndorf ***Posat*** *(679 m, nahe sehenswerte Barockkapelle am Rande der Glâneschlucht).*

Vom Wegweiser aus steigen wir nun links einen Feldweg leicht an. Über eine Geländewelle hinweg kommen wir, zwischendurch eine fantastische Weitsicht genießend, nach ***FARVAGNY-LE-GRAND*** *(700 m).* Das ehemalige Bauerndorf ist weit verzweigt. Inzwischen mutierte Farvagny-le-Grand zu einem locker besiedelten Wohnort der Agglomeration Freiburg, wozu der nahe Autobahnanschluss beitrug. Auch kleine Industriebetriebe siedelten sich hier an. Farvagny-le-Grand und drei weitere Gemeinden schlossen sich aber nun zusammen und fassten den guten Vorsatz, die weitere Entwicklung in dieser schönen Gegend zu steuern, um der Zersiedelung Herr zu werden. Dem starken Bevölkerungszuwachs entsprechend bietet Farvagny-le-Grand im Dorfkern eine gute Infrastruktur mit Läden, Restaurants etc. Als kleine Sehenswürdigkeit lässt sich ein schlichtes Landschloss aus dem Jahre 1625, das schön restauriert wurde, bewundern. Im Ort besteht eine Übernachtungsmöglichkeit. Wir können aber auch mit dem Bus zurück nach Freiburg oder voraus nach Bulle fahren, um ein Hotel zu finden (Kursbuch Nr. 250.51).

(11) BEWALDETE HANGWEGE UND WEITE PANORAMABLICKE bietet die Wanderung bis Bulle.

Wir folgen der Markierung auf der Kantonsstraße in Richtung Süden und Vuisternens. Etwa 150 m nach der Kirche biegt links ein Sträßchen ab. Weiter geht es durch ein ausgedehntes Einfamilienhausgebiet zum Weiler Kaisa d'Avau und dann über Wiesen nach **Vuisternens-en-Ogoz** *(797 m).*

Anders als in der SAW-Karte 1:50 000 von 1996 eingetragen, wandern wir die Kantonsstraße in südwestlicher Richtung zum Ortsteil La Croix aufwärts. Hier, etwa 500 m nach der Kirche von Vuisternens, zweigen wir links in ein Sträßchen ab und halten auf den Waldrand zu. Dort, auf etwa 900 m Höhe, erwartet uns nochmals ein Panoramablick in Richtung Sensegebiet, Freiburg und Jurahöhen. *Im Wald kommen wir an der Kapelle Notre-Dame de la Salette vorbei und kürzen dann eine Straßenschlaufe durch einen rechts abzweigenden Waldweg ab. Von der Höhe Creux Gachet (940 m) führen uns wieder das Sträßchen und dann Waldwege aufwärts zum Waldrand oberhalb der Weiden von* **Vuisternaz** *(1060 m).*

Ein Wegweiser Richtung Bulle/Malessert leitet uns einen Waldweg leicht abwärts zu einer Forststraße, die von Avry-devant-Paul heraufkommt. Auf dieser wandern wir ca. 1 km und gehen dann bei einer Linkskehre den Waldweg geradeaus in südlicher Richtung weiter. Mal verläuft nun unser Weg am Waldrand, mal parallel dazu im Wald. Bei einer vorspringenden Geländenase und Antennenanlage begeistert uns abermals ein Panoramablick, nun voll auf den Lac de la Gruyère, die Ebene von Bulle, die hoch gelegene Burg und Stadtanlage von Gruyère, die Voralpen und Alpen. *Von der Nase aus wandern wir westlich auf einem Feldweg im Bereich des Waldrandes. Nach einer Waldpartie kommen wir zu einem Kreuzungspunkt und biegen hier nach Süden ab. Der Feldweg führt uns hinab zur Straße Sorens-Malessert. Dieser folgen wir rechts zum kleinen Dorf Malessert. Nach dem Bach Abbaye zweigen wir links auf einem Sträßchen ab und wandern parallel zum Bach abwärts (gehen also nicht den markierten Weg zum Gehöft Pra Genoud hinüber). Bei der Straßenverzweigung führt die Route weiter abwärts auf den Waldrand zu. Nach L'Abbaye senkt sich das Sträßchen in das eingeschnittene Tal des Gérignoz und führt dann nach* **Marsens** *(722 m, fast asiatisch wirkende Kirche eines ehemaligen Klosters).*

Unser Weiterweg nach Bulle setzt sich vom großen Dorfplatz aus zunächst auf der Straße nach Westen fort und zweigt dann in ein nach Südwesten aus Marsens hinausführendes Sträßchen ab. Das Sträßchen schwenkt hangwärts nach rechts, während unser Weg in südwestlicher Richtung der Hangkante entlang verläuft. Bei L'Etrey erreichen wir wieder eine Straße, wandern diese links in den Ort hinab und biegen dann rechts in ein Sträßchen. Nun folgen wir immer der Trasse am Fuße des Hanges und passieren mehrere Siedlungsflecken, Weiler sowie Einzelhöfe. Etwa 2 km nach L'Etrey erreichen wir eine Verzweigung von Wanderwegen und biegen links ab. Der markierte Weg leitet uns über einen Bach, über die Autobahn und dann zu einer ausgebauten Straße. Auf dieser gelangen wir nach **BULLE** *(770 m) hinein.*

Bulle – gut geplant und planlos gewachsen

Bulle ist eine Kleinstadt und dennoch ein voll entwickeltes regionales Zentrum für das Greyerzerland. Hier treffen sich vier wichtige Verkehrsachsen, die nach Freiburg, ins Simmental (Jaunpass), ins Wallis (Aigle) und nach Montreux/Lausanne führen. Starke Entwicklungspotenziale gingen vom Autobahnanschluss aus.

Obwohl bereits im Mittelalter bedeutsam, ist heute nicht mehr viel von historischer Bausubstanz sichtbar. Eine Feuersbrunst im Jahre 1805 zerstörte große Teile der Stadt. Das Schloss von Bulle, eine alte Burg im Stil der Savoyer (quadratisches Bauwerk mit wuchtigen runden Ecktürmen) und das nahe gelegene Kapuzinerkloster blieben jedoch erhalten. Nach dem Brand wurde Bulle im Stile der Zeit großzügig und schachbrettartig wieder aufgebaut. Beeindruckend ist die klare und geschlossene Bauanlage. Sie steht in starkem Kontrast zur heute planlos erscheinenden Ausuferung der Stadt.

▼ Die fast asiatisch anmutende Kirche, Teil eines ehemaligen Klosters, in Marsens

SIEDLUNGSKLECKSE IN DER LANDSCHAFT

Wenn man die Schweiz erwandert, steigt unweigerlich Ärger über viele unschöne Siedlungskleckse in der Landschaft auf. Hier schieben sich ein paar Einfamilienhäuser in ein Weidegebiet vor, dort liegt mitten in einem Kornfeld eine Mehrfamilienhaussiedlung oder ein Industriebetrieb. Vielerorts beobachtet man ein **generelles Ausufern der Siedlungsgebiete** in das landwirtschaftliche Umland – wie Kleckse auf einem Löschblatt, die dem Lauf der Fasern entsprechend ausfransen.

Auf dem Weg von Biel nach Bulle wird die Siedlungsklecksserei besonders deutlich und schmerzhaft erlebbar. Möglicherweise liegt das auch daran, dass in dieser Landschaft der Blick weit schweifen kann und die kaschierenden Waldflächen rar sind (der Kanton Fribourg hat einen der kleinsten Waldanteile der Schweiz).

Doch vielleicht ist die Zersiedelung, das Ausfransen der Siedlungsräume, im Empfinden der meisten Menschen gar nicht so übel. Vielleicht stört das nur einige elitäre Querköpfe und -wanderer? Wenn man die Forschungsliteratur zur Hand nimmt, dann sprechen doch **drei »O«** ganz massiv **gegen Siedlungskleckse** in der Landschaft, die:[1)]

- Ökonomie
- Ökologie
- optische Erscheinung.

Ökonomische Untersuchungen zeigen, was auf der Hand liegt: Die Infrastrukturkosten (Investition, Betrieb) fallen in Zersiedelungsgebieten deutlich höher aus als in kompakteren Siedlungsformen. Das betrifft insbesondere die Ver- und Entsorgung und den öffentlichen Verkehr, aber auch die Ausstattung mit Schulen, Kindergärten etc.

Ökologische Untersuchungen belegen ebenfalls die negativen Wirkungen der Siedlungskleckse: Der Flächenverbund von Flora und Fauna wird weiträumig gestört. Negative Umwelteinflüsse der Siedlungen (Lärm, Abgase, Erschütterungen etc.) sind allgegenwärtig und nicht auf einige Gebiete beschränkt. Der Wasserhaushalt (z. B. Grundwasserflüsse) erfährt teilweise negative Veränderungen. Diese Aufzählung ließe sich noch erheblich verlängern.

Was den Wanderer aber im Moment am meisten betrübt, sind die gestörten optischen Erscheinungsbilder der Landschaft. Auch hier zeigen Forschungsarbeiten, dass es sich dabei nicht um die Empfindungen einiger weniger handelt. Eine Landschaft gefällt gemäss empirischen Untersuchungen aufgrund ihrer Vielfalt, Struktur, Naturnähe und Eigenart.[2)] Geschätzt werden gemäss diesen Kriterien insbesondere traditionelle bäuerliche Kulturlandschaften oder auch traditionelle Stadtbilder mit klaren räumlichen Konturen kombiniert mit interessanter Architektur. Negativ wirkt sich auf den optischen Genuss schließlich auch die schlichte Tatsache aus, dass alte Stadtsilhouetten wie z. B. diejenige von Bulle nicht mehr erlebbar sind, weil sie durch einen Kranz unförmiger Großbauten verstellt werden.

Also dürfen und müssen wir das, was Wanderer als Beeinträchtigung des Landschafts- und Stadtbildes erleben, zu Recht anprangern.

Wir sollten uns aber **vor Doppelmoral hüten**. Die Hauptursache der Ausweitung der Siedlungsgebiete liegt in unserem Bedarf an Wohn- und Arbeitsflächen. Ließ sich in der Schweiz 1960 noch eine durchschnittliche Gesamtgeschoss-Wohnfläche pro Kopf von rund 25 m^2 feststellen, so erreicht diese Quote im Jahre 1999 einen Wert von etwa 50 m^2 – eine enorme Steigerung. Als Hauptfaktoren dieser Entwicklung wirken:

- Trend zum Kleinhaushalt (und wider die traditionelle Mehrgenerationen-Familie)
- der gestiegene Wohlstand, der eine große Wohnfläche finanzierbar macht.

Die meisten Wanderer dürften zu den Bevölkerungskreisen gehören, die eine großzügig bemessene Wohnfläche nutzen. Die Verdoppelung der Wohnfläche je Kopf, parallel auch der Flächen in den Betrieben, bei gleichzeitigem Bevölkerungswachstum von 1960 etwa 5,5 Mio. auf rund 7 Mio. im Jahre 1999 brachte den stark wachsenden Bedarf an Siedlungsflächen.

Dieser Trend wirkt nach wie vor ungebremst fort. Eine Sättigung in der Ausstattung mit Wohn- und Arbeitsflächen ist noch nicht in Sicht. Daher wächst derzeit die Siedlungs-

[1] Vgl. als Vertiefung: Zibell, B.: Chaos als Ordnungsprinzip im Städtebau, hrsg. vom Institut für Orts-, Regional- und Landesplanung, ORL-Bericht 99/1995
Sieverts, Th.: Zwischenstadt, Bauwelt-Fundamente, Braunschweig 1998
Geographisches Institut der Universität Basel (Hrsg.): Wohnen am Rande der Stadt, Basel 1998
Baudirektion des Kantons Freiburg (Hrsg.): Vorstudie für die Revision des Kantonalen Richtplans, Freiburg, Juni 1999

[2] Vgl. Eidgenössische Forschungsanstalt für Wald, Schnee und Landschaft (Hrsg.): Veränderungen des Landschaftsbildes und Tourismus, in: Argumente aus der Forschung, Ausgabe Nr. 5, Januar 1993

▼ Siedlungsklecksserei in Freiburg und nördlich davon

fläche der Schweiz etwa um einen Quadratmeter pro Sekunde!

Wenn auch die Expansion des Flächenbedarfs unausweichlich erscheint, so ist die **Form der Bedarfsdeckung gestaltbar**. Bestehende Siedlungsgebiete bieten noch erhebliche Raumpotenziale durch Verdichtungen. Zudem lassen sich mit Instrumenten der Raumplanung und baulichen Umsetzung klarere Unterscheidungen zwischen Siedlungsgebieten und integralen Landschaftsgebieten treffen. Neue Siedlungsgebiete erlauben kompakte Gestaltungen mit dennoch viel Luft, Licht und Grün. Gesamtüberbauungen statt ungeplanter Streusiedlungen bzw. Siedlungskleckse in der Landschaft sind also gefragt. Und dafür gibt es auch gute Beispiele.

Doch **gegen** solche **Konzentrationsbestrebungen** arbeiten Kräfte, die mindestens so stark wie gesamtökonomische, ökologische und optische Einsichten wirken:
- der hohe Stellenwert der Raumkosten (Wohnen, Arbeiten)
- die (zu) gute Verkehrserschließung
- der Drang ins Grüne.

Befragungen zeigen, dass die Mieten bzw. Landkosten eine besonders große Rolle für

◄ Zersiedelte Landschaft am nördlichen Rand von Freiburg

die Wahl eines Wohnortes spielen, die Verkehrskosten dagegen nicht (zumal sie teilweise steuerlich absetzbar sind). Also entwickelt sich die Siedlung dort, wo die Landkosten noch relativ günstig sind: draußen in den Dörfern und Weilern.

Solche Erscheinungen werden durch die Tatsache erleichtert, dass das Verkehrsnetz in der Schweiz hervorragend ausgebaut – für eine positive Raumordnungspolitik zu gut ausgebaut – ist. Wenn wir sehen, welche Dichte das Autobahn- und Expressstraßennetz z. B. im Freiburger Raum erreicht, so müssen wir uns über die verkehrsbedingten zentrifugalen Kräfte nicht wundern. Auch S-Bahnen oder gut ausgebaute Regional-Bahnen sind Zersiedelungsförderer.

Schließlich wirkt sich ein fast irrationaler Hang hinaus ins Grüne aus. Das folgende Paradox beeinflusst die isolierte Einzelentscheidung leider nicht: Je mehr Bevölkerungskreise ihren Traum vom Wohnen im Grünen wahr machen, desto weniger attraktives Grün gibt es.

Nun kommen **im Kanton Freiburg noch Sondereinflüsse** hinzu, welche die Siedlungskleckserei besonders fördern:

- Viele Gemeinden sind besonders klein, dennoch autonom und möchten größer werden
- Es besteht durch die Lage als »Zwischenraum« eine große Nachfrage nach Flächen
- Man verschmäht konzentrierte Gesamtüberbauungen.

Der Kanton Freiburg besteht aus vielen kleinen Gemeinden und historischen Streusiedlungen. Manche kleinen Weiler verfügen über das Statut autonomer Gemeinden. Wer klein ist, findet es schön, größer zu werden.

Hinzu kommt, dass viele politisch oft maßgeblichen Bauern ihr Land versilbern wollen. Also haben diese vielen kleinen Gemeinden in erheblichem Umfang Bauzonen ausgewiesen, oft mit der planerischen Gießkanne entsprechend der alten Streusiedlung. In diesen übergroßen und gestreuten Bauzonen kann man in irgendeiner Ecke anfangen zu bauen. So entsteht die Mehrfamilienhaus-Bebauung im Kornfeld.

Durch das Überangebot ist Bauland im Kanton Freiburg oft relativ billig. Das lockt Berner und Lausanner, sich in diesem »Zwischenraum« ein Einfamilienhaus zu kaufen, zu bauen oder eine großzügige Wohnung zu mieten.

Schließlich wirkt sich eine Eigenart der Westschweizer aus: Sie verabscheuen einheitlich und konzentriert geplante Gesamtüberbauungen. So gesellig sie sein können, beim Wohnhaus oder Industriebetrieb ist Individualismus Trumpf. Man möchte jedes Wohnhaus sowie jedes Büro- und Industriegebäude so gestalten können, wie es einem passt. Und so sieht man auf dem Weg nach Freiburg sowie von Freiburg bis Bulle viele zusammenhanglos gestaltete und verteilte Gebäudesolitäre.

Lässt man das alles so weiterlaufen? Im Kanton Freiburg gibt es **verstärkt Bestrebungen, die Zersiedelung einzudämmen**. U. a. zu diesem Zweck wurde 1999 ein kantonales Leitbild der Raumordnung vorgelegt.

In der praktischen Umsetzung versucht man die Gemeinden zu überzeugen, ihre Baulandzonen zu verkleinern oder zumindest die Erschließung zu etappieren. Gefördert wird auch die überkommunale Zusammenarbeit in der Siedlungspolitik (z. B. Bildung konzentrierter überkommunaler Industriezonen). Noch nachhaltiger wirken Gemeindezusammenschlüsse und eine auf Konzentration bedachte Siedlungspolitik.

Bei diesem Bemühen helfen die Ökonomie (viele Gemeinden stöhnen heute unter den Folgen zu hoher Infrastrukturkosten), die Ökologie (das entsprechende Bewusstsein wächst langsam, aber stetig) und die Freude an einem als schön empfundenen Landschaftsbild.

◄ Werbung im Raumplanungs-Leitbild des Kantons Freiburg für dichtere Bebauungen und optimale Nutzungen der Infrastruktur

Charakter: Durch eine voralpine und alpine Landschaft sowie das schweizerische und französische Kulturgebiet der Savoyer

Anforderungen: Zwei Pässe sind auf guten Wegen zu überwinden, der erste leicht zu bewältigen, der zweite eine Herausforderung. Dazwischen bequeme Wanderungen im Voralpenraum und im Rhonetal

Beste Jahreszeit: Sehr verschieden. Im Rhonetal und am Genfersee das ganze Jahr über, in den Voralpengebieten April–November, die Pässe Mai–Oktober

leicht	Bulle–Gruyère (2¼ Std.)–Montbovon (4¼ Std.)	6½ Std.	22,3 km
höher	Montbovon–Le Paccot (4½ Std.)–Montreux (2½ Std.)	7 Std.	22,2 km
leicht	Montreux–Noville (2½ Std.)–Aigle (3¾ Std.)	6¼ Std.	20,4 km
höher	Aigle–Monthey (3½ Std.)–Val d'Illiez (3¼ Std.)	6¾ Std.	23,2 km
höher	Val d'Illiez–Champéry (1½ Std.)–Barme (2¾ Std.)	4¼ Std.	9,6 km
mäßig	Barme–Col de Cou (2½ Std.)–Samoëns (5 Std.)	7½ Std.	20,2 km
	Total Bulle–Samoëns	*38¼ Std.*	*117,9 km*

BULLE–VAL D'ILLIEZ / SAMOËNS

(12) DURCH DAS KULTURREICHE GREYERZERLAND AUF EINER ALTEN KÄSE- UND WEINROUTE führt die Etappe nach Montbovon.

Vom Bahnhof in Bulle aus wandern wir zum Schloss und folgen weiter den Markierungen in Richtung Gruyère. Nach der Brücke über die Trême biegen wir nach halb rechts und gelangen auf Straßen und durch besiedeltes Gebiet zum ehemaligen Weiler Les Granges. Von dort führt die Route auf guten Wegen durch offenes Weide- und Feldgelände nach ***Le Pâquier*** *(474 m).*

Wir verlassen das Dorf, das von einer regen Bautätigkeit erfasst worden ist, in südlicher Richtung. Unser Weg steigt nun auf einem Sträßchen leicht an und führt zum Alters- und Erholungsheim Montbarry auf 795 m Höhe. Dieser alte Bau mit viel Holz wurde in seiner Eigenart schön erhalten. *Weiter dem Hang entlang erreichen wir die Geländenase Le Creux.* Von den teils als ländliche Wohnhäuser genutzten Höfen aus bietet sich ein märchenhafter Blick auf das Städtchen Gruyère, das auf einem Hügel thront. *Durch ein Wäldchen gelangen wir hinab zu einer Brücke über den Albeuve-Bach und gehen dann links auf Straßen durch den Ort Pringy und weiter zum Bahnhof von Gruyère. Von hier aus leiten uns Wegweiser zu Fußgängerwegen, die hinauf nach* ***Gruyère*** *(830 m) führen.*

Burg und Stadt wie aus einem Märchen

Märchenhaft ist in Gruyère bereits die einzigartige Lage auf dem Hügelkamm. Da dieser Hügel verschiedene, sich in der Ebene kreuzende Wege zu beherrschen erlaubte, bot er sich für den Burgenbau geradezu an.

▼ Ein »Poya« – typische naive Malerei im Greyerzerland

Seit 923 sind hier residierende Greyerzer Grafen bezeugt. Sie bauten im 12. Jahrhundert die heute noch erhaltene Burg im savoyischen Stil (großer Rundturm). Zudem umgaben sie das angrenzende kleine Städtchen mit kräftigen Mauern. Sie hatten Grund dazu, stand doch die kleine Grafschaft immer wieder im Abwehrkampf gegen andere Herrscher wie den Bischof von Lausanne und die Savoyer. 1554 ging der 19. Greyerzer Graf der ununterbrochenen Erbreihe, Graf Michael, in Konkurs. (Wenn man die prunkvolle Ausstattung des Schlosses besichtigt hat, verwundert das nicht.) Die Konkursmasse teilten Bern und Fribourg unter sich auf. Das Gebiet zwischen Bulle und Montbovon kam zu Freiburg. In Gruyère herrschte in der Folgezeit ein Vogt.
Die gesamte Anlage von Burg und Städtchen ist noch bestens erhalten. Sie bildet ein einheitliches Ensemble aus Häusern des 16. und 17. Jahrhunderts. Berühmt wurde Gruyère vor allem aber auch durch seinen Käse. Als Folge der Berühmtheit ergießt sich ein großer Touristenstrom, der die Restaurants, Boutiquen etc. überschwemmt. Kein Wunder, dass man hier nicht unbedingt auf eine freundliche Bedienung hoffen darf.

An der Kapelle, auf welche die Hauptgasse zuführt, gehen wir rechts vorbei und steigen in östlicher Richtung zur Kirche hinab. Dort lassen wir uns nicht vom Durchgang durch die besichtigenswerte Stadtmauer verlocken, sondern wandern links der Stadtkirche in östlicher Richtung weiter. Ein Weg leitet uns hinab zur Kantonsstraße und ein Sträßlein um den Hügel La Bérauta herum zum Pont-qui-branle (699 m). Wir überqueren die Saane/La Sarine auf einer alten, gedeckten Holzbrücke, die früher wohl recht geschwankt haben muss, wie ihr Name vermuten lässt. Rechts geht es weiter auf markiertem Weg, immer parallel zum Lauf der Saane, meist auf Pfaden durch schönen Auenwald. Bei Sportplätzen angekommen, folgen wir dem Sträßchen links und dann weiter in einem Bogen leicht aufwärts durch ehemalige Kiesgruben nach ***Grandvillard*** *(762 m).* Dieses Dorf ist typisch für das Greyerzerland. Es blieb von Feuersbrünsten verschont und bietet daher viele alte Bauernhäuser in einer Mischung von Stein- und Holzkonstruktion, oft mit Schindeldächern und -fassaden. Herausragend in diesem Ensemble ist die Maison du Banneret, die in den verzierten dreigliedrigen Fenstern spätgotisch wirkt, obwohl sie zur Barockzeit 1660 fertiggestellt wurde. Im ganzen Tal herrschte im 17. Jahrhundert eine Art Bauwut. Dazu trug der Reichtum durch den Käsehandel bei. Im Jahre 1985 wurde Grandvillard vom Schweizer Heimatschutz ausgezeichnet.

Wir wandern im lang gestreckten Dorf in südöstlicher Richtung und folgen der markierten Route mit dem Hinweis Cascade-Grottes über den Bach und dann aufwärts. Hier lohnt sich ein Abstecher zu einem romantischen Wasserfall. Einige Einbauten erinnern daran, dass an dieser Stelle früher Energie für die weiter unten liegende Sägerei gewonnen wurde. *Danach geht es durch Wald und Lichtungen auf Pfaden, Waldwegen und Sträßchen immer den Hang entlang. Mit leichtem Auf und Ab erreichen wir eine Höhe von 860 m. Dann steigen wir zum Weiler von Le Bu (834 m, barocke Kapelle) ab. Von dort aus führt uns der alte Weg den Hang entlang weiter, nun über eine*

Geländeterrasse mit Weiden. Nach der Mündung des Wegs in eine Straße erreichen wir ***Lessoc*** *(812 m, berühmter achteckiger Brunnen mit einem barocken Schindeldachhelm).* Wie schon in Grandvillard lassen sich an Haus- und Scheunenwänden auch farbenfrohe »Poyas« bewundern – eine Spezialität des Greyerzerlandes. Poyas sind exakt gemalte Bilder von Alpaufzügen. Sie ähneln Appenzeller Bildern von Alpszenen. Das Wort »poya« kommt aus dem Spätlateinischen (podiare = steigen).

Weiter wandern wir den Hang entlang, überqueren einen Bach in einem kleinen, bewaldeten Tal und steigen dann hinab zu einem schmalen Stausee der Saane. Am bewaldeten Seeufer entlang erreichen wir eine Betonbrücke und halten von dort auf das Dorf ***MONTBOVON*** *(779 m) mit seiner bereits von weitem sichtbaren Kirche zu.* Dieser Knotenpunkt von Freiburger Bahnen und Montreux–Oberland-Bahn (MOB) wirkt unscheinbar. Dennoch gibt es auch hier etliche spätgotische Häuser mit kunstvoll angebrachten Schindelverkleidungen zu bewundern. Neben einfachen Hotelangeboten in Montbovon steht das reiche Angebot in Château-d'Oex oder in Montreux zur Verfügung – beides mit der Bahn erreichbar.

(13) DER AUSSICHTSREICHE JAMANPASS, MONTREUX UND DER GENFERSEE bilden die Attraktionen der nächsten Etappe. Diese Etappe ist lang. Doch können wir sowohl in Richtung Jamanpass als auch danach in Richtung Montreux die Bahn benützen und so die Etappe verkürzen.

In Montbovon lassen wir uns von dem brau-

▼ Der sehenswerte achteckige Brunnen in Lessoc

nen Schild mit Hinweis auf die historische Brücke bei Allières leiten. Dieser guten Beschilderung weiterhin folgend, steigen wir überwiegend auf einem alten Saumweg bis auf eine Höhe von 1002 m an und wandern dann durch Wald hinab zur alten Steinbrücke über den Hongrin (in der SAW-Karte von 1995 noch nicht eingezeichnet). Diese Brücke namens Pra du Pont stammt aus dem Jahr 1680 und wurde 1993 sorgfältig restauriert. *Der anschließende Waldweg führt uns hinauf zur Straße, der wir zur Bahnstation von Allières (1006 m) folgen. Auf dem gleichen Sträßchen weiter gelangen wir zu einer Weggabelung und dann markiert über steinige Matten rechts hinauf zur Bahnstation von* ***Les Cases*** *(1111 m).* Hier verschwindet die MOB in einem Tunnel unter dem Col de Jaman hindurch.

Zu diesem Tunneleingang steigen wir empor. Links davon führt uns der Weg durch das recht breite Tal des Ruisseau des Cases aufwärts. Immer wieder in Kehren verläuft unsere historische Route der Käse- und Weinhändler teils auf Pfaden, teils auf einem bequemen Schottersträßchen. Wir lassen die Alphütte la Joux hinter uns und kommen zu einer Wegkreuzung auf 1477 m (Abzweig links zum Rochers-de-Naye). Nach einem kurzen weiteren Anstieg auf dem Schottersträßchen erreichen wir den ***Col de Jaman*** *(1512 m).* Schon unterwegs genießen wir Panoramablicke in die Bergwelt des Greyerzerlandes und des Pays d'Enhaut. Nun öffnet sich zusätzlich die Sicht auf große Teile des Genferseegebietes. Westlich erkennen wir die Jurahöhen. Auf der Passhöhe gibt es ein Restaurant.

Um weiterhin viel Aussicht genießen und nötigenfalls auch die Bahn benützen zu können, wählen wir nach Montreux den Weg über Le Paccot und Caux. Dazu zweigen wir auf dem Pass links von der asphaltierten Straße auf ein Schottersträßchen ab. Nach gut 200 m folgt unsere Route einem Pfad rechts hinab. Weiter wandern wir den locker mit Bäumen und Büschen bestandenen Abhang des Dent de Jaman entlang zur ***Station Le Paccot*** *(1430 m) der MOB zum Rochers-de-Naye.*

Nun beginnt der eigentliche Abstieg (den man sich mit der Bahn ersparen kann). Auf dem Hangrücken wedeln wir in vielen kleinen Kehren auf Pfaden hinab. Wir bleiben dabei in der Nähe der Bahn. Von der Station Haut-de-Caux aus wandern wir eine Straße nach rechts und dann einen bequemen Fußweg links hinab nach ***Caux*** *(1048 m).* Hier lohnt sich ein kurzer Abstecher zur riesigen ehemaligen Hotelanlage in fantastischer Aussichtslage über dem Genfersee.

Nach dem Abstecher steigen wir auf einem teils etwas steinigen Fußweg hinab nach ***Glion*** *(708 m), wobei wir mehrmals die Straße kreuzen.*

Von der Station der Rochers-de-Naye-Bahn aus nehmen wir einen Fußweg in südwestlicher Richtung. Später kreuzen wir die Straße nach Glion, unterqueren die Standseilbahn und gelangen wieder auf die Straße. Dieser folgen wir nun abwärts, vorbei an der alten gotischen Kirche nach Planches, der Altstadt von Montreux. Weiter geht es auf Straßen hinab zum Hauptbahnhof von ***MONTREUX*** *(395 m).*

◄ Auf dem Weg zum Col de Jaman

Montreux und der Wakkerpreis

Die Stadt ist ein weltberühmter Nobelort des Schweizer Tourismus. Dazu trugen die exponierte Lage am Genfersee und das milde Klima, aber auch die Ambiance des Ortes bei.[1)]

Es gehört zu den Überraschungen, dass diese im 19. Jahrhundert durch den Tou-

[1)] Als Vertiefung sei empfohlen: Badilatti, M. und Stähli, R. A.: Preisgekrönte Dörfer und Städte der Schweiz, Zürich 1992, S. 159 ff.

▼ Montreux zwischen Erhalt und Abbruch

rismus entstandene Stadt 1990 den begehrten Wakkerpreis erhielt. Gewürdigt wurde damit das Bemühen der Stadt und der Hotelbesitzer, die vor 150 Jahren in einem Bauboom entstandene Stadtstruktur und Bausubstanz der »Belle Époque« zu erhalten und zu pflegen.

Viele Bauten hat man inzwischen schützen oder auch hervorragend renovieren können, wobei wie beim Bahnhof moderne Elemente hinzugekommen sind. Einfach lassen sich solche Schutzmaßnahmen nicht durchführen, sperren sich doch viele Immobilienbesitzer dagegen. Das Ganze findet zudem in einer Zeit großer Umstrukturierungen statt. Der Tourismus nimmt ab, und viele Hotels sehen sich gezwungen zu schließen. Für die alten Hotelkomplexe müssen andere Nutzungen gefunden und Raumangebote geändert werden. So war der Wakkerpreis auch als Ermutigung gedacht, in den Bemühungen nicht nachzulassen.

(14) DER GENFERSEE, DAS RHONE-DELTA, DIE RHONE UND AIGLE bieten einen bunten Strauß an landschaftlichen Eindrücken.

Vom Bahnhof in Montreux aus gelangen wir auf abwärts führenden Straßen in südlicher Richtung zur Seepromenade. Nun lustwandeln wir diese wunderschöne Promenade entlang, bis wir das ***Château de Chillon*** *(377 m, eines der bedeutendsten und besterhaltenen mittelalterlichen Schlösser der Schweiz) erreichen.*

Weiter auf dem Promenadenweg gelangen wir nach ***Villeneuve*** *(375 m, beachtenswerte frühromanische Kirche St-Paul, Reste der Burg und Ringmauer, reizvolles städtisches Ensemble).*

Wir bleiben an der Seepromenade bis zur Mündung des Flüsschens Eau Froide und folgen dann dem Flusslauf links bis zur Kantonsstraße. Nach der Brücke führt unsere Route rechts und dann gleich wieder links in das bewaldete Naturschutzgebiet von Les Grangettes. Wir befinden uns damit im Rhonedelta. Seit der Eiszeit transportiert die Rhone laufend Geschiebe aus dem Wallis in den Genfersee. Der See bildete sich in der Folge zurück. Dadurch entstand eine fruchtbare Schwemmebene zwischen St-Maurice und Noville. Das Neuland vorne am See ist dagegen sumpfig und überwiegend bewaldet. Man spricht hier von der Schweizer Camargue. Viele Frösche quaken in den Entwässerungskanälen und Tümpeln. Um eine weitere Verlandung zu verhindern, Kies zu gewinnen und den heutigen Zustand zu bewahren, wird vor der Mündung der Rhone laufend gebaggert.

Bei einer Verzweigung bleiben wir auf der asphaltierten Forststraße, schwenken nach links und gelangen nach **Noville** *(378 m, schön renoviertes, mittelalterliches Pfarrhaus, alte Kirche mit charakteristischem, steinernem Turmhelm).*

Von Noville aus leiten uns die Markierungen in südwestlicher Richtung zum Grand Canal, der parallel zur Rhone verläuft. Später überqueren wir den Kanal und gelangen nach **Chessel** *(379 m, Kirche aus dem 10. Jahrhundert).*

Ein Sträßchen führt uns nun in einem Bogen nach halb links und dann schnurgerade durch Gemüsefelder. Sobald wir durch Uferbewaldung zur kanalisierten Rhone stoßen, folgen wir dieser flussaufwärts. Auf Uferpfaden, Wegen und Sträßchen erreichen wir die Mündung des ebenfalls kanalisierten Grande Eau. Wir wandern nun diesem Bergflüsschen entlang, unterqueren die Autobahn, die Kantonsstraße und die Eisenbahn. An dieser Stelle wechseln wir auf die andere Seite des

◄ Abenddämmerung am Genfersee bei Villeneuve

▼ Feudales Pfarrhaus und mittelalterliche Kirche in Noville

Flüsschens und folgen ihm bis nach ***AIGLE*** *(405 m) hinein.*

Das Waadtland als Kolonie der Berner

Aigle verdankt seine besondere Stellung, historisch gesehen, nicht dem Wein, sondern dem Verkehr. Hier treffen die Passwege über den Col des Mosses (weiter nach Freiburg, Bern und hinüber zur Linie Thunersee, Luzern) und den Col de Cou (weiter nach Cluses und Annecy) auf die große Rhoneachse. Fast symbolisch zeigt sich diese Bedeutung als sekundärer Kreuzungspunkt an den Kleinbahnen: die ASD nach Les Diablerets, die AL nach Leysin und die AOMC ins Val d'Illiez.

Die Herzöge von Savoyen maßen daher Aigle, beim Bestreben, die ertragreichen Verkehrswege zu beherrschen, erhebliche Bedeutung bei. Sie bauten die Burg im 12. Jahrhundert zu einer großen Anlage aus. Eine einschneidende Änderung für Aigle mit Wirkung auf das gesamte Waadtland erfolgte 1475 während der Burgunderkriege: Die Bürger von Aigle waren damals mit den Schlossherren verfeindet. Da kamen ihnen rund 1000 Berner Mannen von jenseits des Col des Mosses zu Hilfe, vertrieben die Schlossherren und zerstörten die Burg. Dadurch jedoch gerieten die Bürger von Aigle vom Regen in die Traufe, denn die Berner blieben und machten sich das Gebiet untertan. Der Zugang zum Rhonetal kam für sie wie gerufen. Die Burg wurde daher von den Bernern wieder aufgebaut und als Stützpunkt im Rhonetal etabliert.

Das Waadtland befand sich nun in der Zange der Berner. Die vollständige Eroberung der Waadt fand 1537 statt. In Aigle wurde bereits 1526 von Farel die Reformation gepredigt. Die Berner halfen der Reformation später im gesamten Waadtland in nicht unzimperlicher Form zum Durchbruch. Die fürstliche Regel »Cuius regio quis reli-

gio« (wessen Herrschaft, dessen Religion) wurde von den Bernern in gleicher Weise umgesetzt. Dabei bildete die von Bern aus zentralistisch geleitete Kirche nicht nur ein Instrument der frommen Verkündigung des reformierten Glaubens, sondern auch ein effizientes Beeinflussungs- und Kontrollinstrument. Zeichen für die besondere Stellung der Kirche waren die großen Pfarrhäuser in den Dörfern. Diese wurden aus Stein in einer beachtlichen Größe erstellt. Dafür entwarfen Architekten in Bern speziell für das Waadtland Einheitstypen, bestehend aus großem Wohnhaus, Ökonomiegebäude (für Pferde und Kühe) sowie Backhaus. In Aigle kann man ein solches Typenpfarrhaus neben der alten Pfarrkirche St-Jacques sehen.
Besuchern bietet der reizvolle Ort auch weitere besondere Sehenswürdigkeiten, z. B. die Passerellen zwischen Wohn- und Nebengebäuden in der Rue Jérusalem, die Lauben der ehemaligen Markthallen und vor allem das außerhalb in den Weinbergen liegende Schloss. Dieses ist nicht nur von außen imposant, sondern beherbergt in seinen Mauern ein Rebbaumuseum (Musée vaudois de la vigne et du vin).

◄ Das Schloss in Aigle, schön in den Weinbergen gelegen

(15) DURCH LIEBLICHE WEINBERGE, HÄSSLICHE INDUSTRIEGEBIETE IN DAS IRLANDGRÜNE VAL D'ILLIEZ führt die fünfzehnte Etappe.
Wir wandern in Richtung Ollon zum Schloss und dann in die Weinberge hinein. Zweimal tangieren wir die Bahn nach Les Diablerets, dann schwenkt unser markierter Weg rechts um den Hügel von Plantour in ein Seitental hinein. Wir erreichen auf 560 m Höhe beim Weiler Verchiez eine Art kleinen Pass. Von hier aus gehen wir in den Ort hinein und

dann links durch Weinberge auf einem Sträßchen ins schöne Weinbauerndorf **Ollon** *(478 m). Als Alternative dazu bietet sich ein markierter Hangweg an.* Auf beiden Wegen nach Ollon genießen wir nicht nur Einblicke in die Weinbaukultur des Chablais, sondern auch eine schöne Sicht ins Rhonetal und auf die Dents du Midi. Eine andere Aussicht ließ die Bewohner von Ollon auf die Barrikaden steigen: Hier wollte die Nagra Bohrungen durchführen, um die Eignung des Untergrundes für ein unterirdisches Atommüll-Endlager zu testen. Inzwischen wurde das Vorhaben abgeblasen.

Wir folgen dem Sträßchen nach St-Triphon in westlicher Richtung. Nach Überquerung der Kantonsstraße gelangen wir in ein bewaldetes Hügelgebiet, das wie eine Insel im Meer der Rhoneebene erscheint. Mittendrin liegt das Dörfchen St-Triphon. Das Sträßchen führt uns weiter zur Bahnlinie. Von dort wandern wir unter der Autobahn hindurch zur Rhone. Hier folgen wir links dem Uferweg, bis wir auf die Kantonsstraße mit der Bahn nach Monthey und ins Val d'Illiez (AOMC) treffen. Wir überqueren die Rhone auf der Straße und orientieren uns an den Markierungen, die uns links in das in Richtung Monthey weiterführende Nebensträßchen leiten. Das Wallis begrüßt uns hier mit einer schlimmen Siedlungs- und Industriewüstenei, die sich zwischen der kanalisierten Rhone und Monthey hinzieht. Eine große Müllverbrennungsanlage, Raffinerien bei Collombey und verschiedene verstreut liegende kleinere und größere Industriebetriebe prägen das Bild. Dazwischen befinden sich zusammenhangslose Wohnsiedlungen. Man gönnt dieser Region das breite Arbeitsplatzangebot mit interessanten Produktionen wie z. B. künstliche Edelsteine, Duftstoffe etc. Doch musste diese industrielle Entwicklungsdynamik in ein solches optisches und die Umwelt beeinträchtigendes Chaos münden? *Der Weiterweg führt zur Hauptstraße, die sich am Fuße der Berghänge nach Monthey hinzieht (Bahnstation). Über markierte Neben- und Waldwege am Berghang erreichen wir erst leicht an- und dann absteigend das alte Zentrum von* ***Monthey*** *(424 m).* Dieser Ort gehörte lange zur Oberherrschaft der Savoyer. Als die Berner Aigle in Besitz nahmen und Savoyen an Macht verlor, eroberten 1536 die Oberwalliser Monthey. Die neuen Herren regierten mit strenger Hand und wenig Interesse am Wohlergehen der Bevölkerung, was sie zunehmend unbeliebt machte. Mit der Eroberung des Wallis durch die napoleonische Armee wurde der 300-jährigen Herrschaft durch die Oberwalliser ein Ende bereitet. Dass sich die Unterwalliser später dennoch mit den Oberwallisern in einem gemeinsamen Kanton wiederfanden, ist angesichts dieser Geschichte erstaunlich. Ganz im Gegensatz zu ihrem Umfeld ist das alte Zentrum der Stadt sehenswert und reizvoll: z. B. Le Crochetan (in französischer Bauart von 1734 mit Resten einer mittelalterlichen Befestigung), das Haus Delacoste (1635), das Neue Schloss (15. Jahrhundert), das Zeughaus (17. Jahrhundert) und die Barockkapelle Notre-Dame du Pont (1775). Ein Erlebnis besonderer Art mit einem starken Bezug zum Spezialthema »Savoyische Ess- und Trinkkultur« bietet der Markt von Monthey (mittwochs).

Unsere Wanderung ins schöne Val d'Illiez beginnt beim Brunnen in Vierblattform auf dem Hauptplatz in Monthey. Wir steigen in

◀ Reiches Obst- und Gemüseangebot in Monthey

▼ Denkmal von Gros Bellet – Moritatensänger und Freiheitsheld des Unterwallis – im neuen Schloss von Monthey

östlicher Richtung durch die Gasse Bourg Aux-Favre an und kommen zum alten Zeughaus. Weiter geht es auf dem historischen Verbindungsweg, die Hauptstraße kreuzend, zur Bahnstation Chemex der AOMC hinauf. Über Wege und eine Nebenstraße erreichen wir die Passstraße nach Morgins. Dieser folgen wir kurz abwärts bis zur Verzweigung und wandern dann auf der Straße nach ***Troistorrents*** *(765 m, sehenswerte barocke Pfarrkirche Ste. Marie-Madeleine).*

Irland – grünes Val d'Illiez

Für das Val d'Illiez kennzeichnend sind die behäbig wirkenden dunklen Holzhäuser auf steinernem Sockel. Sie erinnern an Simmentaler Häuser, weil sie alles unter einem großen Dach vereinen: Wohnraum, Küche, Ställe und Scheune. Doch unterscheiden sie sich durch das noch stärker ausladende Dach, den so genannten Pfeifengiebel. Eine Besonderheit bilden auch die Laubengänge, die von der Seite aus über das Giebelfeld herumlaufen.

Solche Eigenheiten hängen mit dem Klima zusammen. Im Val d'Illiez regnet es sehr viel, mehr als doppelt soviel als im Rhonetal. Das liegt am Gebirgszug der Dents du Midi, der die aus Westen kommenden Wolken zum Wasserablassen nötigt. Als Folge des Klimas bestehen im Tal ausgedehnte, saftige Wiesen, die an Irland erinnern. Die Höfe liegen inmitten ihrer Weiden. Daher herrscht im Val d'Illiez, anders als sonst im Wallis, die Streusiedlung vor. Troistorrent als Dorf gab es daher früher nicht. Der Ortskern bestand nur aus Kirche, Pfarrhaus und Wirtshaus.

Der markierte Weg weiter in Richtung des Ortes Val d'Illiez führt nun hinab zum Talboden der Vièze. Dazu folgen wir einem Sträßchen bis nach dem Weiler Le Pas und später Pfaden dem Hang entlang. Auf dem Talboden angelangt, doch noch vor der Brü-

cke von Buchelieule – einem 1953 entstandenen Bad mit heißer Quelle –, biegt unser Weg rechts ab. Auf einem Schottersträßchen erreichen wir den Ort ***VAL D'ILLIEZ*** *(948 m, Kirche von 1687 mit savoyischem Turmhelm).* In Val d'Illiez kann man übernachten oder dank der AOMC-Bahn auch das größere Angebot in Monthey oder Champéry nutzen.

◄ Blick von Champéry ins grüne Val d'Illiez

(16) VON DER VORALPINEN LANDSCHAFT DES VAL D'ILLIEZ HINAUF IN DIE ALPENWELT, diesen Wechsel bietet die Wanderung nach Barme.
Unsere Route folgt zunächst der Straße nach Champéry. Nach knapp 400 m zweigen wir halb links in ein Sträßchen, überqueren die Bahn und wandern durch den lang gestreckten Weiler Play (Streusiedlung). Sobald das Sträßchen bei einer Häusergruppe nach links abknickt, gehen wir geradeaus weiter. Wir befinden uns hier auf dem alten Weg, der später zwischen Bahn und Hauptstraße über den Bergbach Chavalet führt. Nachdem wir die Hauptstraße überquert haben, umrunden wir auf dem alten Weg einen Ausläufer des Croix de Culet. An dieser durch ein Geländer gesicherten Stelle lässt sich ein besonders eindrucksvoller Blick das Val d'Illiez hinab und hinüber zu den Dents du Midi genießen. *Der alte Weg geht dann in ein Sträßchen über, das direkt in die Dorfstraße von* ***Champéry*** *(1053 m) mündet.* Dieser auf einem Hochplateau gelegene Ort lebt v. a. vom Wintertourismus. Die Seilbahn zum Croix de Culet erschließt den Zugang zum größten zusammenhängenden Skigebiet der Welt, den Portes du Soleil. Dieses erstreckt sich teils über schweizerisches und teils über französi-

▼ Turm der Kirche von Champéry

sches Gebiet. Eine besondere Attraktion bietet Champéry mit der bereits 1864 eröffneten Felsengalerie Defago. Sie liegt etwa 2,5 km südlich vom Ort und führt 600 m über ein Felsband. Teils wurde der Weg in den Felsen gehauen. Die Sicht ist großartig und dramatisch zugleich.

Vom Bahnhof in Champéry aus folgen wir der Straße in südwestlicher Richtung. Wir überqueren die Vièze, dann einen Bach und gelangen zum Punkt Grand Paradis mit ausgedehnten Picknickanlagen. Nun steigen wir über Matten und kleine Waldpartien aufwärts, überqueren dabei einen Bach und kommen an einer Kapelle vorbei. Sobald wir ein Schottersträßchen erreichen, folgen wir diesem rechts durch Wald in das Tal des Torrent de Barme hinein. Mitten in diesem Seitental der Vièze treten wir aus dem Wald und befinden uns in einer Felsarena, über der die Kette der Dents du Midi thront. Nun beginnt ein kräftiger Anstieg auf gutem Feldweg und später Pfad. Gegenüber sehen wir den wie auf einer übergroßen Rutschbahn fließenden Barme-Bach. Nach einem engen Einschnitt liegt plötzlich die Hochebene von ***BARME*** *(1490 m) vor uns.* Auf dieser Alm, auch Barmaz genannt, befinden sich zwei gemütliche Bergbeizen, die man hier Cantines nennt. Die Cantine Barmaz bietet neben einem Matratzenlager auch einfache Zimmer an. Die Cantine Les Dents-Blanches verfügt nur über ein Matratzenlager. Ein öffentliches Verkehrsmittel, um Alternativen zu erreichen, besteht nicht. Wenn man jedoch die urigen Cantines und ihr Angebot einheimischer Spezialitäten sieht, nimmt man das Übernachten auch mit wenig Komfort in Kauf.

(17) ÜBER DEN COL DE COU HINEIN INS KERNLAND VON HOCHSAVOYEN und durch eine fantastische Alpenwelt führt die Wanderung nach Samoëns.

◄ Aufstieg zum Col de Cou

Wir folgen der Straße in nördlicher Richtung.[1] *Am Berghang zweigt links ein Pfad ab, der uns in etlichen Serpentinen hinauf zu einem kleinen Straßenpass auf 1619 m Höhe führt. Hier beginnt links eine sehr reizvolle Gratwanderung über den Tälern der Barme und der Vièze auf dem Arête de Berroi. Der Weg bietet einen kurzweiligen Wechsel von Anstiegen, blumenreichen Wiesen, Waldpartien, kleinen Hochmooren und Tümpeln. Das Ganze wird umrahmt von den Alpenketten der Dents du Midi, der Dents Blanches und des Portes-du-Soleil-Gebietes. Nach einem kurzen Abstieg erreichen wir so die* ***Alp Berroi*** *(1816 m).*
Von hier aus können wir auf zwei Wegvarianten zum Col de Cou gelangen: weiter über den Grat oder den bequemeren Hangweg. Wir bleiben der Panoramasicht wegen auf dem Grat, schwenken auf der Höhe von 1931 m nach rechts und erreichen den ***Col de Cou*** *(1921 m).* Hier öffnet sich der Blick in das weite und vielgestaltige Alpengebiet von Hoch-Savoyen.

Savoyen – ein Herrschafts- und Kulturgebiet wandert

Hoch-Savoyen ist nur ein kleiner Teil der Grafschaft des Herzogtums und des Königreiches, die mit dem Namen Savoyen verbunden werden.[2] Es war eine in jeder Beziehung außergewöhnliche Herrschaft. Sie veränderte laufend stark ihre Grenzen, umfasste kulturell sehr verschiedene Gebiete nördlich, westlich und südlich der Alpen, übte aber dennoch eine erhebliche Prägekraft aus.
Die lange Herrschaft der Savoyer basierte auf zwei Pfeilern: Die Alpen-Transit-Routen und eine fast preußisch anmutende Verwaltung. Bereits im frühen Mittelalter (ca. 1050)

[1] Bis zum Col de Cou wandern wir von Barme aus auf der gleichen Route, wie sie im Buch »Grenzschlängeln« von Ursula Bauer und Jürg Frischknecht beschrieben wurde (Rotpunktverlag) Zürich 1995, S. 412 ff.

[2] Als Vertiefung sei empfohlen: Mariotte, R. und J.-Y.: Savoyen. Du Mont Kunst-Reiseführer, Köln 1992

errangen die Grafen von Savoyen, zunächst Lehnsherren des deutschen Kaisers, die Kontrolle über die Pässe im westlichen Alpengebiet und ihre Zugangswege. Zielstrebig gewannen die in Chambéry residierenden Grafen dann durch Kauf, Tausch, Kampf und Drohung die Herrschaft über mehrere große Handelsachsen. Im Norden bekamen sie die Achse bis nach Murten in den Griff, im Westen reichte ihre Herrschaft über Genf nach Gex und über Annecy nach Lyon. Im Süden kontrollierten sie das Gebiet bis Turin und darüber hinaus bis zum Mittelmeerhafen Nizza. Nur gegen Osten das Tal der Rhone hinauf wurden die Savoyer vom Bischof von Sion und von seinen Oberwalliser Verbündeten erfolgreich an einer Expansion gehindert. In guten Zeiten ließen sich in diesem Herrschaftsbereich durch gesicherte und freie Handelswege fette Zölle einnehmen. In Krisenzeiten verfügten die Savoyer über die Möglichkeit, Alpenpässe und ihre Zugangswege zu sperren. Um die zwar nach einheitlichem Muster erworbenen, aber sehr heterogenen Gebiete gut regieren zu können, sorgten die Grafen und späteren Herzöge (ab 1416) für eine straff geführte, auf klaren Gesetzen und Vorschriften beruhende Verwaltung. Im Mittelalter galt Savoyen so als Oase der Ruhe und Ordnung. In der gleichen Zeit fanden z. B. in der Eidgenossenschaft die vielen blutigen Schlachten statt, versetzten zudem nicht selten Banden ganze Landstriche mit Mord und Totschlag in Schrecken.

Die Eidgenossenschaft war es aber auch, die Savoyen von Norden her bedrängte und ihm Gebietsteil um Gebietsteil entriss. Freiburg, Murten, Bulle, Romont und das Waadtland fielen den verselbständigten Freiburgern oder den Bernern in die Hände. Der Berner Bär rupfte die savoyische Gans. Dann löste sich ab 1535 Genf aus dem savoyischen Verbund, maßgeblich gefördert durch die Reformation. Im Westen eignete sich das erstarkende französische Königreich Savoyens westliche Gebiete (Bresse) an. Doch die savoyische Staatsidee ging nicht unter. Es gelang den Herzögen von Savoyen, die verlorenen nördlichen und westlichen Gebiete durch Landgewinne im Piemont zu kompensieren. Der Verlagerung gegen Süden entsprechend wurde Turin nun Hauptstadt. Die weitere Entwicklung nur in Kürze: 1718 gewann Savoyen Sardinien hinzu. Fortan nannte es sich Königreich Sardinien. Doch das Land wurde weiter im savoyischen Staatsverständnis regiert. Dazu schrieb ein französischer Chronist: »Das war ein Staat, der sozusagen mit der Richtschnur vermessen war; für alles war gesorgt. Alles atmet die Sauberkeit …« 1860 entstand unter der Krone der ehemaligen Savoyer das neue Italien. Frankreich ließ sich sein Wohlverhalten mit den savoyischen Gebieten westlich der Alpen honorieren.

Savoyen lebt überall weiter. Im italienischen Gressoney und Pont St-Martin begegnet man überraschend der französischen Sprache. In Bulle, Chillon etc. beeindrucken savoyische Burgen. Im Val d'Illiez sehen wir Bauernhäuser und Kirchtürme im savoyischen Stil. Wer auf den Märkten in Monthey und später in Samoëns, Cluses oder Annecy einkaufen geht, wird unschwer Gemeinsamkeiten bei Käse und Wein entdecken (vgl. Spezialthema »Savoyische Ess- und Trinkkultur«).

◀ Savoyen im 14. Jahrhundert; im Norden erstreckt sich das Herrschaftsgebiet bei Murten

[1] Als 1:50 000-Wanderkarte sei die aus der Edition Didier Richard Nr. 3 empfohlen.

Vom Col de Cou aus wandern wir auf einem guten Pfad hinab.[1] *Wir folgen nun der GR 5 (Grandes Randonnées), welche quer durch Hoch-Savoyen bis zum Genfersee führt.* Die Franzosen sind begeisterte Fernwanderer, was uns gute Markierungen und Wanderwege beschert. Die Franzosen sind aber auch begeisterte Mountainbiker, was uns immer wieder zwingt, einem dieser keuchenden oder rasenden Metall-Esel-Fahrer auszuweichen. *Bei einer Verzweigung im Wald auf etwa 1600 m Höhe wenden wir uns nach links und gelangen zu einem Sträßchen. Wir verlassen dieses aber wieder gleich links und folgen den Markierungen zum Col de la Golèse. Etwa 500 m nach dem Sträßchen auf abwärts führendem steinigem Weg lassen wir uns nicht verleiten, rechts hinab zur Alp la Chardonnière zu gehen, sondern wandern geradeaus weiter auf grasigem Pfad auf etwa 1450 m Höhe fast eben den Hang entlang. Dann beginnt im Wald wieder ein Anstieg, der am* ***Col de la Golèse*** *(1662 m) endet.* Hier können wir links einen Abstecher zur etwas höher liegenden aussichtsreichen Berggaststätte machen – eine erste kulinarische Begegnung mit Frankreich. *Unsere Route folgt nun in südwestlicher Richtung auf einem Schottersträßchen den Hang hinab. Bei einer Verzweigung und den links sichtbaren Chalets de l'Abérieu bleiben wir auf dem Sträßchen geradeaus. (Die Karte von Didier Richard gibt hier für die GR 5 einen Abzweig nach links an.) Wir schwenken später rechts in den Taleinschnitt von les Chavonnes hinein und wandern von dort wieder nach links. Auf einer asphaltierten Straße gelangen wir hinab nach* ***Les Allamands*** *(1028 m, wie der Name andeutet: ein ehemaliges Walserdorf).*

Auf der Straße und dann über einen alten Weg gelangen wir durch eine Art felsiges Tor hinab. Nach abermals einem Stück Straße zweigt der markierte GR-5-Weg rechts ab,

stößt zu einem Bach vor und folgt diesem abwärts. Auf dem tieferen Talboden wieder auf der Straße gelangen wir zum Ortsteil les Moulins und dann hinab nach ***SAMOËNS*** *(703 m).* Dieses Städtchen ist der Hauptort des Oberen Giffre-Tales und bildet heute mit den Nachbarorten ein gut ausgebautes, gepflegtes Fremdenverkehrszentrum. Reizvoll wirkt der Marktplatz. Sehenswert ist die ehemalige Kollegialkirche mit ihrem mächtigen Turm. Dieser stammt noch aus dem 12. Jahrhundert. Das Kirchenschiff wurde im 16. und 17. Jahrhundert gebaut. Man merkt der Kirche an, dass aus dem Gebiet von Samoëns berühmte, in ganz Savoyen tätige Steinmetze kamen. Bemerkenswert ist auch der Alpengarten La Jayssinia – ein Geschenk der steinreichen Madame Cognacq-Jay im Jahre 1906, die als armes Mädchen von Samöens aus nach Paris auswanderte und dort ihr Glück machte. Für die Heimreise nimmt man von Samoëns aus den Bus nach Genf.

◄ Abstieg vom Col de Cou in Richtung Col de la Golèse

SAVOYISCHE ESS- UND TRINKKULTUR

Wer die Märkte in Montreux, Villeneuve, Monthey, Samoëns oder Annecy aufsucht,[1] der steht vor einer Breite des kulinarischen Angebots, die selbst Italienfans beeindruckt. Woher kommt diese Vielfalt in einer Alpenregion, woher kommt diese Liebe zur Qualität des Angebotes? Wenn man noch näher hinschaut, so entdeckt man **drei kulinarische Säulen**:

- Kartoffeln
- Käse
- Wein

Die **Kartoffeln** hießen im Savoyischen »tartifles«. Dieser Name hängt mit dem Weg zusammen, den sie bis ins Herzogtum Savoyen nahmen: von Österreich (16. Jahrhundert) nach Deutschland und dann ins Elsass. Savoyische Händler und Emigranten brachten sie sodann Mitte des 17. Jahrhunderts in ihre Heimat. Die Kartoffel wurde dort gerne als Ersatz für Getreide angepflanzt, brachte sie doch in den Berggebieten bedeutend bessere Erträge. Ihr Anbau in Savoyen erfolgte 100 Jahre bevor sich die »Erdäpfel«, von Ludwig XVI. verordnet, in Frankreich verbreiteten. Zu diesem Zeitpunkt hatte man in Savoyen jedoch bereits einen nichtfranzösischen Namen für die Kartoffel. Durch den »Import« aus deutschsprachigen Gebieten wurde aus »Kartoffle« im Savoyischen Dialekt »tartifles«.

Seit Mitte des 17. Jahrhunderts kombinierten die Savoyer die Kartoffeln mit Rahm, Käse, Gemüse, Speck und Fleisch. Sie entwickelten dabei sehr viel Fantasie, sodass heute zahlreiche Kartoffelgerichte auf den Speisezetteln stehen und auch ihren Weg ins Wallis, in die Deutschschweiz und ins übrige Frankreich gefunden haben:[2]

- Gratin dauphinois oder savoyard
  (fein geschnittene rohe Kartoffeln, in Bouillon oder in Milch und Sahne und geriebenem Käse im Ofen gebacken)
- Farcement
  (ein im Wasserbad gekochter Kuchen aus geriebenen Kartoffeln, gedörrten Pflaumen, Birnen, Rosinen und geräuchertem Speck)
- Matafan
  (ein dicker Pfannkuchen aus Kartoffeln und Mehl, im Frühling auch mit Spinat vermischt)
- Kartoffeln und Lauch
  (dicke Suppe mit Kartoffeln, Lauch sowie Zugaben von angebratenen Speckwürfeln, Milch und geriebenem Käse)

Das Alpenland Savoyen pflegt eine große Tradition in der Käseherstellung. Aus der Vielfalt, die an Märkten zu sehen ist, seien vor allem folgende **Käse** erwähnt:

- Tomme de Savoie

(weißlicher Weichkäselaib von etwa 20 cm Durchmesser, der savoyische Normalkäse, der sowohl mager als auch fett und vollfett angeboten wird)
- Beaufort
  (savoyischer Hartkäse mit dem Namen »Schön und stark«, im Gegensatz zum Emmentaler fast keine Löcher)
- Vacherin d'Abondance
  (eine Käsecreme mit dem schönen Namen »Überfluss«, die von einem Ring aus Baumrinde umgeben und mit dem Löffel gegessen wird)
- Reblochon
  (der Bauern-Reblochon wird beim einzelnen Bauern direkt nach dem Melken mit der noch kuhwarmen Milch hergestellt. Dieser sehr weiche Käse, in einer kleinen Holzschachtel verpackt, wird direkt ab Hof v. a. in den Gebieten Thônes und le Grand Bornand verkauft. Der Käse in den Geschäften ist stärker ausgereift).

Reblochon heißt, aus dem Dialekt übersetzt, »stibitzen«. Zur Herkunft dieses Namens wird erzählt: Früher wurden die Steuern in Form von Naturalien eingetrieben. Wenn die savoyischen Steuerbeamten auftauchten, wurden die Kühe nicht leer gemolken, um möglichst wenig abgeben zu müssen. Sobald die Beamten weg waren, molk man die restliche besonders fette Milch und fabrizierte daraus umgehend Käse. Daher der Name »Stibitz«.

Gepflegt wird im gesamten Hoch-Savoyen auch eine Spezialität aus dem Wallis, das ja in Teilen zeitweilig – wie auch das Waadtland – zu Savoyen gehörte: das Raclette.

[1] Die Markttage sind jeweils vormittags:
Montreux am Freitag
Villeneuve am Mittwoch und Samstag
Monthey am Mittwoch
Samoëns am Mittwoch
Annecy am Dienstag

[2] Als Vertiefung sei empfohlen:
Mariotte, R. und J.-Y.: Savoyen, Du Mont Kunst-Reiseführer, Köln 1992, S. 237 ff.
Amis du Val de Thônes (Hrsg.): Cuisines et Recettes du Pays de Thônes, Collection Nr. 22, Thônes 1998

▼ Mit Kräutern umhüllte Pavés – eine Wurstart Savoyens

Weine bildeten in Savoyen, geografisch gesehen, sozusagen eine Randerscheinung. Den Rebensaft konnte man im Herzogtum dem Voralpenrand entlang, am Genfersee und im Piemont reichlich gewinnen. In den Alpen dagegen musste man den Wein in Fässern einführen, was ihn dort besonders kostbar machte. Das einfache Volk in den Bergen konnte sich Weingenuss nur an Festtagen leisten. Werktags tranken nur die Bessergestellten und die Waldarbeiter Wein. Letztere bekamen traditionell von den beauftragenden Bauern Wein, wohl um sie bei ihrer harten und gefährlichen Arbeit an den Waldhängen bei Laune zu halten. Heute wird überall savoyischer Wein, meist Weißwein, angeboten. Als Sorten lassen sich für das französische Savoyen anführen:

- Crépy
  (ein trockener perlender Wein, dessen Trauben an den Hängen des Genfersees wachsen)
- Apremont und Abymes
  (ein herber Weißwein aus der Gegend von Chambéry südlich von Annecy)
- Ripaille
  (lieblicher Weißwein vom Genfersee)
- Gamay und Mondeuse
  (Rotweine von der Nordspitze des Lac du Bourget südwestlich von Annecy)
- Seyssel mousseux und Ayze pétillant
  (zwei Schaumweine aus dem Arve-Tal, nicht weit von Cluses entfernt).

Auch im westlichen Wallis und im Waadtland, frühere savoyische Gebiete, wird überwiegend Weißwein hergestellt. Das geschieht v. a. auf der Basis der Chasselas-Traube. Man bezeichnet die entsprechenden Walliser Weine auch als Fendant und die entsprechenden Waadtländer Weine als Dorin. Als Rotwein ist der Walliser Dôle, der aus Pinot-noir- und Gamay-Trauben gewonnen wird, bekannt. Die Weine aus der gleichen Traubenkombination heißen im Waadtland Salvagnin.

Wenn wir den Dreiklang von Kartoffeln, Käse und Wein betonen, so dürfen viele **weitere Spezialitäten**, die man auf den Märkten sieht, nicht unerwähnt bleiben. Die alpenländisch geprägte Savoyer Küche liebt es kräftig und deftig. Das zeigt sich v. a. in den geräucherten Speck- und Wurstspezialitäten. Hinzu kommen viele Fischsorten, die in den Flüssen und Seen gefangen werden.
Sehr gepflegt werden verschiedene Produkte auf der Grundlage von Obst und Beeren. Besonders gut hat uns als Wanderer die tarte aux myrtilles (Heidelbeerkuchen) und die tarte aux framboises (Himbeerkuchen) geschmeckt.

◄ Reiches Käseangebot auf den Märkten Savoyens

Was führte in Savoyen zu diesem ungewöhnlichen Reichtum an Spezialitäten, welche die Märkte so vielfältig machen? Ein wesentlicher Grund dürfte darin liegen, dass Savoyen sich ursprünglich aus den **unterschiedlichsten Landschaften und Klimazonen** zusammensetzte: Das norditalienische Piemont, das Genferseegebiet und die westlichen Alpenketten. Das geordnete und meist sichere Herrschaftsgebiet der Savoyer förderte den regionalen und überregionalen Handelsaustausch. Die Bergler verkauften Käse, Crème fraîche und Butter ins Tal und erwarben dafür Wein, Gemüse etc. Man war auch offen für neue Anregungen. So nahm man Rezepte aus dem Aostatal ebenso auf wie aus den Gebieten bei Genf oder im südlichen Wallis. Man erkennt diese Offenheit am Siegeszug des Walliser Raclette in Hoch-Savoyen.
Diese gegenseitige kulinarische Durchdringung wurde als typisch savoyisch empfunden und bewusst gepflegt. Noch heute findet man das Wappen von Savoyen auf den

Charcuterie
Artisanale
Jean Marc
Ficelle truffée de fromage de Beaufort 108 frs le kg
Noix de Jambon fumée/non fumée 98 frs le kg
?????
98 frs le kg
Saucisson de chèvre 110 frs le kg
Saucisson p porc à l'ancienne 98,50 frs le kg

Weinflaschen sowohl im französischen Savoyen als auch im italienischen Piemont.

◄ Kräftiges und Deftiges in vielfältigen Formen

Zum Schluss gehen wir **von der Theorie zur Praxis** über. Als Wandervorbereitung empfehlen wir, das Tartiflette, eine savoyische Nationalspeise, selbst zu kochen.

- Zutaten:
  - 1 kg gekochte Kartoffeln in kleine Würfel geschnitten
  - 1 Reblochon (ca. 450 g), dessen Rinde mit dem Messer abgeschabt wurde, in feine Streifen geschnitten
  - Knoblauch, Salz, Pfeffer, Schnittlauch
  - evtl. 100 g geräucherte Speckwürfel
- Zubereitung:
  - Abwechslungsweise eine Lage Kartoffeln, evtl. ein paar Speckwürfeli und Reblochonstreifen in eine Gratinform schichten
  - Jede Lage mit wenig Salz, Pfeffer, Knoblauch und Schnittlauch würzen
  - Bei 200° ca. 20 Minuten backen
  - Crème fraîche darüber träufeln und nochmals 10 Minuten backen

Die Savoyer servieren dazu noch zusätzlich geräucherte Aufschnittsorten. Wahrscheinlich wird auch ohne diese »Bereicherung« ein Verdauungselixier nötig sein. Zum Glück gibt es auch ausgezeichneten Marc de Savoie …

FORTSETZUNG BIS ANNECY SAMOËNS–ANNECY (KURZFASSUNG)

Die Fortsetzung unserer Fernwanderung lässt uns die landschaftlichen Schönheiten sowie die Bau- und Esskultur Savoyens in vollen Zügen genießen.
Verglichen mit den Fortsetzungen nach Venedig geht es hier um eine relativ kurze Wegstrecke von etwa 90 km, die wir daher etwas genauer beschreiben. Wir wählten folgende Etappen:[1)]
Cluses (ca. 7 Std.)
Le Reposoir (ca. 4 Std.)
Le Grand Bornand (ca. 7 Std.)
Thônes (ca. 6 Std.)
Dingy-St-Clair (ca. 3 Std.)
Annecy (ca. 6 Std.)

In Samoëns halten wir südlich auf das Giffre-Flussbett zu. Dort finden wir einen gepflegten Park, den wir flussabwärts durchwandern. Später überqueren wir den Fluss, kommen zu einer Hauptstraße, die wir nach gut 200 m wieder links verlassen. Auf Nebensträßchen erreichen wir den alten Marktort ***Morillon*** *(682 m).*
Dort folgen wir etwa 700 m der Hauptstraße in westlicher Richtung und zweigen dann bei einer Gabelung links ab. Nun wandern wir in einem Wechsel von Sträßchen und Pfaden nach der Didier-Richard-Karte bis zum Weiler Cravarin. Geradeaus weiter kommen wir zu einer Kreuzung, die wir überschreiten, um zu Bauernhöfen zu gelangen. Dort endet der »ordentliche« Weg. Wir steigen hier über Wiesen querfeldein den Abhang hinauf bis zum Gehöft La Biollaz. Weiter auf Straßen gelangen wir zu den Gehöften von La Vouagère. Einen nicht immer gut erkennbaren Weg geht es dann hinauf nach Le Châtelard. Nun folgen wir einem Sträßchen erst südwestlich und dann südöstlich nach ***St-Sigismond*** *(1010 m).* Unterwegs bietet sich uns eine herrliche Panoramasicht zunächst ins schöne Giffre-Tal und dann auf Cluses und die umgebende Bergwelt.
Von St-Sigismond aus wählen wir Sträßchen mit vielen Serpentinen hinab bis zu den Häusern von La Motte. Dort beginnt ein Wanderweg den Hang entlang, der uns (manchmal ein wenig holprig) nach ***CLUSES*** *(488 m) leitet.* Diese Stadt entstand Mitte des 19. Jahrhunderts auf dem Reißbrett von savoyischen Ingenieuren. Es war eine Zeit großer Baulust dieses Alpenstaates. Doch ging es im Falle von Cluses auch um den Ersatz einer völlig abgebrannten Stadt am Eingang zu einer Schlucht der Arve.

Den nächsten Etappenort Le Reposoir erreichen wir über in die Didier-Richard-Karte eingezeichnete Wanderwege mit der Zwischenstation Romme. Da es regnete, als wir die Etappe erkundeten, wählten wir alternativ die wenig befahrene Straße. Beide Routen beginnen im Vorort **Scionzier**, den wir zu Fuß nur über Straßen erreichen können. *Wir überschreiten die Brücke über den Faron du Reposoir und wandern gleich danach links das Sträßchen und später halb rechts den Feld- und Waldweg hinauf. Dieser Weg steigt kräftig durch Wald an. Nach ca. 600 m müssen wir dann eine Pfadgelegenheit rechts den Hang hinauf nutzen, um wieder auf einen ausgebauten Weg zu gelangen, der zur Straße führt. (Geradeaus endet der Weg an einer Bachrunse bzw. an einem illegalen Schuttabladeplatz.) Nun bleiben wir bis* ***LE REPOSOIR*** *(ca. 1000 m) auf der aussichtsreichen Straße.* Dieser kleine Ort lebt teilweise vom Fremdenverkehr. Daher bestehen Übernachtungsmöglichkeiten.

In Le Reposoir folgen wir dem Sträßchen, das mit »Carmel« angeschrieben ist. Alsbald wandern wir die lang gezogene Mauer dieses Klosterkomplexes entlang. Die Kartause von Le Reposoir wurde bereits 1151 gegründet. 1901 hob man das Kloster auf. Seit 1932 bewohnen jedoch wieder Karmeliterinnen den Komplex. Eine Besichtigung ist nur im Bereich des Kreuzgangs möglich. *Wir folgen weiter einem Bach entlang dem Sträßchen, das dann als alter Schotterweg seine Fortsetzung findet. Auf markierter Route erreichen wir nach langem Anstieg, später teils auf Pfaden, die Höhe* ***Col des Annes*** *(1721 m).* Der Weg hinauf führt durch schöne Wälder und prächtige Blumenwiesen. Der Col des Annes ist ein Ausflugsziel, das sich auch mit Autos erreichen lässt. Daher findet man hier gleich mehrere Berggasthöfe. Autos kom-

[1]) Als Kartenmaterial nutzten wir die Carte nationale de la Suisse 1:100 000 (gute Übersicht, im Detail aber teils nicht mehr aktuell).
Edition Didier Richard, Karte Nr. 3 (bereits für die Wanderung nach Samoëns angegeben) sowie Nr. 8 und Nr. 2

▼ Rathaus in Cluses

men aber nicht nur wegen der Aussicht. Vielmehr kaufen die Ausflügler auf den umliegenden Bergbauernhöfen den berühmten Reblochon-Käse, Butter und Crème fraîche ein.

Für den Weg abwärts wählen wir (es gibt mehrere Wanderwegalternativen) wegen der Aussicht das Sträßchen. Auf diesem gelangen wir hinab nach Les Plans. Unterwegs sehen wir viele typische savoyische Bauernhäuser (alles unter einem Dach, Holzbauten), die den Häusern im Val d'Illiez gleichen. Auffällig sind auch die vielen schmucken Kapellen und Bildstöcke. *Etwa 2 km müssen wir nun westwärts der Straße bis Les Journaux folgen. Dann geht es links auf einem markierten Weg hinab (Richtung Le Grand Bornand) über eine Brücke und dann rechts auf Pfaden, Wegen und Sträßchen parallel zum Bach nach Villeneuve und weiter ins Zentrum von* **LE GRAND BORNAND** *(923 m), ein Zentrum des Tourismus.* Es bestehen zahlreiche Hotels.

Auf markiertem Weg wandern wir von Le Grand Bornand aus südlich den Hang des Tête du Danay hinauf. Auf halber Höhe geht es dann wieder hinab nach **St-Jean-de-Sixt** *(ca. 900 m), ebenfalls ein gepflegter Tourismusort.*

Südlich vom Ortszentrum führt ein Sträßchen zum eingeschnittenen Bachbett des Le Nom hinab. Nach der Brücke über den Bach geht es einen relativ neu angelegten Weg talabwärts. Später auf Sträßchen durch die für Hoch-Savoyen oft typischen Streusiedlungen erreichen wir **Les Villards-sur-Thônes** *(ca. 760 m), auf der anderen Seite des Baches gelegen.*

Am Ausgang von Villards-sur-Thônes nehmen wir links ein Sträßchen abwärts (Hinweisschild Les Moulins). Wir überqueren wieder den Bach und folgen Nebenstraßen, die schöne Blicke ins Tal und auf die umgebende Bergwelt bieten, den Talhang entlang nach **THÔNES** *(625 m).* Dieser schmucke

Ort bewahrte das typische Gesicht der savoyischen Kleinstädte. Den Marktplatz umgeben dreistöckige Häuser teils mit Arkaden. Mittendrin liegt die aus dem 17. Jahrhundert stammende Pfarrkirche St-Maurice mit ihrem massigen Kirchturm und ihrem prächtigen barocken Hochaltar. Gute Übernachtungsmöglichkeiten werden angeboten.

◄ Regenverhangene Bergkulisse beim Abstieg vom Col des Annes

In Thônes überqueren wir das Flüsschen Fier und folgen dann rechts dem Sträßchen nach Tronchine und Bellossier. Dort geht es auf markierten Wald- und Feldwegen weiter zu einem Verkehrsknotenpunkt, beim Militärfriedhof ***Morette*** *(ca. 580 m).* Hier begrub man etwa 500 Partisanenkämpfer, die nach einer regelrechten Schlacht mit der deutschen Besatzungsmacht auf dem Plateau von Les Gliers gefallen waren.
Wir überqueren beim Verkehrsknotenpunkt die Brücke und folgen der Nebenstraße nach Le Balme-de-Thuy. Dabei kommen wir an Steinbrüchen vorbei, bei denen umfangreiche prähistorische Zeugnisse gefunden wurden. Im Ort biegen wir links ein Sträßchen hinab, das uns zu den Flussauen des Fier bringt. Nun folgen wir auf Wald- und Feldwegen dem Flussbett. Nach Charvex halten wir rechts und steigen hinauf zu einem Schottersträßchen. Über Matten gelangen wir zu einer Asphaltstraße, die von ***DINGY-ST-CLAIR*** *(546 m) herabkommt und nach Annecy weiterführt. Dieser Straße folgen wir bis zur alten Brücke St-Clair.* An dieser Stelle bestehen drei Möglichkeiten: Wir können mit dem Bus nach Annecy weiterfahren, die recht lärmige Hauptstraße entlang und später über Nebenstraßen nach Annecy weiterwandern (ca. 3 Stunden) oder einen

▼ Alter Musikautomat im Museum von Thônes – ein typisches feinmechanisches Produkt dieses Berggebietes

besonderen Schlussakzent setzen und über den Mont Baron mit herrlichen Panoramablicken wandern (ca. 6 Stunden). *Wir entschieden uns für den Schlussakzent. Von den beiden Alternativen wählten wir den Weg über das Gehöft von Rampon. (Bequemer erreicht man den Mont Baron vermutlich, wenn man auf der linken Seite der Brücke ein Straßenstück von 1 km in Kauf nimmt und dann rechts abzweigend auf einem Bergweg in zahlreichen Serpentinen zum Gipfel aufsteigt.) Für die Variante über das Gehöft von Rampon gehen wir bei der Brücke die Hauptstraße nach rechts. Nach etwa 500 m nutzen wir eine hohe Böschungsmauer mit abgeschrägten Flanken, um den Hang hinauf zum Sträßchen zu gelangen, das uns zum Gehöft Rampon führt. (Die ursprüngliche Abzweigung wurde durch den Straßenausbau zerstört.) Dort steigen wir einen alten Weg den felsigen Taleinschnitt empor. Der Weg wird immer steiler und steiniger und ist teils überwachsen. Sobald wir einen neueren querenden, den Hang entlanglaufenden Waldweg erreichen (nicht in der Didier-Richard-Karte verzeichnet), folgen wir diesem nach rechts. Nach einer Weile mündet unser Weg in ein asphaltiertes Sträßchen, das links zum Pass* **Col des Contrebandiers** *(1054 m) hinaufführt.* Hier genießen wir erstmals einen Blick auf den Lac d'Annecy. Dieser Punkt wird von vielen Ausflüglern angesteuert.

Vom Pass aus führt ein markierter, viel begangener Weg hinauf zu einer ***ehemaligen Seilbahnstation*** *beim* ***Mont Baron*** *(1254 m).* Dort erwartet uns ein fantastisches Panorama mit dem Lac d'Annecy zu Füßen und der vor uns ausgebreiteten Stadt.

Wir gehen nun den steinigen Gratweg entlang. Bei einer Gabelung nutzen wir den Waldweg rechts. Nach dem Mont Veyrier geht es auf guten, markierten Wegen in vielen

*Kehren abwärts bis zum See bei Le Petit Port. Eine schöne, ausgedehnte Uferpromenade führt uns nach **ANNECY** (450 m) hinein.* Diese wunderschöne und sehr gepflegte Stadt lässt sich nicht in Kürze beschreiben. Empfohlen sei daher die reichlich angebotene Literatur. Ein besonderes Erlebnis bietet auch der große Wochenmarkt (dienstags). Anschaulich sieht man dort nochmals den Reichtum der savoyischen Ess- und Trinkkultur. Mit dem Zug oder Bus erreichen wir von hier aus bequem Genf.

◄ Das Palais de l'Ile – ein Wahrzeichen von Annecy

▼ Verträumte Stimmung beim Pont des Amours in Annecy

LITERATURANGABEN

Themenspezifische Angaben finden sich teilweise direkt beim betreffenden Text

Badilatti, M. und Stähli, R. A.: Preisgekrönte Dörfer und Städte der Schweiz, Zürich 1992

Barkhausen, A. und Geiser, F.: Wanderführer durch 132 Naturschutzgebiete der Schweiz. Publikation in Zusammenarbeit mit pro natura, Basel 1997

Bärtschi, H.-P.: Das industrielle Erbe und die Schweiz, Basel 1998

Bauer, U. und Frischknecht, J.: Grenzschlängeln. Routen, Pässe und Geschichte, Zürich 1995

Derendinger, H.: Solothurn. Solothurner Wanderbuch, Bern 1989

Dolder, W. und U.: Das Wallis. Dumont Kunst-Reiseführer, Köln 1986

Eichenberger, A./Lehner, R. und Werder, M.: Aargau. Aargauer Wanderbuch, Bern 1995

Eidg. Militärdepartement/VBS (Hrsg.): Militärische Denkmäler im Kanton Tessin. Inventar der Kampf- und Führungsbauten, Bern o. J.

Galfetti, A.: Castelgrande Bellinzona, Berlin 1992

Gantenbein, H.: Berner Jura. Berner Wanderbuch, Bern 1991

Hofmann, A.: Gotthardroute. Basel – Gotthard – Chiasso, Bern 1980

Hofmann, A.: Lugano. Tessiner Wanderbuch, Bern 1994

Holliger, Ch.: Aargau. Wanderungen durch Kultur und Geschichte, Aarau 1996

Huber, J.-P.: Mosaik Schweiz. 400 Sehenswürdigkeiten aus Kunst, Museen, Natur, Bern 1995

Knoll, G. M.: Bern. Dumont Kunst-Reiseführer, Köln 1996

Knoll, G. M.: Zürich und die Ostschweiz. Dumont Kunst-Reiseführer, Köln 1996

Koch, H.-P. und Zepf, M.: Tessin, Erlangen 1999

Künzler, R.: Hochrheinroute. Schweizer Wanderbuch. Durchgehende Routen, Bern 1981

Mariotte, R. und J.-Y.: Savoyen. Dumont Kunst-Reiseführer, Köln 1992

Menthonnex, Y.: Porrentruy – Fribourg – Grand-St-Bernhard, Bern 1986

Meyer, W. und Finck, H. D.: Die Schweiz in der Geschichte 700–1700. Band 1, Zürich 1995

Mittler, M. (Hrsg.): Die Geschichte der schweizerischen Landesbefestigung, Zürich und Köln 1992

Mittler, M.: Jura. Das Gebirge und seine Bewohner, Zürich und Wiesbaden 1987

Moine, D. und Vallat, M.: Jura. Jura Wanderbuch, Bern 1996

Morel, Y.-A.: Die Schlacht bei Sempach 1386. Militärgeschichte zum Anfassen, hrsg. von H. R. Fuhrer, Militärische Führungsschule Au, 1994

Moser, A.: Seeland. Berner Wanderbuch, Bern 1989

Naturforschende Gesellschaft des Kantons Schaffhausen (Hrsg.): 50 Jahre Landschaftswandel und Naturschutz in der Region Schaffhausen. Neujahrsblatt der Naturforschenden Gesellschaft Schaffhausen Nr. 50/1998

Schneider, P. R.: Arbedo 1422, Giornico 1478. Reihe Militärgeschichte zum Anfassen, hrsg. von H. R. Fuhrer, Militärische Führungsschule Au, 1995

Schwander, M.: Fondue & Röschti, Heuwinkel 1997

Siegrist, D.: Pässespaziergang, Reihe Naturpunkt, Zürich 1996

Spillmann Verlag (Hrsg.): Berg-Beizli-Führer, Zürich 1999

Stiftung Pro St. Gotthard (Hrsg.): Nationales Gotthard-Museum, Airolo 1989

Stoecklin, J.: Regio Basel. Wanderbuch Regio Basel, Bern 1995

Verband Freiburger Wanderwege (Hrsg.): Freiburgerland. Wanderbuch Freiburg, Bern 1992

Walz, R.: Rechts und links vom Hochrhein, Neckartenzlingen 1996